dumont taschenbücher

Wolfgang Hautumm, geb. 1953, studierte Klassische Archäologie, Kunstgeschichte und Alte Geschichte; Promotion 1981. Teilnahme an Ausgrabungskampagnen; Führungen von Studienreisen. Im DuMont Buchverlag hat er in der Reihe »DuMont Reiseberichte« herausgegeben: *Hellas. Die Wiederentdeckung des klassischen Griechenland* (1983).

Athleten von einer Statuenbasis (vgl. Abb. 29). Athen, Nationalmuseum

Wolfgang Hautumm

Die griechische Skulptur

DuMont Buchverlag Köln

Umschlagabbildung: Wagenlenker. Aus dem Apollon-Heiligtum von Delphi. Bronze. Um 470. Delphi, Museum

Der Verfasser dankt Herrn Wolf Schmoll gen. Eisenwerth herzlich für seine intensive Beratung im Zusammenhang mit dem Kapitel über den Hellenismus.

CIP-Kurztitelaufnahme der Deutschen Bibliothek

Hautumm, Wolfgang:
Die griechische Skulptur / Wolfgang Hautumm. –
Köln: DuMont, 1987.
(DuMont-Taschenbücher; 195)
ISBN 3-7701-1637-2
NE: GT

Satz: Froitzheim Satzbetriebe, Bonn
Druck: Rasch, Bramsche
Buchbinderische Verarbeitung: Bramscher Buchbinder Betriebe

Printed in Germany ISBN 3-7701-1637-2

Inhalt

Die Geburt der griechischen Kunst Vorläufer und Einflüsse

Das minoische Zeitalter

Unser Wissen um die Existenz der minoischen Kultur mit dem Zentrum auf der Insel Kreta ist noch keine 100 Jahre alt. 1878 war es, als ein Kreter namens Minos Kalokairinos seinen Spaten auf dem 7 km von Heraklion gelegenen Hügel Kephala ansetzte und etliche der westlichen Magazinräume des Palastes von Knossos freilegte. Einige dreieinhalb Jahrtausende alte Pithoi kamen ans Tageslicht. Die Fachwelt wurde schnell auf diese Funde aufmerksam, und kein Geringerer als Heinrich Schliemann besuchte Knossos 1888 auf der Durchreise nach Ägypten, um die Örtlichkeiten zu besichtigen und mit dem türkischen Grundbesitzer über den Ankauf des Geländes zu verhandeln. Doch der geforderte Preis erschien ihm zu hoch. Erst nach der Befreiung Kretas von der Herrschaft der Türken gelang es dem Engländer Arthur Evans, das Gelände zu erwerben. Seine Ausgrabungen begannen im Jahre 1900. Die zentrale Frage, die Evans bis zu seinem Lebensende beschäftigen sollte, lautete: »Was ist das, und woher kommt das, was weder griechisch noch orientalisch ist?«

Evans entdeckte eine hochzivilisierte Kultur, die eine eigene Schrift und Sprache sowie eine straffe, gut funktionierende gesellschaftliche, religiöse und wirtschaftliche Organisation besaß. Die Minoer, benannt nach dem sagenhaften König Minos, unterhielten Außenhandelsbeziehungen im gesamten östlichen Mittelmeerraum.[1] Diese minoische Kultur ist gegen 1450 v. Chr. so radikal zerstört worden, daß Jahrhunderte später die Griechen des klassischen Zeitalters kaum mehr – eher sogar weniger – von den Minoern wußten als wir heutzutage. Einzig die Mythologie bewahrte ein schemenhaftes Wissen um das einstmals blühende Leben: Platons Erzählung von dem untergegangenen Atlantis[2] ist ein Beispiel dafür.

So erscheint es berechtigt, wenn wir von einer detaillierten Behandlung minoischer Bildhauerkunst Abstand nehmen – sie hat wenig Einfluß auf die spätere griechische Kunst gehabt – und lediglich zwei Beispiele anführen, die eine Ahnung von minoischer Plastik vermitteln.

Bis auf den heutigen Tag ist keine einzige minoische Großplastik bekannt geworden. Innerhalb der archäologischen Wissenschaft wurde deshalb heftig darüber debattiert, ob dies auf einen Zufall der Überlieferung zurückzuführen ist, oder ob dieser Negativbefund den historischen Tatsachen entspricht. Mit Gewißheit läßt sich lediglich sagen, daß den Minoern Großplastik nicht unbekannt gewesen sein kann, da kulturelle und wirtschaftliche Beziehungen zu Ägypten bestanden[3], wo lebensgroße und kolossale Bildwerke in großer Vielfalt existierten. Stilistische Auswirkungen der ägyptischen Plastik auf minoische Bildwerke sind jedoch kaum greifbar.

Zu Recht ist festgestellt worden, daß die Minoer aufgrund ihrer Gesellschaftsstruktur und ihrer religiösen Vorstellungen des monumentalen Tempels als Behausung der Gottheit und demzufolge auch des kolossalen Götterbildes gar nicht bedurften: Die Natur als Gesamtheit war ihnen heilig, und das Göttliche scheinen die damaligen Menschen in verdichteter Form auf Berggipfeln, in Höhlen, Quellen, Flüssen und Bäumen gesucht zu haben. Um so überraschender war kürzlich der Befund der Ausgrabungen von Anemospilia, einem Ort an den Hängen des steilen Jouchtasberges in Zentralkreta, wenige Kilometer südlich von Heraklion, wo griechische Archäologen 1979 erstmals ein tempelartiges Gebäude freigelegt haben. Im zentralen Raum standen dort auf einer Art Bank gegenüber der Eingangstür zwei etwa lebensgroße tönerne Füße: möglicherweise die einzigen Reste eines Kultbildes, das überwiegend aus Holz bestanden hat. Seit diesem Fund ist die Diskussion um die Existenz minoischer Großplastik erneut entbrannt.

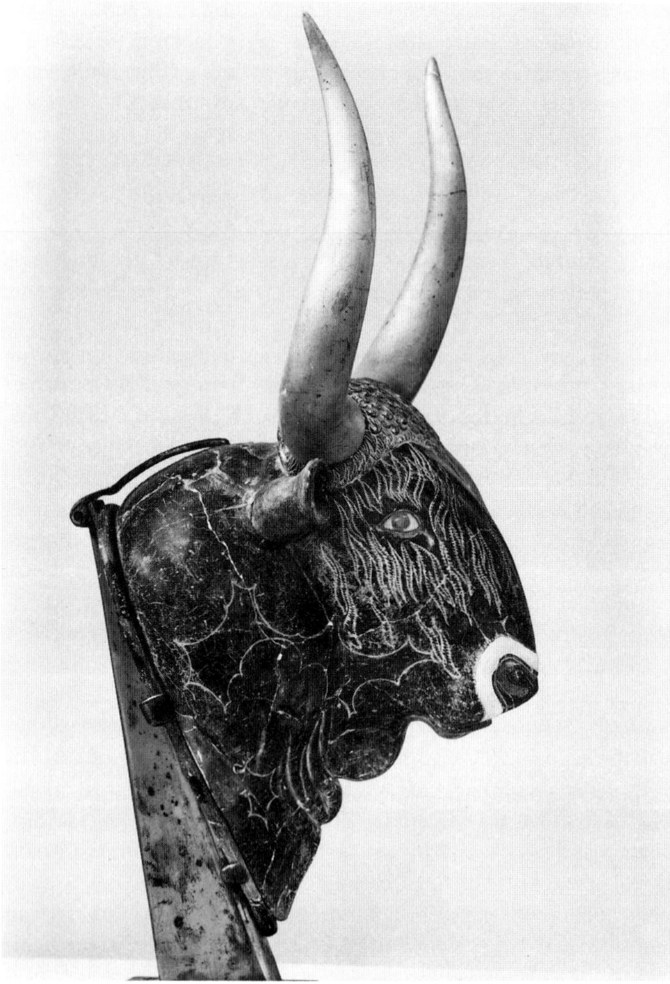

1 Stierkopfrhyton aus dem Kleinen Palast von Knossos. Heraklion, Archäologisches Museum

2 Elfenbeinstatuette eines Stierspringers aus dem Palast von Knossos. Heraklion, Archäologisches Museum

Als erstes Beispiel minoischer Plastik sei hier ein Stierkopfrhyton[4] aus Steatit vorgestellt *(Abb. 1)*, das aus dem sogenannten Kleinen Palast von Knossos stammt[5]. Erhalten ist lediglich die rechte Seite des Kopfes; die linke Hälfte, die Ohren und die Hörner wurden modern ergänzt. Das Auge besteht aus Kristall und Jaspis. Die weiße Umrandung der Nüstern wurde aus einer großen Muschel geschnitten. Das Stierkopfrhyton ist innen hohl und konnte durch ein Loch im Nacken mit Opferblut gefüllt werden, das durch eine Öffnung in der Schnauze im Verlaufe kultischer Zeremonien wieder ausgegossen wurde. Die Funktion dieser eindrucksvollen Tierplastik ist also eindeutig im kultischen Zusammenhang zu suchen; es ist kein selbständiges Kunstwerk, auch wenn die heutige Präsentation in einem Schaukasten im Museum von Heraklion diesen Eindruck hervorrufen kann.

Bestechend an diesem Stierkopf ist die präzise Wiedergabe des natürlichen Vorbildes: die dicke, ledrige Haut, die schlaffe Wamme, die Zeichnung im Fell, die verhaltene, träge und doch bullig-kräftige Energie, vor allem das Leben, das aus den kristallinen Augen hervorsprüht. Diese Technik, dem Auge – in der Vorstellung der Antike Sitz der Seele – Leben zu verleihen, könnten die Minoer bei den Ägyptern kennengelernt haben, die bereits seit dem Alten Reich ihre Bildwerke solcherart auszustatten pflegten.[6]

Gleichermaßen beeindruckend wie der Steatitkopf des Stieres sind minoische Elfenbeinarbeiten. Das aus Zentralafrika stammende Rohmaterial dürfte seinen Weg über Ägypten nach Kreta gefunden haben. In dem Palast von Kato Zakros in Ostkreta wurden etliche Elefantenstoßzähne ausgegraben.

Schönstes Beispiel aus der Gattung der Elfenbeine ist die Statuette eines Stierspringers *(Abb. 2)*, die heute ebenfalls im Museum in Heraklion zu sehen ist.[7] Körper und Kopf sind oberflächlich verwittert, ein Arm und ein Bein fehlen. Das Figürchen stammt aus Knossos und wurde zusammen mit etlichen Fragmenten gleichartiger Statuetten gefunden. Dargestellt ist ein jugendlicher, übertrieben schlanker Mann, der im freien Flug über einen nicht erhaltenen Stier springt. Dieses Motiv ist auch in anderen Kunstgattungen zur Darstellung gelangt, man denke vor allem an das bekannte Stierspringerfresko aus Knossos. Auch bei der kleinen Statuette fällt die präzise Beobachtung des Vorbildes sogleich ins Auge, was besonders eindrucksvoll an dem gut erhaltenen Unterarm und der Hand deutlich wird. Realistisch und naturgetreu sind Muskeln, Venen, Adern und Sehnen nachgebildet. Man weiß dies vor allem dann zu würdigen, wenn man Vergleiche mit der Plastik der folgenden Jahrhunderte oder anderer, zeitgleicher Kulturkreise anstellt. Erst der klassische Bildhauer Polyklet und die Künstler des Hellenismus fanden zu einer vergleichbaren anatomischen Genauigkeit zurück. In Ägypten und im Orient hat man einen solchen Realismus niemals zu erreichen versucht, wie überhaupt während zahlreicher Epochen der Menschheitsgeschichte Naturalismus und Realismus keine erstrebenswerten Ziele waren, ohne daß daraus ein Werturteil abzuleiten wäre.

Einzigartig, weil gewagt, ist die Anordnung dieses Stierspringers im Raum. Wie eine Momentaufnahme, ein Szenenfoto, mutet die Darstellung an. Spannung entsteht durch den zurückgeworfenen Kopf, der eingesetzte Haare aus Bronze besessen hat. Die kleine Statuette wird um 1550 v. Chr. entstanden sein. Das oben beschriebene Stierkopfrhyton ist etwa eine Generation jünger.

Mykenisches

Obwohl Minoer und Mykener über einen längeren Zeitraum hinweg in unmittelbarem Kontakt miteinander standen, obwohl die mykenische Herrschaft auf Kreta vielerorts das minoische Erbe bruchlos angetreten hat, obwohl in den mykenischen Zentren auf dem Festland nachweislich vielfach minoische Künstler gearbeitet haben, ist die mykenische Plastik auf einen Blick von minoischen Erzeugnissen zu unterscheiden.

Betrachten wir einen Frauenkopf[8] *(Abb. 3)*, den der griechische Archäologe Tsountas innerhalb der Mauern von Mykene in einem

3 Frauenkopf aus Mykene. Athen, Nationalmuseum

Haus südlich des Gräberrings A entdeckte, so wird dies unmittelbar greifbar. Der unterlebensgroße Kopf besteht aus Kalkmörtel und ist mit einer feinen weißen Stuckschicht überzogen, auf die mit roter und schwarzer Erdfarbe gemalt wurde. Große, schrägliegende Augen mit freigestellter Pupille, weitgeschwungene Brauenbögen, eine lange, kräftige Nase, hoch angesetzte Ohren und vor allem der schmale, wellenförmig geschwungene, energisch zusammengepreßte Mund prägen die dreieckige Grundform des Gesichtes. Eine Reihe schwarzer Haarlocken fällt unter einer roten Binde oder Kappe in die Stirn. Auf beiden Wangen, auf Stirn und Kinn waren rote Punktrosetten aufgemalt. Die Deutung des Kopfes ist umstritten: als den einer Frau, gekennzeichnet durch die den Frauen eigene weiße Hautfarbe[9], sieht ihn ein Teil der Forscher an; als Haupt einer apotropäischen Sphinx interpretieren ihn andere Wissenschaftler und verweisen dabei auf das maskenhaft Dämonische und die weit aufgerissenen, hypnotisierenden Augen. Deutlich ausgeprägt sind hier jedenfalls – und das gilt auch für die übrigen

4 Die Akropolis von Mykene mit dem Löwentor, Zustand 1869

Kunstgattungen, zum Beispiel Keramik und Architektur – die Härte der Formen und das Erstarren des Lebendigen, Spielerischen, das die minoische Kunst in allen ihren Bereichen auszeichnete. Die Distanz zum Betrachter ist bei mykenischen Objekten entschieden größer als bei minoischen Kunstwerken. Macht steht gegen Überzeugung, Monumentalität gegen Menschlichkeit. Es verwundert daher keineswegs, daß dem modernen Betrachter der Zugang zu minoischen Objekten leichter fällt.

Als zweites Beispiel sei hier das monumentalste Werk mykenischer Bildhauerkunst angeführt, das der Moderne bekannt geworden ist: das Relief über dem Eingangstor der Burg von Mykene *(Abb. 4, 5)*. Etwa 20 Tonnen wiegt allein der Türsturz. Der Raum darüber wurde aus statischen Erwägungen nicht mit weiteren tonnenschweren Mauerblöcken gefüllt; man hat vielmehr ein spitzwinkliges Entlastungsdreieck freigelassen und lediglich mit einer relativ leichten Reliefplatte verblendet. Auf ihr sind, genial in den vorgegebenen Raum eingepaßt, zwei mächtige, antithetisch einan-

5 Das Relief über dem Türsturz des Löwentors von Mykene

der gegenüberstehende Löwen in erhabenem Relief dargestellt. Die Körper der Tiere sind mit leicht versetzten Beinen im Profil gezeigt. Die Vorderläufe ruhen auf zwei Altären, die Köpfe blicken frontal in den Eingangsbereich der Burg hinab. Die Mitte der Komposition bildet eine Säule, deren Schaft sich nach unten verjüngt – eine eigentümliche, zunächst befremdliche Form, die die Mykener aus dem Minoischen übernommen haben. Das Kapitell wird gebildet durch den dicken, echinusartigen Wulst, der ein nur angedeutetes Gebälk trägt. Man hat in der Darstellung den durch die Säule symbolisierten Palast von Mykene sehen wollen, den die beiden mächtigen Löwen schützen und verteidigen. Zweifelsohne demonstriert diese heraldische, einzigartige Reliefdarstellung in der zyklopenhaften Mauer von Mykene die Machtfülle der Atriden, die uns durch Homer bis zum heutigen Tage gegenwärtig geblieben sind. Die Mauer von Mykene und das darin eingebundene Relief wurden im 14. Jahrhundert v. Chr. erstellt, als das Atridengeschlecht den Zenit seiner Macht erreicht hatte. Damals arbeiteten bereits seit etlichen Generationen kretische Künstler, Waffenschmiede und Handwerker jeglicher Art in Mykene. Kulturelle und wirtschaftliche Beziehungen bestanden u. a. nach Kleinasien, ins Gebiet des Schwarzen Meeres und nach Ägypten. Ob die Mykener dort auch die Löwen kennengelernt, ja, sie vielleicht sogar mit in ihre Heimat gebracht haben? Denn in historischer Zeit hat es in Griechenland keine Löwen gegeben. In Literatur und Kunst ist der Löwe jedoch seit frühester Zeit sehr wohl bekannt. Orientalische und ägyptische Einflüsse werden hier greifbar. Für die Mykener und die späteren Griechen verkörperte der Löwe Macht, Männlichkeit, Mut und vor allem Kraft. Seine furchtlose majestätische Erscheinung und sein stolzes Verhalten sollten jeden Gegner abschrecken. In diesem Sinne diente der Löwe bereits im alten Orient an Türen und Toren als apotropäischer Dämon. Bei den Griechen schützte er zusätzlich Tempel- und Grabanlagen. Auch in der archaischen Vasenmalerei ist der Löwe ein beliebtes Motiv, man denke an die Darstellung von Herakles im Kampf mit dem nemeischen Löwen.[10]

Viele Abhandlungen über griechische Kunst beginnen erst mit der geometrischen oder gar der archaischen Epoche, lassen also

Minoisches und Mykenisches unberücksichtigt. Der Ausspruch des bekannten Historikers Theodor Mommsen, die Vorgeschichte handle von jenem Teil der Geschichte, der »weder wißbar noch wissenswert« sei, blieb nicht ohne Wirkung. Eine solche intellektualistische Sicht der Vergangenheit ist allerdings heute nicht mehr aufrechtzuerhalten. Eine gewisse Berechtigung für ein ›Ausklammern‹ besteht darin, daß nach dem Untergang dieser beiden Kulturen, herbeigeführt durch die Dorische Wanderung, die im 12. Jahrhundert ihren Zenit erreichte, viele Zivilisationsgüter in Vergessenheit gerieten; jeglicher Luxus, ja sogar die Fähigkeit zur Schrift ging verloren. In den folgenden ›dunklen Jahrhunderten‹ wird die Energie für einen Neubeginn gesammelt. Dieser neuen Zeit wollen wir uns nun zuwenden.

Das geometrische Zeitalter

Im 8. Jahrhundert, dem Zeitalter Homers, findet das Alphabet wieder Eingang in Attika, der Landschaft um Athen. Eine neue historische Epoche beginnt, nachdem Schrift und Kultur der Minoer und Mykener während einiger Jahrhunderte in Vergessenheit geraten waren. Mythologie und Geschichte können nun erneut in Epen aufgezeichnet und verbreitet werden. Viel hat uns das geometrische Zeitalter, insbesondere auf dem Sektor der Plastik, nicht hinterlassen. Die Masse der bildhauerischen Erzeugnisse bestand aus vergänglichem Material wie Holz und Elfenbein, das sich nur unter günstigsten Bedingungen erhalten hat; viele Objekte aus Bronze sind wegen des hohen Materialwertes im Laufe der Jahrhunderte wieder eingeschmolzen worden. Die am besten erhalten gebliebenen Kunstwerke sind Keramiken, da Ton – einmal gebrannt – keiner Wiederverwendung mehr zugeführt werden kann und sich vor allem über Jahrtausende nahezu unverändert im Boden erhält. Keramik ist daher auch seit den Grabungen von Heinrich Schliemann in Troja zum ›Leitfossil‹ der archäologischen Forschung geworden.

Werfen wir also zunächst einen Blick auf die Keramik, deren geometrischer Dekor der Epoche den modernen Namen gegeben hat. Nur langsam und zögernd haben sich figürliche Darstellungen einen Platz in den zunächst rein ornamentalen Gefäßdekorationen erobert. Es handelt sich durchweg um Figuren, die in strukturell vergleichbarem Aufbau auch als Kleinbronzen, Terrakotten und Elfenbeinfigürchen vorkommen. Dargestellt werden anfangs überwiegend Tiere, erst später und zahlenmäßig stets in geringerem Umfang Menschen. Unter den Tieren sind das Pferd, das Rind und der Vogel am häufigsten vertreten. Man findet jedoch auch Maultiere, Widder, Hirsche, Hunde, Hasen, Pfauen, Hähne und Käfer.[11] Seltener nachweisbar sind fremde Tiere, wie der Löwe, oder gar Fabelwesen, wie der Kentaur. Bei den Menschen überwiegen die männlichen Darstellungen. Häufig vertreten ist der lanzenschwingende Krieger. Andere Motive sind Wagenlenker, Handwerker, Reiter und Männer mit Tieren. Darstellungen von Frauen erscheinen selten[12], und ihre Benennung ist oft ungewiß. Die meisten dieser Statuetten waren keine eigenständigen Kunstwerke, sondern dekorativer Bestandteil eines Gerätes oder eines Möbels. So dienten zum Beispiel Pferde- und andere Tierbronzen als Bekrönung auf Henkeln von Dreifußkesseln[13], andere Figürchen zierten den Rand solcher Kessel. Zu einem Möbelstück gehörte wohl die weibliche Elfenbeinstatuette *(Abb. 9/10)* aus einem Grab in Athen. Andere Figuren waren als Weihegaben zum Aufhängen in Bäumen bestimmt.[14]

Neben Einzelfiguren haben sich aus geometrischer Zeit auch etliche Gruppen von ganz unterschiedlicher Thematik erhalten. Eindrucksvoll ist ein Reigen von sieben tanzenden Frauen, die auf einem Ring stehen und durch ihre um die Schultern gelegten Arme miteinander verbunden sind[15] *(Abb. 6)*. Das Stück stammt aus Olympia. Ebenfalls in Olympia gefunden wurden zahlreiche Wagenlenker, deren Gespanne allerdings verlorengegangen sind[16], und ein Hirsch, den drei Hunde anfallen[17] *(Abb. 7)*. Aus dem Heraheiligtum auf Samos stammt die Gruppe eines Mannes mit Hund im Kampf gegen einen Löwen.[18] Schließlich ist zu nennen der Mann im Kampf mit einem Kentauren *(Abb. 11)*.

Die kunsthistorische Analyse der geometrischen Keramik und Plastik stößt auf zahlreiche Probleme, deren Lösung man sich erst in letzter Zeit anzunähern scheint. Die Schwierigkeiten liegen vor allem darin begründet, daß keine nennenswerten schriftlichen Zeugnisse existieren, die unmittelbaren Aufschluß über die Sehweise und das Kunstverständnis der damals lebenden Bevölkerung geben könnten. Zunächst muß also darüber reflektiert werden, welche Terminologie, welche Begriffe wir heute verwenden können, um das auf uns gekommene Material zu beschreiben und zu analysieren. Darf überhaupt von ›Kunstwerken‹ gesprochen werden? Dürfen wir Begriffe wie ästhetisch, manieristisch, abstrakt,

6 Reigen von sieben tanzenden Frauen, Bronze aus Olympia. Athen, Nationalmuseum

naturalistisch oder realistisch gebrauchen? Solange man sich bewußt bleibt, daß dies moderne Begriffe sind, die als Hilfsmittel zur Verständigung benötigt werden, solange noch keine angemesseneren historischen Bezeichnungen zur Verfügung stehen, bleibt die Verwendung der modernen Terminologie legitim. Trotzdem sei darauf aufmerksam gemacht, daß heute mit dem Begriff ›Kunstwerk‹ bestimmte Vorstellungen assoziiert werden, die früher zum Zeitpunkt der Herstellung jener Objekte – wenn überhaupt – nur am Rande eine Bedeutung besaßen. Die Funktion der geometrischen Plastik – das gilt auch für die Masse der späteren griechischen Plastik – war von der Religion bestimmt. Die zahlreichen Funde in den ältesten Heiligtümern, zum Beispiel in dem der Hera auf Samos, im Zeusheiligtum von Olympia oder in dem des Apollon von Delphi, sprechen eine solche Sprache. Auch die meisten Grabbeigaben sind nicht anders zu interpretieren. Skulpturen mit politischer, sozialer oder rein ästhetisch-dekorativer Bedeutung kommen in nennenswertem Umfang erst seit dem Zeitalter der Klassik vor. Die geometrische Kunst ist für den modernen Betrachter schwer zugänglich, weil der Mensch seit der Renaissance überwiegend in naturalistischer, perspektivisch-räumlicher Manier zu sehen und zu denken gewohnt ist. Zweidimensionale Zeichnungen und Malereien beziehungsweise dreidimensionale Bildwerke, die ohne Kenntnis der Perspektive geschaffen wurden, sind notwendigerweise in perspektivischer Sehweise nicht verständlich und aufschlüsselbar. Die Normen einer auf dem Klassizismus beruhenden Ästhetik sind nicht anwendbar. Insofern wären auch Begriffe, die darauf aufbauen, wie zum Beispiel die Bezeichnung ›manieristisch‹, strenggenommen nicht zulässig.

Ein Beispiel mag den Sachverhalt anschaulich machen: Jeder Kunstliebhaber weiß heutzutage, was im Zusammenhang mit dem geometrischen Berliner Bronzepferdchen *(Abb. 12)* mit ›manieristisch‹ gemeint ist. Die Menschen der geometrischen Epoche haben jedoch mit Sicherheit keine manieristischenVorstellungen gehabt, als sie diese kleinen Bronzen herstellten und betrachteten. Sie haben nicht die Realität ›gebeugt‹ und zum Manierismus gesteigert, ja, es ging ihnen überhaupt nicht um die objektive Wiedergabe eines Gegenstands oder Lebewesens, sondern sie versuchten offenbar, in ihren Bildwerken und Malereien das jeweils Wichtigste, Charakteristische eines Gegenstandes oder Lebewesens darzustel-

7 Ein Hirsch wird von drei Hunden angefallen, Bronze aus Olympia. Olympia, Museum

len, losgelöst von einer organisch ›richtigen‹ Wiedergabe. Man arbeitete mit Zeichen, »Hieroglyphen«[19] oder »Ideogrammen«[20], und konstruierte damit eine Figur. Vor dem Hintergrund einer solchen Sehweise muß ein für moderne Augen zunächst manieristisch erscheinendes Pferdchen völlig anders interpretiert werden: Die kräftigen, geschwollenen Oberschenkel sind Hieroglyphen für Kraft, die dreieckigen Gelenkspitzen symbolisieren Beweglichkeit, die breiten Schultern eines Mannes bedeuten Energie und Stärke. Ein Gürtel kann Hieroglyphe für Bekleidung sein, ein Helm Bewaffnung bedeuten. Hat man diesen Schlüssel zum Verständnis erst einmal gefunden, so lösen sich zahlreiche ›Widersprüche‹ von alleine auf. Es ist nunmehr unerheblich zu überlegen, ob geometrische Kleinplastiken ins Dreidimensionale übertragene Silhouettenfiguren der Vasenmalerei sind oder nicht. Es ist auch überflüssig, sich darüber Gedanken zu machen, ob die Figuren einansichtig oder wechselansichtig sind. Denn dies Problem hat sich für die geometrischen Handwerker, die die Keramik bemalt, die Bronzen gegossen und das Holz und Elfenbein geschnitzt haben, überhaupt nicht gestellt. Sie haben vielmehr in sehr poetischer, spielerischer Art und Weise Figuren komponiert, aus einzelnen Hieroglyphen zusammengesetzt, ohne dabei über ihre Handlungsweise zu reflektieren.

In Einzelfällen kann das alles auf den heutigen Betrachter merkwürdig fremd wirken. Wenn man zum Beispiel an die Gruppe des Hirsches denkt, der von drei Hunden angefallen wird *(Abb. 7)* und der dabei scheinbar unbeweglich verharrt, so wird das Zeichenhafte sofort deutlich. Je ein Hund beißt sich in den Hinterschenkeln und in der Brust des Hirsches fest. Das Tier befindet sich in Todesgefahr, müßte in höchster Erregung und Bewegung sein. Dasselbe gilt für die Hunde. Den Einzelformen ist dies jedoch überhaupt nicht zu entnehmen: Der Hirsch verharrt scheinbar ruhig in der gleichen Art und Weise, wie auch ein tatsächlich ruhig stehendes Tier dargestellt wird, wie zum Beispiel eine Stute, die ihr Fohlen säugt[21] *(Abb. 8)*. Gleiches gilt für die Hunde. Der vordere Hund wurde lediglich um 45 Grad gekippt, und sein annähernd zylindrisch gestalteter Kopf geht in die Brust des Hirsches über. In diesem geistigen Zusammenhang erscheint es nicht mehr abwegig,

8 Stute, die ihr Fohlen säugt, Bronze aus Olympia. Athen, Nationalmuseum

sich vorzustellen, daß auch die auf den ersten Blick ruhige Komposition der Gruppe des Mannes im Kampf mit einem Kentauren *(Abb. 11)* durchaus heftig bewegt und im Kampf auf Leben und Tod gemeint war. Neue Fragestellungen tun sich auf: Wie sind bestimmte Darstellungsformeln zu verstehen, einzelne ›Hieroglyphen‹ zu übersetzen? Was alles sind überhaupt ›Hieroglyphen‹ in unserem Zusammenhang, und was bedeuten sie im einzelnen? Vieles ist auf diesem Gebiet noch unerforscht. Ein häufig anzutreffendes Schema ist zum Beispiel das des in den Knien leicht eingeknickten Stehens der Figuren, auch das des überaus geschwollen gestalteten Gesäßes oder die sehr gebündelte, geschlossene Beinstellung der weiblichen Figuren. Es erscheint sicher, daß dies ›Ideogramme‹ sind und daß damalige Handwerker und Betrachter diese unmittelbar verstehen und lesen konnten. Lediglich uns Heutigen fehlt der unmittelbare Zugang zu ihnen. Solche Bildsprache bleibt der Moderne vorerst zum großen Teil verschlossen.

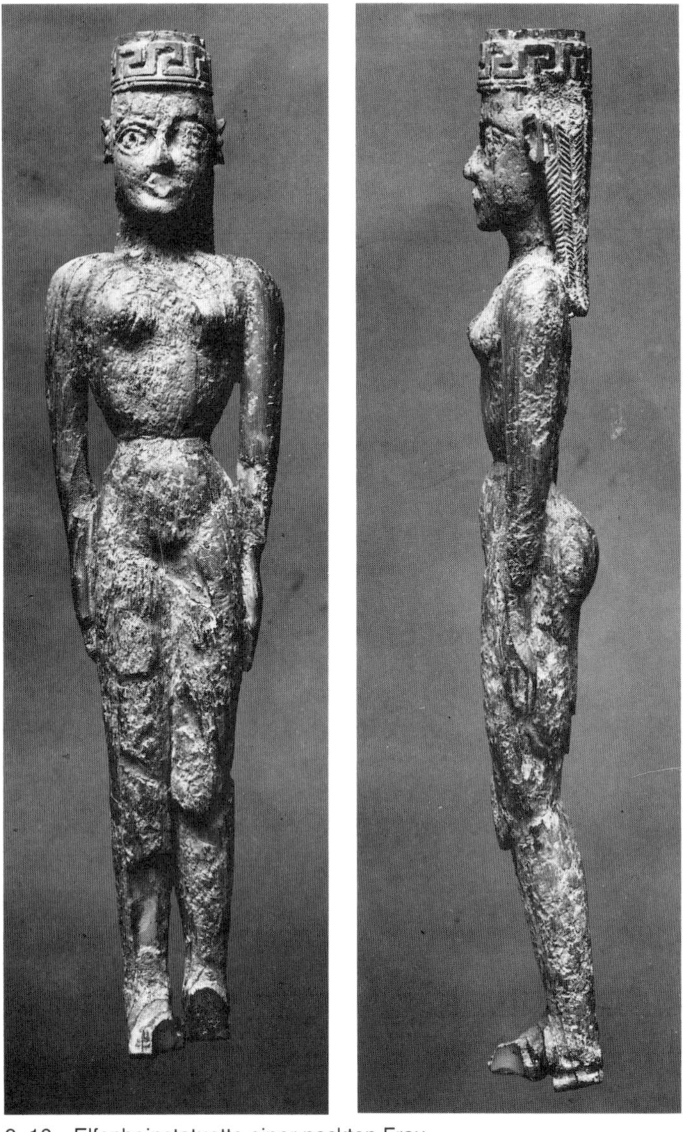

9, 10 Elfenbeinstatuette einer nackten Frau

Elfenbeinstatuette einer nackten Frau *(Abb. 9/10)*
Athen, Nationalmuseum Nr. 776
Aus einem Grab vor dem Dipylonstadttor von Athen
Höhe 24 cm

Erhaltungszustand:
Der linke Fuß fehlt völlig, der rechte Fuß zum Teil; die gesamte Oberfläche ist bestoßen, zum Teil verwittert, die Ausarbeitung insgesamt jedoch deutlich faßbar. Auch Details, zum Beispiel die Haarsträhnen, sind durchaus noch erkennbar.

Beschreibung:
Die bis auf einen Polos und einen Gürtel (?) unbekleidete Frauenfigur steht aufrecht mit eng geschlossenen Beinen. Die Unterarme schmiegen sich an die Hüften und Oberschenkel an. Die Figur scheint frontal auf den Betrachter ausgerichtet zu sein. Ihre Umrisse wirken sehr geschlossen. Unmittelbar ins Auge fällt die stark eingezogene Taille. Die Proportionen der einzelnen Körperglieder zueinander erscheinen ›manieriert‹ geprägt: Die Beine sind übertrieben lang, der Oberkörper gleicht einem Dreieck, Kopf und Hals bestehen aus einer kubischen Grundform. Die Augen sind übergroß, weit geöffnet und schauen den Betrachter frontal an. Obwohl die Mundpartie bestoßen ist, erkennt man noch, daß die Lippen wulstig verdickt waren und eine runde, sinnliche Einheit darstellten. Die Anlage der Figur geht wenig in die Breite, stärker in die Höhe. Unorganisch sind die Ohren an den Kopf appliziert.

Insgesamt dominieren die vertikalen Linien. Die Schultern sind leicht hochgezogen und gerundet, die Brüste nur angedeutet.

Die Gestaltung der Haare ist am besten in der Rückansicht erfaßbar. Lange Strähnen fallen dort bis auf die Höhe der Schulterblätter herab. Sie sind abwechselnd schräg nach links bzw. nach rechts gekerbt und unten glatt beschnitten. Einziges gesichertes Bekleidungsstück der Figur ist ein Polos: eine zylinderartige Kopfbedeckung, die mit einem geometrischen Ornament, einem reliefierten Mäander, verziert ist. Obwohl die Figur keinerlei Bewegung aufweist, erscheint sie doch voller Leben und Energie. Alle Details sind spannungsreich, lebendig, nichts erscheint schlaff.

Die Statuette stammt aus einem Grab vor dem Dipylonstadttor von Athen. In demselben Grab wurden etliche geometrische Gefäße, Holzreste und Fragmente anderer Elfenbeinstatuetten gefunden. Eine davon soll ein Importstück aus Syrien sein, das als Vorbild für den attischen Handwerker, der die hier vorgestellte Figur geschaffen hat, gedient haben mag. Es ist davon auszugehen, daß alle Figuren bemalt waren. Wen die Figur darstellen soll, ist schwerlich zu sagen. Attribute für eine eindeutige Benennung fehlen. Die Darstellung einer individuellen Persönlichkeit ist auszuschließen. Ein Indiz könnte der Polos als Kopfbedeckung einer Göttin sein. Wenn die Figur jedoch eine Karyatide war, eine funktionale Stütze an einem Möbelstück, so ist nicht auszuschließen, daß der Polos lediglich als Verbindungsglied zu sehen ist und seine inhaltliche Bedeutung damit geringere Aussagekraft besitzt.

Die stilistische Analyse der Figur und der mitgefundenen Keramik erlaubt eine vorsichtige Datierung kurz vor 750 v. Chr.

Bronzestatuette eines Mannes im Kampf mit einem Kentauren
(Abb. 11)
New York, Metropolitan Museum of Art Nr. 17.190.2072; aus der Sammlung J. Pierpont Morgan, 1917
Herkunft unbekannt
Höhe 11,3 cm

Erhaltungszustand:
Die Oberfläche ist teilweise korrodiert. Der rechte Unterarm des Mannes und des Kentauren sind abgebrochen. Die Spitzen der beiden Kegelhelme fehlen. In der linken Leibseite des Kentauren steckt ein dornartiger Gegenstand, vielleicht der Rest einer Waffe des Mannes; daß es sich dabei um einen stehengebliebenen Gußkanal handelt, erscheint bei der ansonsten sorgfältigen Nachbearbeitung der Oberfläche eher unwahrscheinlich.

Beschreibung:
Dargestellt ist ein nackter Mann, der sich in heftiger Umklammerung mit einem mythologischen Wesen, einem Kentauren, befin-

det. Dieser ist vorne ebenfalls als nackter Mann mit Geschlechtsangabe gebildet. Aus seinem Rücken wächst ein Pferdeleib heraus. Einziges sicheres Bekleidungsstück, das beide Figuren tragen, ist die kegelförmige Kopfbedeckung, eine für die geometrische Zeit typische Helmform. Trotz der statischen Komposition – beide Figuren stehen mit geschlossenen Beinen und führen keine heftigen Bewegungen aus[22] – ist vehemente Dynamik in den Figuren zu spüren. Strotzende Kraft des Mannes vermitteln die schwellenden Formen seines Unterkörpers. Dies gilt kaum weniger für den kleineren Kentauren, der seinem Gegenüber nur bis zum Kinn reicht. Beide Figuren und auch der Pferdeleib sind an den Taillen wespenartig verdünnt und entsprechen damit unmittelbar dem Zeichenschema der Figuren der geometrischen Vasenmalerei. Auch

11 Bronzestatuette eines Mannes im Kampf mit einem Kentauren

die auf das Wesentliche reduzierten Gesichtsformen lassen sich in diesen Zusammenhang einfügen. Nase und Stirn des Mannes sind in einer leicht konvexen Linie zusammengefaßt, die rund eingetieften Augen waren vielleicht einst mit anderem Material ausgefüllt. Das Kinn ist zu einer Spitze ausgezogen, so daß eine bärtige Figur nicht undenkbar erscheint. Die Ohren sind an die ansonsten glatte Schädelform angesetzt. Beide Figuren sind zusätzlich zu ihrer Umklammerung durch eine gemeinsame Standplatte miteinander verbunden.

Auch hier läßt sich feststellen, daß die Komposition auf das Wesentliche vereinfacht ist und daß mit deutlichen horizontalen und vertikalen Achsen gearbeitet wurde. Die Entfernung von einer realistischen Darstellung menschlicher und tierischer Formen durch die Reduktion auf Formeln und ›Hieroglyphen‹ belegt einerseits deutlich den Abstand zu vorangegangener minoischer Darstellungsweise, andererseits aber auch die Nähe zu zahlreichen Objekten der neuzeitlichen Bildhauerkunst. Entgegen den Objekten der Moderne war aber diese kleine antike Gruppe sicherlich kein Kunstwerk, das für sich allein wirken sollte, sondern sie stand gewiß in einem funktionalen Zusammenhang mit einem Gerät, möglicherweise als Applike auf einem Kesselrand.

Über die Deutung der Gruppe herrscht innerhalb der Forschung keine Einigkeit. Vorgeschlagen wurde u. a. ein Kampf zwischen Zeus und Kronos als Kentaur.[23] Fuchs[24] hingegen deutet als Herakles und Nessos, allenfalls aber als Zeus und Typhon. Konsens dagegen herrscht in der Annahme, daß es sich kaum um eine friedliche Umarmung oder eine Begrüßungsszene handeln kann, sondern daß wohl heftiges Kampfgeschehen gemeint ist. Wer aber gegen wen kämpft, bleibt einer endgültigen Deutung vorerst verschlossen.

Bronzepferdchen *(Abb. 12)*
Berlin, Antikenmuseum Charlottenburg Nr. 31317
Herkunft unbekannt
Bronzevollguß in einem Stück; Höhe 16 cm

Erhaltungszustand:
Das linke Ohr fehlt, außerdem die Spitze des rechten Ohres; der Schweif ist nach vorne eingedrückt; durch die Augenlöcher war ursprünglich ein Eisenstift gesteckt; auch in den ausgehöhlten Nüstern steckte einst ein solcher Stab. Die Gußtechnik ist meisterhaft: Die Figur wurde nach dem Guß nachgearbeitet, geglättet und poliert.

Beschreibung:
Dargestellt ist ein Pferd, das auf einer rechteckigen, von Dreiecken in drei Reihen durchbrochenen Basis steht. Der Tierkörper ist in

12 Bronzepferdchen

›manieristischer‹ Abstraktion ausgebildet. Dies wird vor allem in der Bauch- und Lendenpartie deutlich, die – jegliche natürliche Proportionen negierend – wespenartig verjüngt sind. Gleichermaßen auf ›Formeln‹ reduziert ist der Kopf, der sich zur Schnauze hin verbreitert. Hervorstechend sind die übergroßen Ohren, die sich leicht nach vorne neigen, die kreisrunden Augen und der lange, bis zum Boden fallende Schweif. Der Kontur der Figur wird überwiegend von Rundungen bestimmt, dem durch die spitzen Gelenke und das Geschlecht Akzente aufgesetzt wurden. Die Oberfläche ist nach dem Guß mit fein eingravierten Ornamenten versehen worden: Auf der Innenseite des Schweifes verlaufen zwei Wellenlinien, die Unterschenkel zeigen eine Reihe paralleler Rillen, ebenso die Nüstern und der Hals. Hinter dem Auge trennt eine im Bogen verlaufende feine Linie den Kopfbereich vom Hals ab.

Das Berliner Pferdchen ist kein Einzelstück. Es gibt zahlreiche vergleichbare Exemplare, jedoch meist von geringerer Qualität.[25] Diese Pferdchen dienten entweder als Attachen an großen Bronzekesseln, die häufige Weihegaben in großen Heiligtümern waren. Etliche der kleinen Tierbronzen können auch eigenständige Weihegaben gewesen sein, die in die Zweige heiliger Bäume gehängt wurden.

Das Berliner Pferdchen dürfte von der Peloponnes oder aus Korinth stammen und wird am Ende des 8. Jahrhunderts v. Chr. gegossen worden sein.

Die Archaik

Mit dem ausgehenden 8. und dem beginnenden 7. Jahrhundert läßt die Fachwissenschaft eine neue Epoche der griechischen Kunst beginnen, die mit dem modernen Terminus ›Archaik‹ (von griechisch *arché* = Anfang) bezeichnet wird, da man lange Zeit glaubte, hier am Anfang der Kunstgeschichte zu stehen. Archaisch bedeutet altertümlich, frühzeitig, uralt und kennzeichnet eine Stilrichtung, die nach 200 Jahren der Entwicklung in das Zeitalter der griechischen Klassik mündete. Ursachen für die Entstehung dieses neuen Stils waren gesellschaftspolitische Veränderungen (und nicht umgekehrt!). Was war geschehen? Die historischen Abläufe sind – vor allem in den geometrischen Jahrhunderten, den ersten 300 Jahren des 1. vorchristlichen Jahrtausends – für uns heute nur umrißhaft erfaßbar. Wir besitzen nicht genügend Originaldokumente aus dieser Zeit, die das Dunkel erhellen könnten. Festzustehen scheint jedoch, daß nach Beendigung der etwa 200 Jahre dauernden Völkerwanderung, die auch Dorische Wanderung genannt wird, sich ganz allmählich neue politische Ordnungen herausbildeten. Die alte Gesellschaft mit Königen und freien Kriegern begann sich nach dem Seßhaftwerden der Volksgruppen aufzulösen und wich einer agrarischen Adelsgesellschaft. Lediglich in den griechischen Randgebieten, zum Beispiel in Epeiros und in Makedonien, blieb das Königtum noch über Jahrhunderte hinweg bestehen. Die archäologisch immer deutlicher faßbaren Kunstlandschaften beginnen sich jetzt auszubilden: das ionische Attika mit dem Zentrum Athen, nordwestlich davon Boiotien, auf der Peloponnes die dorische Argolis, Lakonien, Messenien, Elis und Achaia, um nur einige Gebiete zu nennen. Die topographische Struktur Griechenlands mit den hohen Gebirgszügen und dem allgegenwärtigen Meer verhinderte über Jahrhunderte hinweg engere politische Bindungen. Trotzdem bestanden und entstanden Gemeinsamkeiten, die es den Einwohnern ermöglichten, sich als Hellenen zu fühlen und sich von den umgebenden Völkerschaften, den sogenannten Barbaren, abzugrenzen. In diesem Zusammenhang ist es wichtig, darauf hinzuweisen, daß offenbar bis ins 5. Jahrhundert hinein mit der Bezeichnung ›Barbaren‹ kaum negative Konnotationen verbunden gewesen sind. Akzeptiert man eine lautmalerische etymologische Wurzel, so sind Barbaren fremdsprachige Völkerschaften, aus griechischer Sicht ›Laller, Stammler und Babbler‹. Gegen diese setzten sich die Hellenen als Gesamtheit ab durch ihre gemeinsame Sprache und Schrift, durch ihre gemeinsame Götterwelt und Mythologie und – damit zusammenhängend – durch gemeinsame Kulte und Heiligtümer, deren bedeutendste Delos, Delphi und Olympia waren. In Olympia wurden zu Ehren des Zeus seit 776 v. Chr. alle vier Jahre panhellenische sportliche Wettkämpfe ausgetragen, die für Jahrhunderte zur Basis der Jahreszählung und Zeitrechnung werden sollten. Neben den panhellenischen Kultorten hatte jede Polis, jeder Stadt- bzw. Gemeindestaat also, eigene lokale Götter und Kultorte. Diese Gemeindestaaten waren im geometrischen Zeitalter wirtschaftlich nahezu autark, da ihre Existenz überwiegend auf agrarischer Basis beruhte. In vielen Poleis wurde das Königtum schließlich vom grundbesitzenden Adel entmachtet. Diese Bauernaristokratie tritt uns durch das Werk Homers und Hesiods nun klarer vor Augen. Pferdenarren waren es, und Wagenrennen gehörten zu ihren Lieblingsbeschäftigungen. Laut Überlieferung des griechischen Reiseschriftstellers Pausanias wurden Wagenrennen mit Vierergespannen seit der 25. Olympiade (680 v. Chr.) und Pferderennen seit der 33. Olympiade (648 v. Chr.) als olympische Disziplinen offiziell anerkannt. Die große Anzahl der älteren, geometrischen Weihgeschenke, die diese Wettkampfarten zum Thema haben, lassen jedoch Zweifel an einer solchen Überlieferung aufkommen. Wahrscheinlich wurden diese Sportarten schon viel früher in Olympia ausgeübt.

Pferdewettkämpfe als aristokratische Sportarten sprechen für sich: Nur wer wirklich Reichtum und Muße besaß, konnte sich mit ihnen die Zeit vertreiben. Die meisten geometrischen Bronzen, die erhalten geblieben sind, waren Attachen von Dreifußkesseln, die entweder als Kampfpreise vergeben oder von den Siegern als Weihgeschenke in die Heiligtümer gestiftet wurden. Auch bei musischen Wettkämpfen wurden schon sehr früh Dreifüße als Preise ausgesetzt, wie von Hesiod berichtet wird, der selbst an einem solchen Wettkampf in der Stadt Chalkis teilgenommen hat.[26] Als Sieger weihte er seinen gewonnenen Preis den Musen am Berge Helikon, seinen Schutzgöttern also. Wie wertvoll ein solcher Dreifuß war, hören wir von Homer selbst:

»Peleus' Sohn nun setzte noch andere Preise des Kampfes,
Zeigend dem Danaervolk, des mühsamstrebenden Ringens:
Erst dem Sieger ein groß dreifüßig Geschirr für das Feuer,
Welches an Wert zwölf Rinder bei sich die Danaer schätzten;
Doch dem Besiegeten stellt' er ein blühendes Weib in den Kampfkreis,
Klug in mancherlei Kunst und geschätzt vier Rinder an Werte.
Aufrecht stand der Peleid' und redete vor den Argeiern:
Kommt hervor, wer begehrt auch diesen Kampf zu versuchen!
Jener sprachs; da erhob sich der Telamonier Aias,
Auch der erfindungsreiche Odysseus, kundig des Vorteils.
Als sich beide gegürtet, da traten sie vor in den Kampfkreis,
Faßten sich dann einander, umschmiegt mit gewaltigen Armen.«[27]

Wagenrennen und Faustkampf waren nach Homers Schilderung dem Ringkampf vorausgegangen. Den wertvollsten aller Preise erhält der Sieger im Wagenrennen: ein »untadeliges, arbeitskundiges Weib« und einen »gehenkelten Dreifuß von zweiundzwanzig Maßen«.[28] Dem obigen Zitat ist zu entnehmen, wie sich der Wert einer Frau zu dem eines Dreifußes verhält: Letzterer ist zwölf Rinder wert, ein »blühendes Weib« lediglich vier. Weiterhin aufschlußreich ist, daß sich die Männer zum Ring- oder Faustkampf gürteten *(Abb. 17)*.

Eine andere Lieblingsbeschäftigung der damaligen Aristokratie war die Jagd. Alle diese aufwendigen ›Freizeitbeschäftigungen‹ konnten die Herren sicherlich erst dann ausüben, nachdem sie ihre

Macht bereits so stark konsolidiert hatten, daß sie als Oligarchen über die restliche Bevölkerung aus armen Freien, Halbfreien und Sklaven – von den Frauen gar nicht zu sprechen – absolute Herrschaft ausübten. Daß solche sozialen Strukturen auf die Dauer keine stabilen Grundlagen für eine Gesellschaft darstellen, liegt auf der Hand. Immer mehr ehemals freie Bauern mußten ihre Ländereien verlassen, um nicht in völlige Abhängigkeit und Verschuldung gegenüber dem Adel zu geraten. Im aufstrebenden Handwerk und als Tagelöhner in den Städten fanden sie neue Arbeit. Andere schlossen sich zu Gruppen zusammen und versuchten ihr Glück in fremden Ländern. Zahlreiche noch heute bestehende Städte an den Küsten Italiens, Frankreichs und Spaniens sowie an den Ufern des Schwarzen Meeres sind Gründungen solcher Abenteurer, die auch vor der Überbevölkerung ihrer Heimat flüchteten. Durch den rapide ansteigenden Seehandel verschärfte sich die wirtschaftliche Situation in Hellas jedoch zunehmend. Aus Unteritalien, Sizilien und von den Schwarzmeerküsten gelangten große Mengen von billigem Getreide ins Mutterland. Die Preise für einheimisches Getreide fielen, die Bauern verarmten weiter und verpfändeten in der Not nicht selten ihr gesamtes Hab und Gut dem Adel. Die sozialen Spannungen nahmen zu und führten alsbald zu Aufständen gegen die allmächtige Aristokratie, die als Grundbesitzer auch alle politischen und legislativen Ämter innehatte. Um in Zukunft der Willkür der Rechtsprechung zu entgehen, die auf mündlicher Überlieferung im Kreise der adeligen Richter beruhte, erreichte das Volk schließlich die schriftliche Fixierung allgemeingültiger Gesetze. Um 624 ließ der adelige Gesetzgeber Drakon erstmals Gesetzestafeln auf der Agora von Athen aufstellen. Wenn auch die darin enthaltenen Strafmaßnahmen nach Meinung des Volkes von einer sprichwörtlich gewordenen drakonischen Härte und ›mit Blut geschrieben‹ waren, so ist dieser Akt doch als bedeutender Fortschritt zu werten in der Entwicklung vom Adelsstaat zur Polis als demokratischer Lebensgemeinschaft freier Bürger. Von nun an war die Polis Rechtsträgerin, und die Gesetze, öffentlich dokumentiert und für jedermann zugänglich, schufen eine – wenngleich von ungleichen Chancen ausgehende – einheitliche Rechtsgrundlage.

Die Zunahme des Überseehandels hat auch ihren direkten Niederschlag in der Kunst der damaligen Zeit gefunden. Orientalische Themen waren für etwa zwei Generationen Dernier cri in der Kunst. Vor allem nordsyrische, späthethitische und urartäische Einflüsse zeigen sich bei den bronzenen Dreifüßen aus Olympia. Aber auch die korinthische und die attische Keramik des ausgehenden 8. und beginnenden 7. Jahrhunderts bevorzugen orientalische Motive.

Der Schriftsteller Herodot überliefert, daß es Ionier und Karer waren, die unter dem Pharao Psammetich (etwa 660–609) als »erste Menschen fremder Zunge in Ägypten angesiedelt wurden«. Um 650 gründeten Milesier die erste griechische Handelskolonie in Naukratis an einem westlichen Flußarm im Nildelta. In diese Zeit fällt auch – nach heutiger Erkenntnis – der Beginn der griechischen Großplastik.[29] Wie aus dem Nichts geboren, stehen um 660/50 die ältesten Koren und Kuroi vor uns. Die Existenz ägyptischer Prototypen ist nicht von der Hand zu weisen, aber auch Eigenständigkeit und schöpferische Leistung der griechischen Bildhauer sind von Anfang an faßbar. Welche Themen werden nun von der plötzlich geborenen Großplastik behandelt, welche Figurentypen geschaffen?

An erster Stelle stehen hier der Kuros und die Kore, beides Archetypen, Wahrzeichen der Archaik. Weiterhin begegnet die sitzende männliche und weibliche Figur, ebenfalls anfänglich in enger Anlehnung an ägyptische Vorbilder. Schließlich findet man die schreitende Figur, die vorwiegend im Relief und dort vor allem in Kampfszenen auftritt. Um sehr schnelle Bewegung zu charakterisieren, wurde ein spezielles Ideogramm, eine bildliche Hieroglyphe entwickelt, das sogenannte Knielaufschema *(Abb. 13)*. Der Oberkörper einer solchen Figur ist frontal dem Betrachter zugewandt, die Beine werden im Profil gezeigt. Das eine Bein ist im Knie abgewinkelt und steht mit dem Fuß auf dem Boden, das andere liegt so weit wie möglich auf der Grundfläche auf. Die Arme, in den Ellbogen abgewinkelt, greifen weit in den Raum hinein. Insgesamt ist es ein – für uns – merkwürdig künstliches, unorganisches Schema, das aber offensichtlich von damaligen Betrachtern unmittelbar verstanden werden konnte.

13 Weihrelief eines Waffenläufers. Athen, Nationalmuseum

Kore und *Kuros* sind griechische Wörter und bedeuten Mädchen und Jüngling. Es sind geläufige Bezeichnungen aus der Archäologenfachsprache, die erstmals von dem griechischen Wissenschaftler Leonardos gebraucht wurden und sich sehr schnell eingebürgert haben. Der Kuros ist – im Gegensatz zu seinen ägyptischen Vorbildern – fast immer nackt, die Kore dagegen meist bekleidet dargestellt. Über die Ursachen dafür soll später gesprochen werden.

14 Kore mit Resten von Bemalung, von der Akropolis in Athen. Athen, Akropolismuseum

Anfänglich sind die Koren – zumindest nach den erhaltenen Exemplaren zu urteilen – eindeutig in der Mehrzahl. Im 6. Jahrhundert wandelt sich das Verhältnis zugunsten der Kuroi.

Die meisten steinernen Bildwerke und Bauten der Griechen waren bereits in der Archaik mit zum Teil grellen Farben bemalt. Für den klassizistisch geprägten Geschmack des modernen Betrachters ist diese Vorstellung sehr befremdlich. Nur bei wenigen Figuren und Bauteilen haben sich jedoch Farbspuren bis auf den heutigen Tag erhalten *(Abb. 14)*. Die Entdeckung der antiken Polychromie durch die Architekten und Kunsttheoretiker Hittorf und Semper[30] ist im 19. Jahrhundert zunächst auf den heftigsten Widerspruch von seiten der Mehrheit der Wissenschaftler gestoßen. Semper und andere Entdecker von Farbspuren auf antiken Bildwerken wurden als Ketzer und Verräter an dem klassizistischen Bild von der Antike auf übelste Art und Weise angegriffen, denn die neuzeitliche, klassizistische Vorstellung von der Antike war in ihren Grundfesten erschüttert. Noch heute kann man mit dieser Tatsache so manchen Laien in einem Antikenmuseum oder vor einem griechischen Tempel in ungläubiges Staunen versetzen.

Es lassen sich noch weitere Beispiele solcher Fehleinschätzungen der griechischen Kunst anführen. Bekanntestes Beispiel ist wohl die anfänglich vernichtende Beurteilung der Parthenonskulpturen – heute als die bedeutendsten Schöpfungen der griechischen Hochklassik anerkannt – durch den zu Beginn des 19. Jahrhunderts höchst einflußreichen Antikenkenner Payne-Knight aus England.[31] Auch an die Kunstwerke des sogenannten Strengen Stils und der Archaik mußten sich die Forscheraugen und die Sinne der Kunstliebhaber erst gewöhnen. Und erst die Zukunft wird erweisen, welchen in der Gegenwart befangenen Interpretationen und Fehleinschätzungen die Forschung zur Zeit erliegt.

Die Mehrzahl der Bildwerke der damaligen Zeit dürfte verloren sein. Denn Marmor besitzt, im Gegensatz zur Keramik, noch Wiederverwendungswert. Bis in unsere Tage hinein werden antike Statuen und Architekturelemente in Stücke zerschlagen und wandern als Rohmaterial in Kalköfen, die auf oder in unmittelbarer Umgebung nahezu jeder antiken Siedlung bestanden haben beziehungsweise immer noch bestehen. Andere Fragmente antiker Bauten und Bildwerke wurden als Spolien verwendet, zum Errichten von Neubauten, Stadtmauern und anderem mehr. Die bis heute erhaltenen Bildwerke können deshalb nur einen zufälligen Ausschnitt und keinen repräsentativen Querschnitt der ehemaligen Fülle von Kunstwerken bieten.

Die frühesten archaischen Bildhauerarbeiten lassen noch deutlich den Block erahnen, aus dem sie herausgearbeitet wurden. Die grobe Form wurde dabei bereits im Steinbruch angelegt, wie an etlichen nicht fertig zur Ausführung gelangten Statuen beobachtet werden kann. Das monumentalste Beispiel dafür ist eine bekleidete riesige Figur[32] *(Abb. 15)*, die noch heute bei dem Weiler Apollonas auf der Insel Naxos im Steinbruch liegt. 10,5 m hoch ist dieser Koloß, der unmittelbar vor dem Transport zu der mehrere hundert Meter entfernten Meeresküste verworfen worden ist. Er könnte zu Beginn des 6. Jahrhunderts v. Chr. entstanden sein. Lange Zeit dachte man an eine Apollonstatue. Inzwischen ist die überzeugendere Meinung geäußert worden, daß Bekleidung und Bartansatz der Figur auf eine Darstellung des Dionysos hinweisen. Auf Naxos liegen an anderer Stelle, bei der heutigen Siedlung Phlerio in einem antiken Steinbruch, noch weitere unvollendete archaische Figuren.

15 Kolossalfigur im antiken Steinbruch von Apollonas auf Naxos

Ein Kuros von 6,4 m Höhe und eine Kore sind die bedeutendsten Relikte. Der Kuros *(Abb. 16)* ist stilistisch etwas jünger als die Figur in Apollonas, die Ausarbeitung auch hier überraschend weit fortgeschritten. Ungläubig steht man heute in dem unwegsamen Gelände, rund 10 km vom Meer entfernt, vor diesen Steinmassen. Es kann den damaligen Steinmetzen und Handwerkern keine sonderlichen Schwierigkeiten bereitet haben, die roh ausgearbeiteten Figuren vom Felsgrund abzusprengen, bis zur Küste zu transportieren und auf ein Schiff zu verladen. Man hätte diesen Steinbruch sonst sicherlich nicht mitten im Inselinneren angelegt.

Naxos besitzt nach Paros den besten Marmor der griechischen Inselwelt. Auf dem Festland liefert der Berg Pentelikon weißen, goldgelb patinierenden Marmor, außerdem der Hymettos eine bläuliche Gesteinsart.[33] Nicht zuletzt aufgrund der reichen Marmorvorkommen hoher Qualität, die bereits im 3. und 2. Jahrtausend das Material für die faszinierenden Kykladenidole lieferten, konnte sich Naxos in archaischer Zeit eine überragende politische Machtstellung erobern. Das erweist eindrucksvoll die noch heute aufrechtstehende Opisthodomtüre kolossalen Ausmaßes (Höhe etwa 6 m) eines unvollendeten Tempels des 6. Jahrhunderts v. Chr.

16 Kuros von Phlerio. Naxos, Freigelände

Sichtbar demonstrieren wollten die Naxier ihre Vormachtstellung auch auf Delos, dem panhellenischen Heiligtum der Leto und ihrer Zwillingskinder Apollon und Artemis. Seit dem Beginn des 1. Jahrtausends stiftete Naxos bedeutende Bauten und Kunstwerke nach Delos. Kolossalstes Beispiel ist die riesige Apollonstatue im Kurosschema, die im Temenos des Gottes ihre Aufstellung fand (s. u. S. 57ff.). Auch der sogenannte *Naxieroikos*, eine Halle heute unbekannter Funktion, ist eine Stiftung der wohlhabenden Aristokratie dieser Insel. Ins Heiligtum von Delphi stifteten dieselben Familien wenig später eine auf einer monumentalen Säule sitzende Sphinx, und auch Olympia hat Weihungen von Naxos vorzuweisen.

Die Apollonstatue von Delos führt uns zurück zu den nackten Jünglingsfiguren, den Kuroi. Die Bezeichnung geht, wie gesagt, auf den Archäologen Leonardos zurück, der sie als männlichen Pendantbegriff zu Kore = Mädchen vorgeschlagen hat. Das Wort Kuros ist inschriftlich in der Antike nirgendwo belegt. Auf der Basis des Naxierkolosses steht ἀνδριάς *(andrias)* = Bildsäule. Kore hingegen ist als Weihinschrift auf dem Sockel einer antiken Mädchenfigur überliefert. Bevor sich diese Benennung durchsetzte, sprach man von Spesfiguren, von Chiotinnen und ähnlichem mehr. Die Kuroi deutete man anfänglich alle als Apollonfiguren, bis ihre ständig wachsende Zahl diese Benennung nicht mehr länger haltbar erscheinen ließ, vor allem, nachdem man sicher erkannte, daß etliche dieser Kuroi als Grabfiguren gedient haben. Inzwischen weiß man, daß sie – formal nicht unterscheidbar – entweder einen Gott, einen Verstorbenen, einen Stifter oder einen Heros darstellen können. Eindeutig wird die Benennung erst durch den Fundzusammenhang oder durch eine Inschrift.

Über die Bedeutung der Nacktheit dieser Kuroi wird nach wie vor viel diskutiert; offensichtlich handelt es sich um ein heikles und problematisches Thema. Nahezu jede Forschergeneration hat sich zu ihm geäußert. Vieles gilt heute als überholt, ist gedanklich kaum noch nachvollziehbar. Ein noch nicht allzu altes Beispiel soll dies aufzeigen: »Nackt sind alle diese Jünglingsbilder, nicht weil dies alltäglich oder bei turnerischer Übung das Übliche war, sondern damit sich ihr Wesen unverhüllt offenbare.... In der Nacktheit und Unberührtheit von anerzogener Scham stellt sich der griechische Jüngling als das dar, was der Mensch ganz rein und einfach ist: von Natur ausgezeichnet, durch Ertüchtigung und Sitte gebildet.«[34] Eines haben solche Interpretationen gemeinsam: Sie entsprechen nicht der historischen Wahrheit. Auch hier stoßen wir wieder, ähnlich wie bei der Polychromie der Bildwerke und Bauten, auf das Axiom: Es kann nicht sein, was nicht sein darf! Die Griechen haben nicht nackt gelebt. Und die ersten Kuroi besaßen auch noch – ähnlich wie die geometrischen Figuren – eine Andeutung von Kleidung, so zum Beispiel der Mantiklos-Apollon *(Abb. 17)* oder der Koloß der Naxier *(Abb. 25)*. In der Diskussion um die Bedeutung der Nacktheit wird immer wieder eine Anekdote zitiert[35], die davon berichtet, daß während einer Olympiade in der ersten Hälfte des 7. Jahrhunderts ein Wettläufer seinen Schurz verloren habe und deshalb als Sieger aus dem Rennen hervorgegangen sei. Seit diesem Zeitpunkt, so berichtet das antike Histörchen, wurden die Wettkämpfe nackt ausgetragen. Aufschlußreich erscheint in diesem Zusammenhang, daß verheirateten Frauen unter Androhung der Todesstrafe die Anwesenheit bei den Wettkämpfen verboten war. Als einzige konnte die Priesterin der Demeter-Chamyne, deren Heiligtum sich am Ende des Hippodroms befunden hat[36], von der Anwesenheit nicht ausgeschlossen werden. Die Ursache hierfür dürfte in der Ehrfurcht gelegen haben, die man diesem uralten Kult entgegenbrachte. Niemand wagte offensichtlich, den Kultort zu verlegen oder für die Dauer der Spiele zu schließen.

Das übliche Heiratsalter für Mädchen bzw. Frauen lag bei etwa 15 Jahren.[37] Es ist nicht anzunehmen, daß sie sich vor ihrer Hochzeit, als Kinder, für die Kampfspiele interessierten, ja, daß die Männer sie überhaupt mitgenommen beziehungsweise geduldet haben. So wird deutlich, daß die Austragung der olympischen Spiele im Altertum eine Veranstaltung der Männeraristokratie war. Warum wurden die Frauen ausgeschlossen? Besteht ein Zusammenhang mit der Nacktheit der Sportler? Was geschah sonst noch bei den olympischen Spielen, in den Gymnasien und Palästren? Was sollte den Frauen vielleicht vorenthalten werden? Warum galt die von so zahlreichen Forschern gepriesene Freude am nackten

Körper nur für den männlich-pubertären Leib? Bezeichnenderweise waren nämlich weibliche Statuen bis ins 4. Jahrhundert hinein bekleidet.

Bronzestatuette des Apollon, geweiht von Mantiklos aus Theben *(Abb. 17)*
Boston, Museum of Fine Arts Nr. 03.997; aus der ehem. Sammlung Tyszkiewicz, Francis Bartlett Collection
Herkunft unbekannt
Höhe 20 cm

Erhaltungszustand:
Beide Unterschenkel sind an den Knien weggebrochen. Der rechte Arm fehlt. Die Augenhöhlen sind leer. Das Attribut in der linken Hand der Figur ist nicht erhalten.

Beschreibung:
Die Statuette stand frontal mit beiden Beinen auf dem Boden. Der Gott ist in dem bekannten geometrischen Jünglingsschema nackt dargestellt, bis auf einen durch zwei Einkerbungen angegebenen Gürtel. Die Taille ist wespenartig eingezogen. Der Oberkörper strebt kräftig und schlank zu den mächtigen Schultern auseinander. In der Senkrechten wird die Körpermitte durch eine eingekerbte Rille gekennzeichnet. Waagerechte Zäsuren stellen der Gürtel, die Bögen der Brustmuskeln, die Einkerbungen der Schlüsselbeine und die Schulterlinie dar. Auf einem mächtigen, überlängten Hals sitzt der dreieckige Kopf, der die Grundform des Oberkörpers wieder aufgreift. Charakteristisch sind der schmale, kleine Mund, die kräftige, langgestreckte Nase und die großen, runden Augenhöhlen, die – heute leer – früher mit anderem Material, vielleicht Silber oder leuchtenden Edelsteinen, ausgefüllt waren. Am Haaransatz in der Stirnmitte befindet sich ein Bohrloch. Auch dort war etwas eingesetzt: möglicherweise ein Helm aus Silber[38] oder eine Binde. Die Haare fallen in mehreren dicken und schräg gekerbten Strähnen bis auf die Schultern herab. Der obere Schädelteil ist glatt belassen, was auch für einen aufgesetzten Helm spricht. Der linke Arm der Figur ist im Ellbogen abgewinkelt und vor die Brust

genommen. Die Hand ballt sich zur Faust. Ein senkrechtes Bohrloch verweist auf ein verlorenes Attribut, das sicher – der Weihinschrift auf dem Oberschenkel gemäß – ein Bogen gewesen ist. Zwischen den kräftigen, schwellenden Formen der Oberschenkel, die sich stark zu den Knien hin verjüngen, sitzt klein und unscheinbar, additiv, das Geschlechtsteil. Um die ursprüngliche Wirkung der Figur ganz zu erfassen, muß man sich die Unterschenkel hinzudenken. Sie waren gewiß ebenfalls überlang proportioniert und haben den schlanken, vertikalen Ausdruck noch verstärkt. Auf der Vorderseite der Oberschenkel ist eine Inschrift eingraviert:

Μάντικλος μ' ἀνέθεκε Ϝεκαβόλοι ἀργυροτόχσοι τᾶς (δ) δεκάτας, τὺ δέ, Φοῖβε, δίδοι χαρίϜετταν ἀμοιϜ[άν].

»Mantiklos hat mich aufgestellt dem Ferntreffenden als Zehnten. Du aber, Phoibos, zum Lohn schenk' mir freundliches Geschick.«[39]

Die Inschrift ist von größter Bedeutung: Sie besagt, daß die Figur ein Weihgeschenk war und daß ein gewisser Mantiklos aus Theben sie aus dem Zehnten seines Erwerbs hat anfertigen lassen. Diese Formel findet sich häufig innerhalb der Inschriften auf Weihgeschenken[40] und erlaubt auch gewisse Rückschlüsse auf die Einkommenslage verschiedener Handwerker und Stifter. Die Figur ist durch die Inschrift auch eindeutig benennbar: Apollon als Bogenschütze ist dargestellt. Alle Zweifel und Spekulationen wie bei so vielen anderen Statuen und Statuetten sind hier ausgeschlossen. Die Übergänge vom Götterbild zur menschlichen Darstellung sind oftmals so fließend, daß eine Entscheidung, wer gemeint ist, in vielen Fällen immanent nicht getroffen werden kann. Dies gilt, wie wir sehen konnten, bei zahlreichen Kuros- und Korenfiguren.

Der Stil weist noch starke Elemente der Plastik des geometrischen Zeitalters auf. Die Figur muß daher in die Zeit des Übergangs zur Archaik datiert werden. Eine Entstehung um 700 v. Chr. erscheint angemessen.

17 Sog. Mantiklos-Apollon

Der Kuros von New York *(Abb. 18–20)*
New York, Metropolitan Museum of Art Nr. 32.11.1; Fletcher Fund, 1932
Angeblich aus Attika
Inselmarmor; Höhe 1,84 m

Erhaltungszustand:
Nase und Lippen bestoßen; aus zahlreichen Stücken zusammengesetzt; nur wenig ergänzt (vor allem die kleinen Splitter an den Bruchkanten); die Plinthe ist in einem Stück mit der Statue gearbeitet.

Beschreibung:
Gegen Ende des 7. Jahrhunderts v. Chr. – die Datierungen schwanken zwischen 630 und 590 v. Chr. – ist diese Kurosfigur entstanden. Der Jüngling ist unbekleidet, bis auf ein schmales Halsband und eine Binde, die er im Haar trägt. Die Darstellung entspricht dem üblichen Schema mit leicht vorgesetztem linken Bein und mit

18–20 Der Kuros von New York

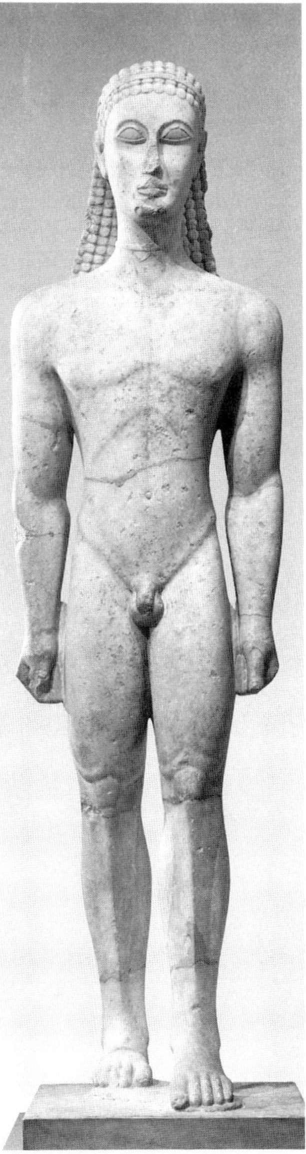
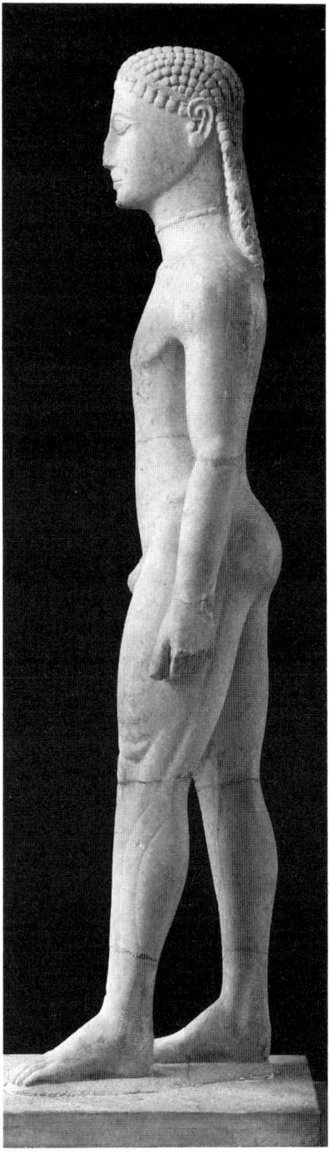

zur Faust geschlossenen und an den Oberschenkeln anliegenden Händen. Brust und Schulterpartie sind mächtig betont, die Bauchregion, Taille und Hüften dagegen eher zierlich ausgearbeitet. Die Trennungslinien zwischen Bauch und Rippenbögen sind wenig organisch gestaltet. Ähnliches läßt sich von der Meridianlinie, den Schlüsselbeinen, der Leistenlinie, aber auch von den Schulterbögen und der Wirbelsäule sagen. Der Penis erscheint jugendlich, eine Behaarung (Pubes) ist nicht angegeben. Kräftig tritt das Gesäß hervor, was vor allem die Seitenansicht deutlich zeigt. Die Kniescheiben und die Gliederung der Unterschenkelmuskulatur sind noch ideogrammartig, den anatomischen Befund abstrahierend. Ungewöhnlich breit sind außerdem die Fußgelenke, die Füße und die Zehen gestaltet. Die Knöchel an der Innen- und Außenseite des Fußes stehen noch auf gleicher Höhe.

Der Kopf wirkt durch seinen kraftvollen, kubischen Aufbau. Der ernste, sinnliche Mund, die lange, kantig in die Brauenbögen umschwingende Nase und vor allem die übergroßen, weit geöffneten, mandelförmigen Augen prägen den Gesichtsausdruck. Über der hohen, glatten Stirn beginnt die sogenannte Buckellockenfrisur, die aus einzelnen Perlen zu bestehen scheint. Die breite Haarpracht endet in gerader Linie im oberen Schulterbereich. Eine Binde faßt das Haar kunstvoll zusammen. Sie verläuft auf der zweiten Lockenreihe entlang der Stirn oberhalb der Ohren zum Hinterkopf, wo sie kunstvoll in einem sogenannten Heraklesknoten zusammengezogen wird. Die Enden fallen gegabelt auf die Locken hinab. Der Gesamteindruck der Figur ist der eines kraftvollen, muskulösen, sportlich durchtrainierten jungen Mannes, der in spannungsvoller Ruhe dargestellt wird.

Wahrscheinlich handelt es sich um eine Grabstatue.

Der Kuros vom Dipylon *(Abb. 21)*
Athen, Nationalmuseum Nr. 3372 u. a.
Grobkristalliner Marmor; Gesamthöhe früher etwa 2,5 m

Es wurden mehrere Fragmente gefunden, die wahrscheinlich alle zu dieser einen Figur gehören:

a) Kopf; H. 44 cm; gefunden 1916 beim Dipylon, einem Stadttor von Athen in der Nähe des Kerameikosfriedhofs.
b) rechte Hand; gefunden 1930; sie war, wie der Kopf, in der Stadtbefestigung von Athen, im Dipylontor, verbaut.
c) wahrscheinlich zugehörig: linke Hand mit Oberschenkelansatz, linke Schulter, rechtes Knie und Teile des Rückens; diese Fragmente wurden zwischen 1936 und 1955 auf der Agora von Athen entdeckt.

Erhaltungszustand:
Von dem überlebensgroßen Kopf fehlen Kinn, Mundpartie und Nase. Bestoßen sind außerdem das rechte Auge, die Wangen, die linke Augenbraue, die Stirn und Teile der Frisur, vor allem die erste Reihe der Buckellocken.

21 Kopf des Kuros vom Dipylon

Beschreibung:
Stifter und Künstler dieser Kurosfigur sind unbekannt. In der Fachwissenschaft hat sich jedoch nach dem Fundort des Kopfes der Name ›Dipylonmeister‹ eingebürgert. Die Handschrift dieses Bildhauers oder seiner Werkstatt glaubt man noch in anderen Skulpturen wiederzuerkennen. So wird der New Yorker Kuros *(Abb. 18–20)* in den Umkreis dieser Werkstatt eingeordnet. Auch die Mittelakroterfigur[41] eines Tempels der Akropolis von Athen

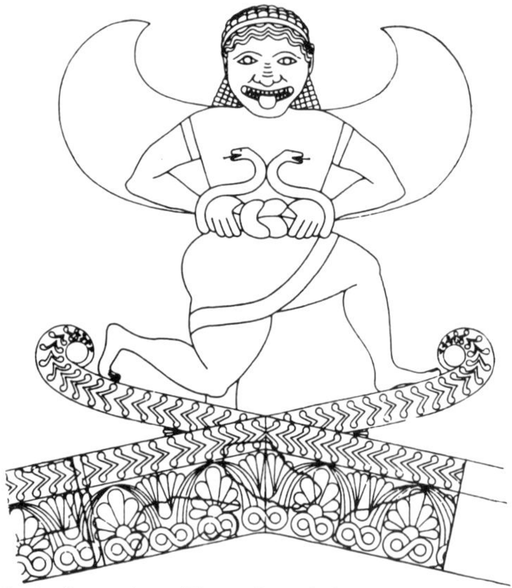

22 Mittelakroterfigur eines Tempels auf der Akropolis, Rekonstruktion nach W.H. Schuchhardt 1935/36

(Abb. 22) zeigt nahe Verwandtschaft in Frisur- und Augengestaltung. Der Kuroskopf ist sehr kubisch aufgebaut. Das Gesicht bricht kantig und relativ unvermittelt zu den Kopfseiten um. Der Schädel ist manieristisch langgestreckt und aus großen, einfachen ovalen Grundformen zusammengesetzt. Besonders eindrucksvoll sind die übergroßen, mandelförmigen Augen, die von den scharfkantigen Brauen durch eine konkave Vertiefung abgesetzt sind. Die

Augen sind unterschiedlich geformt: Das rechte Auge ist schmaler, mandelförmiger als das linke. Dadurch erhält die monumentale Strenge des Gesichts eine gewisse Lebendigkeit. Die Nase zeigt einen ähnlich schlanken Wuchs wie die des New Yorker Kuros *(Abb. 20)*. Die Falten von den Nasenflügeln zu den Mundwinkeln, von denen nur der linke erhalten ist, sind nur zart angedeutet. Der schmale Mund zeigt kein Lächeln. Die Ohren sitzen sehr hoch am Schädel. Sie sind als Voluten ausgestaltet, deren Formen nur in der Seitenansicht wirken. Die Frisur besteht aus Buckellocken mit grob belassener Oberfläche. Eine Reihe der kugeligen Löckchen führt von den Ohrmuscheln über die Stirn. Wenig höher verläuft die Binde, die am Hinterkopf in einem kunstvollen Knoten zusammengefaßt ist und deren Enden ornamental drapiert herabfallen. Verglichen mit dem Kopf des New Yorker Kuros sind die Formen der Dipylonfigur weicher und voller. Die langgestreckt ovale Kopfform wird von der Frisur aufgegriffen. Die Haare fallen nicht mehr gerade auf die Schultern und enden dort in einer Linie, sondern führen im Nacken gerundet zusammen. Durch die versetzt nebeneinander hervortretenden Buckellocken entsteht eine gewisse spielerische Lockerheit.

An dem Kopf haben sich Farbspuren erhalten: Rotbraune Reste sieht man auf der Stirn unterhalb der ersten Lockenreihe sowie an dem durch doppelte Ritzung angegebenen Halsband.

Es ist sehr wahrscheinlich, daß es sich um eine Grabstatue handelt, da zwei Fragmente als Spolien in der Stadtbefestigung in unmittelbarer Nähe des Friedhofs am Kerameikos gefunden wurden. Die anderen Fragmente dürften von dort auf die Agora verschleppt worden sein.

Der Kuros von Sounion *(Abb. 23)*
Athen, Nationalmuseum Nr. 2720.
Inv. Nr. der anderen Kuroi: 3645a, 3939, 3645
Parischer Marmor; Höhe 3,05 m

Diese Figur war nur eine von vier bis sechs ähnlichen Statuen, die im Heiligtum des Poseidon am Kap Sounion aufgestellt waren. Das

Heiligtum wird zwar schon von Homer erwähnt[42], hat aber erst ab dem beginnenden 5. Jahrhundert v. Chr. seine noch heute faßbare architektonische Ausgestaltung erhalten. Bis dahin waren wahrscheinlich kaum mehr als eine Abgrenzung des Temenos und ein Altar vorhanden. Um so gewaltiger dürften daher die in Altarnähe aufgestellten, doppelt lebensgroßen Kuroi gewirkt haben, die sich typologisch nicht von den bereits beschriebenen Grabstatuen unterscheiden. Wen die Sounionfiguren darstellen sollten, ob Gott oder Stifter, ist ungewiß.

Erhaltungszustand:
Die Beschreibung bezieht sich auf das am vollständigsten erhaltene Exemplar: Der linke Arm fehlt ab der Oberarmmitte. Der Handansatz auf dem Oberschenkel ist noch vorhanden. Das linke Bein ist ergänzt, und zwar vom Fußknöchel bis unterhalb des Handansatzes. Dasselbe gilt für das rechte Bein, jedoch nur vom Knöchel bis unterhalb des Knies. Der rechte Arm ist an seiner Außenseite zwischen Bizeps und Handansatz bestoßen. Der Penis fehlt zur Hälfte. Die Brustpartie ist oberflächlich beschädigt, die linke Gesichtshälfte stark bestoßen. Das Kinn, die Mundpartie, Nase und Wange, auch das Auge und die Brauenregion sind oberflächlich abgeplatzt. Die Rückseite der Statue ist stärker versintert als ihre Vorderfront. Die Figur wurde aus einem Stück mit einer ovalen Fußplatte gearbeitet, die mit Bleiverguß in einen Basisblock eingelassen ist. Dieser ist nicht vollständig symmetrisch behauen, sondern rechts höher als links. Der Kuros ist leicht nach rechts aus der Achse gedreht. Dies mag ein Hinweis dafür sein, daß der Betrachter nicht frontal vor der Figur stehen sollte. Auch die Zehen, vor allem die des linken Fußes, sind beschädigt.

Beschreibung:
Der linke Fuß des Kuros ist vorgesetzt und steht flach auf der Bodenplatte auf. Die Arme wurden frei gearbeitet und die zur Faust geballten Hände durch einen schmalen Steg mit dem Oberschenkel verbunden. Die Figur ist schlank und muskulös aufge-

23 Der Kuros von Sounion ▷

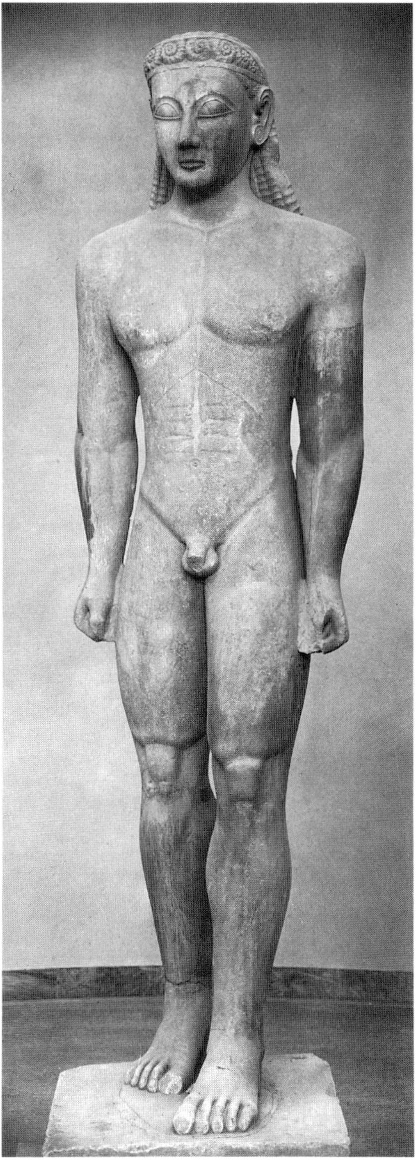

baut. Die steil ansteigenden Leistenlinien korrespondieren mit den unteren Rippenbögen. Oberhalb des Bauchnabels sind die Bauchmuskeln schematisch durch vier Kerben inskribiert. Der Kopf ist gedrungener als beim Dipylonkuros, die Augen wirken noch größer. Reichhaltiger ist auch die Frisur: Oberhalb der Stirn verläuft zwischen zwei Bändern eine Reihe von schneckenförmigen Lokken; auf dem Oberkopf und im Nacken besteht die Frisur aus den bekannten Buckellocken, die bis auf die Schultern herabfallen; von den Schläfen bis zu den ornamental gestalteten, überdimensionierten Volutenohren wellen sich einzelne Haare. Eine Binde ist am Hinterkopf in der üblichen Weise verknotet. Ihre Enden fallen ornamental drapiert auf die Haare herab. Auf die Ausarbeitung der Rückansicht scheint weniger Wert gelegt worden zu sein. Der kubische Block, aus dem die Figur herausgearbeitet wurde, ist dort noch besonders deutlich spürbar. Die Rippen wurden tannenzweigartig in die Oberfläche eingekerbt. Zwei profilierte Bogenlinien deuten die Schulterblätter an. Beim Unterkörper fallen die plastische, voluminöse Ausarbeitung der Oberschenkelmuskeln und die Betonung der Kniescheibe auf. Die Füße wirken dagegen klobiger, unorganischer, wenngleich die Fußnägel mit großer Sorgfalt aus dem Stein herausgearbeitet wurden. Die Seitenansicht zeigt auch bei diesem Kuros die übertriebene Betonung des Gesäßes und die große Tiefe der Oberschenkel.

Die Statue dürfte um 600 v. Chr. entstanden sein.

Kleobis und Biton *(Abb. 24)*
Delphi, Museum Nr. 467, 1524, Nr. 980, 4672 (Plinthen)
Marmor; Höhe mit Plinthe, aber ohne Basis 2,16 bzw. 2,18 m

Kleobis und Biton sind zwei mythische Gestalten, die von Herodot, Cicero und Pausanias[43] erwähnt werden. Die Legende um die beiden Brüder soll möglicherweise bereits in der Antike aus der delphischen Inschrift herausgesponnen worden sein.[44] Demnach waren Kleobis und Biton zwei fromme Söhne einer argivischen Herapriesterin, die den Wagen ihrer Mutter zum Opferfest ins Heiligtum gezogen haben, da deren Gespann versagte. Aus Dank-

24 Kleobis und Biton

barkeit bat die Mutter anschließend um den höchsten göttlichen Lohn für ihre Kinder. Er bestand darin, daß sie sofort nach dem vollzogenen Opfer im Heiligtum sanft entschliefen.

Reste der Basis mit Fragmenten der Inschriften sind ausgegraben worden. Erwähnt ist darin – ein in der Archaik seltener Fall – der Name des Bildhauers der beiden Statuen. Leider ist auch er nicht vollständig erhalten. Das Wort endet auf ...medes und kann vielleicht zu Polymedes ergänzt werden.[45]

Erhaltungszustand:
Bei Nr. 467 sind große Teile der Füße ergänzt; bei Nr. 1524 das linke Bein unterhalb des Knies, große Teile des linken Fußes, das rechte Knie; der rechte Arm und die linke Hand fehlen; insgesamt stark bestoßen, vor allem das Gesicht.

Beschreibung:
Beide Statuen sind nahezu identisch im üblichen Kurosschema angelegt: sie sind unbekleidet, setzen das linke Bein vor, haben leicht angewinkelte, vom Körper kaum gelöste Arme. Die Hände sind zur Faust geballt und liegen am Oberschenkel an. Trotzdem: Die Unterschiede zu den bisher beschriebenen Kuroi könnten kaum größer sein! Hier stehen uns wahre Muskelprotze gegenüber, Athleten mit schwerem, gedrungenem Körperbau. Alle Formen wirken gewichtiger, lastender.

Die Beine wachsen wie Säulen empor. Die Hüften sind breiter, die Geschlechtsteile größer. Auch sind erstmals Schamhaare angegeben. Die Oberkörper wirken wie Panzer. Arme und Hände sind grobschlächtig. Die wuchtigen Köpfe erscheinen noch mächtiger durch die kunstvoll frisierten Haarsträhnen, die über die Schlüsselbeine herabfallen. Fast kindlich erscheinen dagegen der Mund und die großen, weit geöffneten Augen. Die aufgeführten Unterschiede lassen sich bis ins Detail weiterverfolgen. Es können demnach keine zufälligen Differenzen sein, vielmehr solche von struktureller Natur. Wir befinden uns in einer anderen Kunstlandschaft, die dasselbe Thema, den nackten Jüngling, in ganz anderer Form als zum Beispiel Attika oder die Inseln gestaltet. Und noch etwas ist bedeutend: Beide Figuren gehören als Gruppe zusammen! Die

Inschrift und die nahezu identische Ausführung lassen daran keinen Zweifel aufkommen. Kompositionell nehmen die Figuren jedoch noch keinen Bezug aufeinander. Ja, hätte man nur einen der beiden Brüder gefunden, niemand wäre wohl auf den Gedanken gekommen, daß der andere fehlt. Auch die überlieferte Legende, das Ziehen des Wagens der Mutter, ist nicht zur Darstellung gelangt. Die gleichzeitige Kleinplastik, ja bereits die der geometrischen Epoche, war zu Gruppenkompositionen durchaus fähig.[46]

Eine weitere Besonderheit liegt in der Möglichkeit, diese Kuroi eindeutig zu benennen: Es handelt sich hier weder um Grabstatuen noch um Götterfiguren oder Stifterpersönlichkeiten, sondern um sogenannte Heroen, ins Mythische erhöhte Sterbliche einer vergangenen Epoche. Möglicherweise sind sie deshalb auch nicht als Jünglinge vor der Geschlechtsreife, sondern – durch ihre Behaarung gekennzeichnet – als erwachsene Männer dargestellt.

Die Gruppe von Kleobis und Biton dürfte um 600 v. Chr. entstanden sein.

Der Koloß der Naxier auf Delos *(Abb. 25)*
Delos, Freigelände
Naxischer Marmor

Erhaltungszustand:
Zwei Fragmente und die Basis sind im Heiligtum des Apollon verblieben: Das eine Stück ist ein Teil des Oberkörpers, das andere ein Abschnitt der Hüftpartie. Ein Fragment der linken Hand befindet sich im lokalen Museum (Nr. A 4094); ein Teil des linken Fußes mit einem Fragment der Plinthe ist nach London ins Britische Museum (Nr. B 322) gelangt. Die ursprüngliche Höhe der Statue betrug ca. 5 m.[47] Der Koloß war in der frühen Neuzeit noch vollständiger. Eine Zeichnung von de Vries (1673) zeigt noch den heute fehlenden Kopf *(Abb. 26)*.[48] Wie der Abbildung zu entnehmen ist, war auch das Hüftfragment im 17. Jahrhundert noch vollständiger. Die Statue sollte in den vergangenen Jahrhunderten mehrfach abtransportiert werden, hat sich jedoch, obwohl sie dazu zerstückelt wurde, als zu schwer erwiesen.

Bereits im 4. Jahrhundert v. Chr. war der Koloß einmal umgestürzt. Dabei hat er die in der Nähe stehende Bronzepalme – eine Stiftung des Athener Staatsmannes Nikias – mit zu Fall gebracht.[49] Man hat die Statue anschließend wieder aufgerichtet; ob an derselben Stelle, ist jedoch umstritten.[50] Die Basis der Figur steht heute vor der Längsseite des Naxierhauses und trägt eine altertümliche Inschrift aus der Entstehungszeit der Statue:

τõ αὐτõ λίθο ἐμί ἀνδριάς καί το σφέλας
»vom selben Stein bin ich, Standbild und Basis.«

Was ist gemeint? Daß Basis und Statue aus demselben kostbaren Material bestehen oder daß beide aus einem einzigen Block gearbeitet wurden? Die Archäologen sind sich darüber nicht einig.

Beschreibung:
Die Figur hatte offensichtlich keine am Oberschenkel anliegenden Fäuste, vielmehr scheinen die Unterarme abgewinkelt gewesen zu

25 Der Koloß der Naxier auf Delos

sein. Die Hände dürften dann wohl bronzene Attribute, wahrscheinlich Pfeil und Bogen, gehalten haben. Auch wird vermutet, daß der Koloß noch den altertümlichen Leibgurt trug und ihm außerdem applizierte bronzene Locken auf die Schultern herabfielen. Die Rückansicht[51] zeigt, daß dort die gerade beschnittenen, aus dem Marmor herausgearbeiteten Buckellocken bis auf die Schultern reichten. In der Vorderansicht wird deutlich, daß der Torso noch sehr schlanke Hüften besessen hat, von denen aus sich der Oberkörper konisch nach oben zu den mächtigen Schultern verbreitert. In der Gesamtheit erscheint die Form blockhaft und kubisch.

Der Koloß der Naxier dürfte etwa zur gleichen Zeit wie die Statuen von Kleobis und Biton, etwa um 600 v. Chr. entstanden sein. Ein Vergleich, auch mit den Kuroi vom Dipylon *(Abb. 21)* und von Sounion *(Abb. 23)*, zeigt die landschaftlichen Stilunterschiede sehr deutlich.

26 Der Koloß der Naxier auf Delos, Zeichnung von S. de Vries, 1673

Die Kore von Auxerre *(Abb. 27)*
Paris, Musée du Louvre Nr. 3098
Kalkstein; Höhe 65 cm (ohne Basis)

Die Herkunft dieser unterlebensgroßen Plastik aus Kalkstein ist nicht bekannt. Stilistisch könnte sie von einem Bildhauer aus Kreta, Korinth oder der Argolis stammen. Die Bezeichnung ›Kore von Auxerre‹ hat sich in der Fachwissenschaft eingebürgert.[52] Die Statuette gelangte aus der Privatsammlung von Louis David zunächst in das Museum der Stadt Auxerre und ist von dort als Leihgabe an den Louvre weitergegeben worden. Vor allem die linke Gesichtshälfte ist bestoßen.

Beschreibung:
Die Statuette zeigt eine stehende, mit einem Chiton bekleidete Frau. Ihre breiten, flachen Füße ragen nackt unter dem gebogenen Gewandsaum hervor. Der gesamte Körper ist flächig und brettartig angelegt. Die Formen der Beine zeichnen sich unter dem mit feinen geometrischen Ornamenten verzierten Gewand nicht ab. Die Taille wird von einem breiten Gürtel eingeschnürt, der von einer zylindrischen Schnalle zusammengehalten wird. Unter dem Gewandoberteil schimmern zart die mädchenhaft kleinen Brüste durch. Die Schultern werden zusätzlich zu dem Chiton von einem feinen, anschmiegsamen Mäntelchen bedeckt, dessen Zipfel bis auf die Arme herabfallen. Der rechte Arm ist im Ellbogen abgewinkelt, die Hand wird vor den Oberkörper geführt. Die Finger sind manieristisch in die Länge gezogen, der Daumen ist kunstvoll geschwungen. Oberhalb des Handgelenks weisen Ritzungen auf die Angabe von reichem Schmuck hin.

Der linke Arm fällt senkrecht neben dem Körper herab. Die feine Hand liegt mit ausgestreckten Fingern an der Außenseite des Oberschenkels an. Das sich konisch nach oben erweiternde Gesicht strahlt nur wenig Weibliches aus. Die eine Gesichtshälfte ist stark bestoßen. Besonders hervorgehoben war der breite Mund mit den vollen Lippen.

27 Die Kore von Auxerre ▷

Auch die kantige Konturführung des Gesichtsumrisses fällt sofort auf. Die mandelförmigen Augen mit den darüberliegenden Brauenbögen erscheinen freundlich und offen. Schwere, teigige Haarmassen enden auf der Stirn in schneckenförmigen Locken und fallen beiderseits des Gesichts in jeweils vier Strähnen vor den Schultern herab. Sie sind perlenartig unterteilt. Man nennt eine solche Haargestaltung eine ›dädalische‹ Frisur.

Die Statuette ist zu Recht mit einem Relieffragment aus Mykene verglichen worden, das die sich entschleiernde Hera darstellen soll *(Abb. 28);* sie wäre somit dem korinthischen Kunstkreis zuzuordnen. Aber auch eine hölzerne Herastatuette aus dem Heraion von Samos[53] zeigt enge Verwandtschaft im Figuraufbau und in der Tracht. Die dädalische Frisur begegnet ebenso bei den Brüdern Kleobis und Biton aus Delphi *(Abb. 24).* Es darf daraus geschlossen werden, daß zu dieser Zeit bereits wieder ein reger Austausch unter den einzelnen Kunstlandschaften bestanden hat. Auch ist davon auszugehen, daß einzelne Bildhauer von Ort zu Ort gewandert sind und sich um Aufträge bemüht haben.

Über die Person der Dargestellten und die ehemalige Funktion des Bildwerkes läßt sich nichts Definitives aussagen: Kultbild, Weihgeschenk oder Grabmonument, alles ist möglich. Die Kore wird gewöhnlich um oder kurz nach 650 v. Chr. datiert.

28 Relieffragment aus Mykene. Athen, Nationalmuseum

Gedanken zum Phänomen der Nacktheit in der griechischen Kunst

Das Phänomen der Nacktheit in der griechischen Kunst ist in den bisherigen Ausführungen noch nicht ausführlich genug behandelt worden. Die Problematik ist komplex und hängt nicht zuletzt auch vom Standpunkt des Betrachters und dessen Einschätzung der griechischen Gesellschaft ab.

Dem Kenner, der sich intensiv mit griechischer und römischer Kunst beschäftigt, wird das häufige Vorkommen unbekleideter menschlicher Figuren allmählich zur Konvention. Die Bedeutung dieser Nacktheit ist einem laienhaften heutigen Betrachter indes nur selten unmittelbar verständlich.

Die Fachwissenschaft ist sich darüber einig, daß die Nacktheit nicht wörtlich zu verstehen ist, daß sie nicht die antike Realität widerspiegelt. Griechen und Römer sind in der Regel nicht unbekleidet in der Öffentlichkeit aufgetreten. Antike Quellen bestätigen dies. Platon bemerkt, daß »es bei den Griechen ... als anstößig galt, wenn sich Männer nackt sehen ließen.«[54] Der Geschichtsschreiber Herodot berichtet, daß das heimliche Betrachten einer nackten Bürgersfrau als Vergehen geahndet wurde.[55]

Betrachten wir also nochmals die archaischen Kuroi, um an ihnen exemplarisch die Problematik der Nacktheit zu analysieren. Die Figur des Kuros ist in der Regel unbekleidet. Was hat das zu bedeuten? Wen stellen diese Kuroi überhaupt dar? Etliche Kurosstatuen konnten aufgrund externer Hinweise als Grabstatuen erkannt werden, so zum Beispiel die Figur des Kroisos *(Abb. 40)*, des Aristodikos *(Abb. 41)* oder des Teneaten *(Abb. 36)*. Andere haben als Götterbilder gedient, wie zum Beispiel die Bronzestatue des Apollon Philesios in Didyma, die zwar nicht im Original, aber in einem kaiserzeitlichen Relief erhalten ist.[56] Auch von Vasenbildern und aus der Literatur sind mehrfach Kultbilder im Kurosschema überliefert.[57] Schließlich sei an Kleobis und Biton erinnert *(Abb. 24)*, die mythologische Gestalten im Kurosschema darstellen. Innerhalb der Gruppe der Sterblichen sind vorrangig Krieger und Athleten, aber auch ein Arzt[58] als Kuroi dargestellt worden. Eine Benennung, darauf sei nochmals hingewiesen, kann aus dem äußeren Erscheinungsbild nicht gewonnen werden, sondern gelingt nur anhand einer Inschrift, einer zeitgenössischen Quelle oder durch andere externe Informationen. Nacktheit und überlebensgroßes Format einer Statue sind wenig hilfreich für eine Deutung zum Beispiel als Götterfigur. Die Figuren des Kroisos und des Aristodikos – beide sind Sterbliche – sind überlebensgroß. Wen die kolossalen Kuroi von Sounion darstellen sollten, ist noch ungeklärt. Der weit überlebensgroße Kuros vom Dipylon macht aufgrund des Fundortes eine Verwendung als Grabstatue wahrscheinlich. Die Hypothese, die überlebensgroßen Kuroi als Götterbilder zu interpretieren, läßt sich also nicht bestätigen. Weder die Nacktheit noch die Größe helfen demnach bei der Deutung einer Statue. Daß die Nacktheit jedoch einen wichtigen symbolischen Wert haben muß, daß mit ihr ganz bestimmte Inhalte vermittelt werden sollten, kann nicht bezweifelt werden. Ob diese Inhalte für Götterbilder, mythologische Figuren und Statuen von Sterblichen identisch sind, ist anzunehmen, aber zunächst nicht beweisbar. Auffallend ist weiterhin, daß die Nacktheit bis ins 4. Jahrhundert v. Chr. hinein nahezu ausschließlich bei männlichen Skulpturen Anwendung findet. Auch das kann kaum auf Zufall beruhen.

Die Griechen haben ihre sportlichen Übungen in den Gymnasien (*gymnos* = [griechisch] nackt) unbekleidet durchgeführt. Es ist deswegen immer wieder versucht worden, die Nacktheit mit dem Athletentum zu erklären. Etliche Darstellungen sind zweifelsohne so interpretierbar, jedoch nicht alle.

29 Relief von der Basis einer Kurosstatue vom Kerameikosfriedhof in Athen. Athen, Nationalmuseum

Die Basis einer Kurosstatue aus dem Athener Kerameikosfriedhof[59] trägt Reliefs mit der Darstellung nackter Athleten bei sportlichen Übungen *(Abb. 29 u. S. 2)*. Die Annahme liegt nahe, daß die Statue, die einst auf dieser Basis gestanden hat, den verstorbenen Kuros als Athleten verherrlichen sollte. Von dem sogenannten Kopf Rayet[60] *(Abb. 30)* nimmt man an, daß er zu einem Kuros

30 Sog. Kopf Rayet. Kopenhagen, Ny Carlsberg Glyptotek

gehörte. Bei diesem Kopf wird das Athletentum durch die kurze Sportlerfrisur und die Pankratiastenohren noch besonders hervorgehoben. Die Erkenntnis, daß etliche der Kuroi verstorbene Athleten ehren sollten, erklärt zwar ihre Nacktheit, da im Gymnasium unbekleidet trainiert wurde. Warum dies aber so war, bleibt unverständlich. Die Nacktheit könnte also in diesen Fällen realistisch gedeutet werden. Der spätere Zusammenhang wird jedoch zeigen, daß die Darstellung des Nackten letztlich ganz anderen Motiven entspringt. Die bereits erwähnte antike Anekdote (s. o. S. 42), die das Phänomen erklären helfen sollte, leitet eher in die Irre. Aber selbst wenn man die Nacktheit der Athleten wörtlich nimmt, bleibt die Deutung für die übrigen Darstellungen – die nackten Götter, die mythologischen Figuren und die sterblichen Nicht-Athleten – offen. Es stellt sich daher die Frage, ob es nicht eine Deutung gibt, durch die das Phänomen der Nacktheit in der griechischen Kunst insgesamt erklärt werden kann.

Des Rätsels Lösung liegt in der griechischen Sexual- und Sittengeschichte. Die griechische Gesellschaft war zutiefst geprägt von der männlichen Erotik. Das gesamte Erziehungsbild, die heldenhafte Kriegführung der Frühzeit, die Welt des Adels und die bildende Kunst und Literatur, die sie hervorgebracht hat, basieren auf den Idealen der körperlichen und geistigen Liebe zwischen erwachsenem Mann und jugendlichem Knaben. Unzählige Vasenbilder beleuchten dieses Thema mit all seinen Licht- und Schattenseiten.

Eine Amphora des Phrynosmalers[61] *(Abb. 31)* zeigt links einen aufgeregt trippelnden, bärtigen erwachsenen Liebhaber, der sich in eindeutiger Gestik einem kräftigen, athletischen Jüngling mit lan-

31 Liebeswerbung, dargestellt auf einer Amphora des Phrynosmalers, um 550. Würzburg, Martin von Wagner-Museum

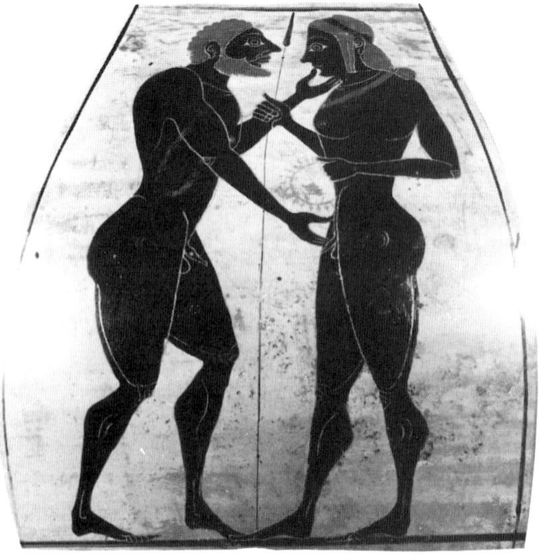

ger aristokratischer Haartracht nähert. Beide Figuren sind nackt. Der Speer im Hintergrund mag darauf hindeuten, daß die Szene im Gymnasium spielt. Mit seiner rechten Hand greift der Alte, den man nicht mehr als Athleten deuten kann, dem Kuros zwischen die Beine. Seine linke Hand streichelt dessen bartloses Kinn. Offen bleibt dabei, ob die Gestik des Jünglings, der den linken Unterarm des Bärtigen umfaßt, abweisenden oder auffordernden Charakter hat.

Die Darstellung des Jünglings auf der Amphora entspricht dem bekannten Kurosschema der Plastik: Haarfrisur, Binde, große Augen, mächtige Schenkel und betontes Gesäß, selbst die Schrittstellung ist vorhanden. Die freier beweglichen Arme erklären sich aus dem Gattungsunterschied.

Eine Amphora des Berliner Malers[62] *(Abb. 32)* ist in der Deutlichkeit ihrer erotischen Darstellung kaum zu überbieten. Zu sehen sind drei ›Liebespaare‹ und ein noch partnerloser, werbend tanzender Alter, ein sogenannter Erastes. Die Paare bestehen jeweils aus

32 Amphora des Berliner Malers: Männliche Paare und Erast. London, British Museum

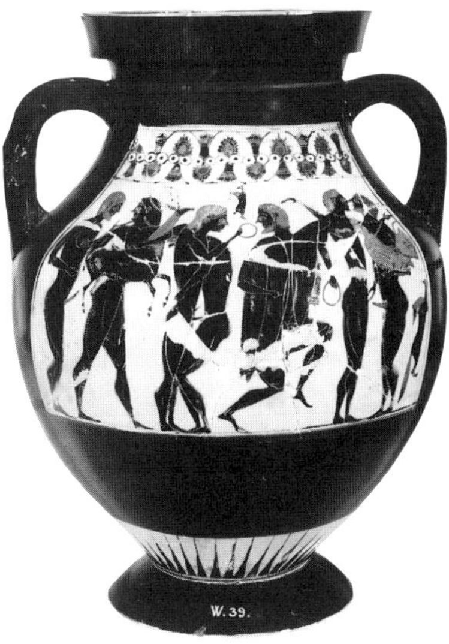

einem älteren, aufgeregten und geilen Mann mit erigiertem Penis und einem jugendlichen Knaben, einem Kuros. Die Knaben werden von den Alten mit Geschenken bedacht. Üblich sind Kleintiere, zum Beispiel Hasen, Hähne, Hirsche oder Hunde. In den literarischen Quellen ist oftmals auch von Blumen die Rede. Auf dem Vasenbild des Berliner Malers hat der linke Kuros das Geschenk angenommen und muß dafür das geile Werben des Alten akzeptieren. Der greift in der bereits bekannten Gestik nach dem Gesicht des Knaben; sein erigierter Phallus wendet sich dem Gesäß des Jünglings zu. Darin äußert sich der Wunsch nach analem Sexualverkehr, der üblichen Sexualpraxis mit Knaben. Auch der Jüngling auf dieser Amphora entspricht dem statuarisch bekannten Kurostypus mit all den oben geschilderten Merkmalen. Die anderen Szenen auf dem Gefäß des Berliner Malers zeigen ähnlich eindeutige Handlungen.

Homoerotische Szenen treten in der Kunst seit etwa 570 v. Chr. in so großer Anzahl auf, daß ihnen eine eigene Untersuchung gewidmet werden müßte. Dagegen kommen Darstellungen heterosexueller Praktiken entschieden seltener vor und geben sich zudem in der Regel als Aktivitäten zwischen freien Bürgern und Freudenmädchen zu erkennen.

Für unseren Zusammenhang ist es wichtig zu wissen, daß dem jugendlichen Eromenos nur eine passive Rolle bei sexuellen Handlungen zukommt. Er ist Objekt der Phantasien und Aktionen des Erasten, des erwachsenen, liebestollen Vollbürgers. So wird verständlich, daß viele Darstellungen den erregten, erwachsenen Mann zeigen, den begehrten Knaben jedoch sexuell neutral darstellen. Die praktizierte Sexualität basierte nicht auf partnerschaftlicher Gleichberechtigung. Sexuelle Erfüllung, Lustempfinden und Befriedigung des Knaben waren nebensächlich. Ziel des erwachsenen Bürgers war die homoerotische Objektbeziehung.

Auch in literarischen Quellen findet sich immer wieder diese Thematik: Homer berichtet von der Liebe des Achill zu Patroklos, bei der das erotische Moment tragende Bedeutung hatte. Solon bemerkt zu Beginn des 6. Jahrhunderts, daß es Vergnügen bereitet, bei den Olympischen, Isthmischen oder Panathenäischen Festspielen seine Augen »an dem Mut und der Standfestigkeit der Wettkämpfer, an den schönen Formen ihrer Körper, an ihrem kräftigen Gliederbau, ihrer unbegreiflichen Geschicklichkeit und Kunst, ihrer unbezwingbaren Stärke, ihrer Kühnheit, Ehrbegierde, Geduld und Beharrlichkeit, und an ihrer unauslöschlichen Leidenschaft, siegen zu wollen, weiden zu können«.[63] Selbst die großen Klassiker behandeln das Thema:

»O welches Liebesmittel, welche Verlockung, sind den Menschen [dem Mann] die Knaben.«[64]

Die Dramen des Sophokles enthalten zahlreiche Stellen, in denen von Knaben- und Jünglingsliebe die Rede ist. Aischylos' Stück »Laios«, das nur in zwei kurzen Fragmenten erhalten ist, hatte pädophilen Inhalt. Bekannt ist auch die erotische Beziehung des Sokrates zu Alkibiades. Beide pflegten noch als Erwachsene miteinander zu verkehren und machten auch keinen Hehl daraus. Sogar in der Öffentlichkeit sprach man darüber.[65]

Die literarischen Quellen präzisieren das Idealbild des Knaben, wie es uns in der Kunst entgegentritt: Unbehaart, also möglichst jung, mußte er sein! Und wenn die Körperbehaarung einsetzt, dann sollte er sie entfernen, um nicht an erotischem Reiz zu verlieren:

»Doch wie in Sommerglut die süßesten Blumen verwelken,
Schwindet mit sprossendem Bart den Knaben der liebliche Reiz«,

schreibt Straton in späterer Zeit.[66]

Auch frühere Autoren, wie Meleager, Kallimachos und Menander, verherrlichen die Knabenschönheit:

»Und doch bin jung gewesen einst auch ich...,
doch jetzt entfern ich jedes Haar an Arm und Bein.«[67]

Gemeint sind damit gewöhnlich die Körperhaare, weniger die Schambehaarung des jungen Mannes, die, sobald sie zu wachsen anfing, modischen Gestaltungen unterworfen werden konnte. Man denke an den Schnitt der Pubes des Aristodikos *(Abb. 41).*

Immer wieder werden die Augen als erotisierend genannt:

»Knabe, du mit dem Mädchenblick,
dein verlang ich, doch hörst du nicht...«[68]

oder:

»Wer Theoxenos sah ausstrahlen Lichtglanz aus dem
Knabenaugenpaar,
und nicht in Sehnsucht schäumte...«[69]

Erotisch besetzt waren außerdem die lange Haartracht, die sanfte Haut über kindhaftem oder athletischem Körper, die kräftigen Schenkel und vor allem das ausgeprägte Gesäß. Die Bedeutung, die dem Gesäß zukommt, resultiert aus dem mit Knaben bevorzugt praktizierten Analverkehr. Auch mit Frauen, vor allem mit Prostituierten, pflegten die Männer auf diese Art zu verkehren. Dies wird durch die Literatur und Kunst belegt. Die Sonderform der Aphrodite mit dem Beinamen *Kallipygos* (die mit dem schönen Hintern), die u. a. in Syrakus auf Sizilien verehrt wurde, spricht für sich.

Große Augen, kunstvolle Haartracht, kindhafte, frische Haut, kräftige Schenkel und ein ausgeprägtes Gesäß, das sind auch die immer wiederkehrenden Merkmale der Darstellungen von Kuroi, sei es nun in der Plastik, in der Vasenmalerei oder sonstwo.

Vor dem Hintergrund der bisherigen Analyse darf nicht der Eindruck entstehen, daß Frauen erotisch und sexuell von den Männern verschmäht oder als uninteressant betrachtet wurden. Kunst und Literatur zeigen vielmehr, daß der griechische Bürger neben seinem Knabenideal intensive Kontakte zu Prostituierten pflegte. Kein Fest, kein Symposium ist denkbar ohne die Anwesenheit, ohne das erotische Prickeln der Hetären. Diese entstammen gewöhnlich dem Sklavenstand oder sind als Kriegsbeute verschleppt worden. Das Motiv ist so alt, daß der Frauenraub bereits in der Mythologie vielfach begegnet.

Einzig die freie Frau des Bürgers bleibt von Sexualität und Erotik weitgehend unberührt. Ihre Funktion beschränkte sich darauf, den legitimen Nachwuchs zu gebären. Außerdem führte sie den Haushalt. Der wohlhabenden Bürgersfrau halfen dabei zahlreiche Haussklavinnen. Vor diesem Hintergrund wird es verständlich, daß es bis ins 4. Jahrhundert hinein keine nackte weibliche Skulptur gibt. Für die Darstellung von Hetären war diese Kunstgattung tabu. Die zahlreichen archaischen Korenstatuetten sind Darstellungen aristokratischer Mädchen, deren Ideale in Anmut und kostbarer Kleidung, in Schmuck und würdevoller Zurückhaltung gesehen wurden.

In der Vasenmalerei, die thematisch auch der Darstellung des Alltagslebens offenstand, existieren unzählige Szenen aus dem

Prostituiertenmilieu. Die Abbildung des nackten weiblichen Körpers ist dabei nichts Ungewöhnliches. Im 4. Jahrhundert hat die Edelprostitution eine so bedeutende gesellschaftliche und wirtschaftliche Macht erlangt, daß es ihr – anfänglich in der Form des nackten weiblichen Götterbildes – gelingt, auch in die Großplastik Einzug zu halten.

In der Fachliteratur ist immer wieder von sogenannter heroischer Nacktheit die Rede. Der Begriff wird von dem europäischen Klassizismus des 18. und 19. Jahrhunderts geprägt. Man rückbesinnt sich dabei auf die Antike, jedoch in Verkennung der eigentlichen Wurzeln der Nacktheit. Die Kunst der Neuzeit, angeregt durch die klassizistischen Interpretationen, benutzt die Nacktheit zweifelsohne in heroischem Sinne. Zahlreiche Kriegerdenkmäler, die die Toten der beiden Weltkriege in Form nackter Statuen zu verherrlichen suchen, sind Beispiele dafür. Auch das Herrscherbild der Neuzeit hat den Gedanken aufgegriffen. Das nackte Standbild Napoleons, heute in Mailand[70], ist ein Beispiel dafür. Die Idee des

Statue des Kaisers Augustus, aus der Basilika von Otricoli. Vatikanische Museen

Bildhauers basiert auf der römischen Kaiserikonographie, in der die nackte Herrscherfigur einen geläufigen Typus darstellte. Eines von vielen Beispielen ist die Idealstatue des Augustus aus der Basilika von Otricoli, heute in den Vatikanischen Museen[71] *(Abb. 33)*. Die nackte römische Kaiserstatue ihrerseits fußt auf dem hellenistischen Bild des nackten Herrschers, welches aus dem Bedürfnis entstanden ist, den Herrscher göttergleich werden zu lassen, das heißt sein Bildnis dem der Götter anzugleichen. Damit kommen wir zu den Anfängen zurück. Zeus, Poseidon, Hermes, Apollon, sie alle treten uns in nackter Gestalt entgegen. Was bedeutet diese göttliche Nacktheit? Liegen ihr bereits idealisierende, heldenhaft verklärende Motive zugrunde? Soll die Nacktheit Abstand zur menschlichen Alltäglichkeit herstellen?

Ausgehend von der Vorstellung, daß es die Menschen sind, die sich die Götter nach ihren Wünschen, Bedürfnissen und Notwendigkeiten schaffen, muß das Götterbild auch die gesellschaftliche Wirklichkeit, ihre Ideale und Utopien enthalten. Und so schließt sich der Kreis. Die Mythologie berichtet von unzähligen Knaben-

34 Zeus, Ganymed und Hestia, von einer rotfigurigen Schale des Oltos, um 520. Tarquinia, Museum

abenteuern der männlichen Götter, von Frauenraub und Vergewaltigungen, und folgerichtig vom naiven, hilflosen Eifersuchtsgebaren mancher Göttin. Das nackte männliche Götterbild war Paradigma und gleichzeitig Spiegelbild der griechischen Männergesellschaft. Die von den Menschen geschaffenen Götter haben den Menschen genau das vorgelebt, was von ihnen erwartet wurde. Der nackte Knabe diente auch den Göttern beim Gelage als Lustobjekt[72] *(Abb. 34).* Zeus raubte und liebte den Ganymed[73], Poseidon den Pelops, Apollo den Hyakinthos, Orpheus, Troilos, Admetos, Zakynthos, Paros ..., Dionysos den Achilleus, Ampelos, Hermaphroditos ..., Hephaistos den Peleus, Pan den Daphnis, Hermes den Perseus, Chryses ..., Herakles den Abderos, Dryops, Iokastos, Eurystheus ... Die Aufzählung ist keineswegs vollständig. Diese Götter waren den Menschen Vorbild. Wenn man ihr Verhalten, ihre Nacktheit zum Ideal erhebt, dann sind Begriffe wie ›heroische‹ und ›ideale Nacktheit‹ in der Tat angebracht.

Bemerkungen zur archaischen Gesellschaft

Im Verlaufe des 6. Jahrhunderts wird die wachsende Vormachtstellung Athens immer deutlicher. Nicht nur die Plastik spiegelt das Wirtschaftswachstum und die zunehmende politische Bedeutung des attischen Staates wider, sondern vor allen Dingen auch die attische Vasenmalerei, die in diesem Jahrhundert marktführend wird. Gleichzeitig steigt das Selbstbewußtsein der Künstler. Ihre Individualität manifestiert sich in den ersten Werksignaturen der Menschheitsgeschichte. Einzelne Künstler treten aus ihrer Anonymität heraus und zeigen individuelle Züge. ›Handschriften‹ können unterschieden werden. Auch Wirtschaftsräume werden dadurch besser faßbar. Wie weitreichend die attischen Handelsbeziehungen bereits in der ersten Hälfte des 6. Jahrhunderts waren, zeigt sich zum Beispiel an signierten Gefäßen des Töpfers Ergotimos und seines Malers Klitias, die sowohl in Etrurien[74], als auch in einem Hügelgrab in Gordion im zentralen Kleinasien und im ägyptischen

Naukratis zu Tage kamen. Etliche attische Töpfer und Vasenmaler scheinen damals sogar ausschließlich für den Export gearbeitet zu haben, da man ihre Produkte bisher nur außerhalb ihrer Heimat – vor allem in Etrurien – ausgegraben hat. Einige der kostbarsten und teuersten Weihgeschenke auf der Athener Akropolis sind von Töpfern und Vasenmalern gestiftet worden, so zum Beispiel die Statue einer Kore *(Abb. 35)* des Bildhauers Antenor, die der Töpfer Nearchos gegen 525 v. Chr. weihte.

Um die Kunstwerke in ihrem gesellschaftspolitischen Kontext verstehen, um sie aus ihrer Zeit heraus interpretieren zu können, ist ein Blick auf das historische Geschehen unerläßlich. Trotz der solonischen Reformen des Jahres 594 v. Chr., die die Leibeigenschaft aufhoben und außer der rechtlichen Gleichstellung aller Bürger auch deren politische Grundrechte im Rahmen der Polis regelten, entwickelten sich in der Folgezeit keine stabilen sozialen Verhältnisse.

Neue Auseinandersetzungen zwischen dem Adel, den Kleinbauern und dem handeltreibenden, aufstrebenden Bürgertum führten 561 auch in Athen zur Tyrannis. Peisistratos erkämpfte sich die Diktatur. In vielen anderen griechischen Stadtstaaten war die Entwicklung bereits früher strukturell ähnlich verlaufen. In Korinth zum Beispiel sind schon seit der Mitte des 7. Jahrhunderts die Kypseliden an der Macht, in Sikyon herrscht der Diktator Kleisthenes, und »von seines Daches Zinnen«[75] auf Samos überschaute der Tyrann Polykrates seinen Machtbereich. Lediglich in Sparta hielt sich ein Doppelkönigtum bis in klassische Zeit. Die Tyrannis war für alle von ihr betroffenen Stadtstaaten eine Zeit der wirtschaftlichen und künstlerischen Prosperität. Überall wurden riesige Bauvorhaben in Angriff genommen. Aber die Megalomanie der Diktatoren überstieg nicht selten ihre tatsächlichen wirtschaftlichen Verhältnisse. Der samische Heratempel des Polykrates, der peisistratidische Tempel des olympischen Zeus in Athen, der Apollontempel des Lygdamis von Naxos, sie alle blieben über Jahrhunderte unvollendet. Unter Peisistratos wurde aber auch die Infrastruktur Athens verbessert: Ein Straßennetz entstand, Wasser-

35 Die Kore des Antenor. Athen, Akropolismuseum ▶

leitungen wurden gebaut. In Laurion an der Südspitze Attikas förderte man in staatlichen Bergwerken Silber, um aus ihnen Münzen zu prägen. Die revolutionäre Erfindung dieses neuen, handlichen Zahlungsmittels geschah gegen 630 v. Chr. im kleinasiatischen Lydien.[76] Der ständig zunehmende Handel hatte dieses System geradezu notwendig gemacht, und so setzte sich diese Idee in wenigen Jahrzehnten in den griechischen Stadtstaaten durch: Die Insel Ägina prägte noch im 7. Jahrhundert die ersten Münzen, Korinth und Athen folgten nur wenig später. Der Blüte von Handel und Gewerbe stand nichts mehr im Wege. Athen mit seinem kargen attischen Hinterland, das kaum in der Lage war, die eigene Bevölkerung zu ernähren, begann nun, gestützt auf den Handel, mit den blühenden reichen Städten des ionischen Kleinasien zu konkurrieren.

Strategische Kolonien an den Dardanellen und wirtschaftliche Abkommen mit vielen Staaten in der nördlichen Ägäis und im Schwarzmeergebiet legten den Grundstein für den Wohlstand der kommenden Generationen. Kunst und Kultur spiegeln diesen Aufschwung deutlich wider: Die kostbarsten Weihgeschenke wurden auf die Akropolis gestiftet. Der dortige alte Athenatempel wurde unter Peisistratos erstmals mit einem Peristyl umgeben. Das Geburtstagsfest der Stadtgöttin Athena wurde neu organisiert und erhielt seine für die nächsten Jahrhunderte gültige Form. Die Panathenäischen Festspiele gewannen dadurch überregionale, panhellenische Bedeutung. Drei Generationen später entsteht der Parthenonfries (s. u. S. 156 ff.), der auf eindrucksvolle Weise Einblick in die panathenäischen Festlichkeiten erlaubt.

Der aufstrebende Handel beendete im Laufe des 6. Jahrhunderts für immer die Feudalherrschaft des landbesitzenden Adels homerischer Prägung. Aber auch die Tyrannis war nur eine Zeit des Übergangs. Mit dem Tod des Peisistratos ging 527 die Macht zunächst an seine beiden Söhne Hippias und Hipparch über. Letzterer – politisch kaum aktiv – widmete sein Leben der Kunst und der Liebe. Er holte die Dichter Simonides und Anakreon *(Abb. 70)* an seinen Hof. Rauschende Feste und Trinkgelage mit sexuellen Ausschweifungen prägten das Leben der damaligen Oberschicht.

Ein Mord aus Eifersucht beendete schließlich die Zeit der attischen Tyrannis: Hipparch entbrannte in Liebe zu dem jugendlichen Harmodios, der jedoch bereits dem Aristogeiton ergeben war. Der wiederum sah im Tyrannenmord die einzige Möglichkeit, seinen Geliebten vor den Nachstellungen und Schmähungen des Diktators zu schützen. Beim Panathenäenfest des Jahres 514 töteten die Verschwörer den liebestollen Hipparch. Hippias, sein Bruder, entging dem Anschlag und nahm blutige Rache. Nicht nur die beiden Attentäter wurden hingerichtet; auch die Hetäre Leaina, Gespielin des Harmodios, wurde zu Tode gefoltert, als die Henker versuchten, die Namen anderer Hintermänner aus ihr herauszupressen.

Hippias entwickelte sich in der Folgezeit zum brutalen Gewaltherrscher, dem der Rückhalt in der Bevölkerung gänzlich verlorenging. Die Alkmeoniden und andere Adelsgeschlechter in der Verbannung erkannten die Gunst der Stunde und marschierten gegen Athen, um dort die Macht für sich zu erkämpfen. Es gelang ihnen, die Kinder des Hippias zu entführen und ihn damit unter Druck zu setzen. Er resignierte und ging in die Verbannung. Es folgten drei Jahre der Machtkämpfe, bis sich Kleisthenes mit dem Versprechen demokratischer Reformen beim Volk durchsetzen konnte. Er hielt sein Wort: Die Bevölkerung wurde neu in Phylen (Stämme) und Demen (Gemeinden) eingeteilt; der aristokratische Luxus wurde radikal beschränkt, was sich vor allem in der Grabkunst bemerkbar machte, die Religion neu organisiert; und schließlich konnten auch ›Ausländer‹ unter bestimmten Voraussetzungen die Bürgerrechte erlangen.

Die Staatsführung lag von da an in den Händen von sogenannten Prytanen, die aus dem Rat der Fünfhundert ausgewählt wurden. Die Mitglieder dieses Rates wurden von der Versammlung aller Vollbürger bestimmt. Das Amtsjahr umfaßte 360 Tage; es war in 10 Amtsperioden von jeweils 36 Tagen unterteilt. Jeweils 50 Abgeordnete einer der 10 Phylen führten die Geschäfte der Stadt während einer solchen Amtszeit. Der Vorsitzende wurde täglich neu durch das Los bestimmt. Die Chance eines attischen Bürgers, irgendwann einmal einen Tag lang die Staatsgeschicke zu bestimmen, war also durchaus gegeben.

Es sei nun die Frage gestellt, ob und wie sich Geschichte und Politik in der Kunst widerspiegeln. In früherem Zusammenhang konnte bereits herausgestellt werden, daß sich vor allem die Plastik als eine Kunstgattung der reichen Oberschicht zu erkennen gibt. Das geht sowohl aus ihrer Thematik als auch aus den Aufstellungsorten hervor. Gesellschaftliche Randgruppen und rechtlose soziale Schichten wie Sklaven, Ausländer und Frauen sind durch die Kunstwerke entweder überhaupt nicht oder nur aus der Sicht der Machthaber faßbar.

Ein Denkmal, dem bezüglich obiger Fragestellung große Bedeutung zukommt, ist als solches leider nicht erhalten, sondern nur literarisch faßbar. Es handelt sich um eine Gruppe von zwei Figuren, die auf der Agora von Athen aufgestellt war: die Gruppe der Tyrannenmörder. Der Bildhauer Antenor, Sohn des Malers Eumares, hatte die Figuren in Bronze gegossen – derselbe Antenor, der die Kore Nr. 681 für den wohlhabenden Töpfer Nearchos gefertigt hat *(Abb. 35)*. Seltsam, daß Mörder aus Eifersucht eine solche öffentliche Ehrung erhielten! Aber ihr eigentliches Tatmotiv, die Eifersucht, war schon bald gegenüber der politischen Bedeutung ihrer Aktion unwichtig geworden, so daß es verdrängt werden konnte.[77] Harmodios und Aristogeiton wurden somit nicht als Mörder, sondern als Befreier von der Tyrannis gefeiert. Daß sie dafür mit dem Leben büßen mußten, erleichterte die Möglichkeit, sie zu mythologisieren und in Märtyrer der Diktatur zu verwandeln. Wehren konnten sie sich dagegen nicht mehr. Die neuen Machthaber klitterten die Geschichte in ihrem Sinne. Sie griffen die Gelegenheit beim Schopf, präsentierten dem Volk einen politischen Mord und dokumentierten das Geschehen in ihrem Sinne durch das erste politische Denkmal der abendländischen Geschichte.[78] Der Auftrag an Antenor wird wahrscheinlich von den Alkmeoniden stammen, die denselben Bildhauer bereits im delphischen Exil mit der Arbeit an ihrem dortigen Tempel betraut hatten. Die Rechnung ging auf. Das Volk akzeptierte die Geschichtsklitterung und feierte die beiden Mörder als Helden. Pausanias berichtet, daß 479 der persische König *»Xerxes, als er Athen ... genommen hatte, auch diese Standbilder als Beute mitgenommen hat«.*[79] Die Tatsache, daß er sie nicht einschmelzen, sondern in Susa aufstellen ließ, von wo sie dann durch Alexander nach Athen zurückgeschickt wurden, zeigt, daß es Xerxes nicht um den Metallwert ging, sondern daß er ihre historische und politische Bedeutung erkannte. Die Athener traf der Verlust so stark, daß sie sofort eine neue Gruppe in Auftrag gaben. Sie wurde von den Bildhauern Kritios und Nesiotes geschaffen und schmückte bereits 477, zwei Jahre nach dem Raub des Xerxes, wieder die Athener Agora.[80] Nach der Rückführung der Antenor-Figuren standen schließlich beide Gruppen nebeneinander auf dem Athener Marktplatz.[81] Das einzige Originalfragment, das von ihnen erhalten blieb, ist ein Stück der Basis mit einem Fragment der Inschrift.[82]

Die ›Tyrannenmörder‹ des Kritios und Nesiotes (s. u. S. 131 ff.) sind in römischer Zeit mehrfach kopiert worden. Auf Münzen[83] und Vasen[84] erscheinen sie bereits im 5. Jahrhundert, so daß die heutige Kenntnis der Gruppe als gut angesehen werden darf.[85] – Mit der Betrachtung dieser Figuren werden allerdings die zeitlichen und stilistischen Grenzen der Archaik überschritten. Die Detailanalyse wird daher in späterem Zusammenhang erfolgen.

Der Kuros von Tenea *(Abb. 36)*
München, Glyptothek Nr. 168
Aus Tenea in der Umgebung von Korinth
Marmor (parisch?); Höhe 153 cm

Erhaltungszustand:
Der Kuros gehört zu den am besten erhaltenen seiner Gattung: Gebrochen waren beide Fuß- und Kniegelenke; das gilt auch für die Arme oberhalb der Handgelenke und oberhalb der Ellenbogen. Der mittlere Abschnitt des rechten Armes fehlt. Der Penis ist teilweise verloren. Die Füße waren mit einer kleinen Plinthe in einem Sockel eingelassen, der verlorengegangen ist. Eine Benennung ist daher nicht möglich. Der Kopf ist unbeschädigt.

Beschreibung:
Fein und zierlich erscheint die Figur. Sie ist im üblichen Schema des Kuros aufgebaut: das linke Bein leicht vorgesetzt, der Körper

unbekleidet. Gliedmaßen und Thorax sind schlank proportioniert. Die Muskulatur und die Haut haben eine weiche Struktur, ohne dabei schlaff zu wirken. Die Leistenlinien, Rippenbögen und die Bauch- und Brustmuskeln zeichnen sich nur dezent ab. Der Eindruck mag durch eine moderne Säuberung der Oberfläche verstärkt sein. Der Kopf ruht auf einem mächtigen Hals. Das Gesicht wird geprägt durch den schmalen, zierlichen Mund, der zu einem Lächeln geformt ist. Die lange, gerade Nase schwingt zu den gleichmäßigen Brauenbögen um, unter denen die mandelförmigen Augen heraustreten. Über der glatten Stirn beginnt die schwere, teigige Haarfrisur, die getreppt auf die Schultern fällt und dort glatt endet. Ein Band gliedert die einzelnen Lockenpartien. Der Kopf erscheint im Verhältnis zum Körper sehr klein. Die Arme waren in Hüfthöhe vom Körper gelöst und die zu Fäusten geballten Hände an den Oberschenkeln angelegt. Obwohl die Statue bemalt war und daher nicht mit Sicherheit gesagt werden kann, ob eine Schambehaarung fehlte, entspricht der gesamte Körperaufbau dem eines pubertierenden Jünglings und repräsentiert einmal mehr das damalige Idealbild des jugendlichen Aristokraten. Es handelt sich um das Werk eines peloponnesischen Künstlers aus dem letzten Jahrzehnt vor der Mitte des 6. Jahrhunderts.

Der Kuros hat – wie viele andere Antiken – einen langen Weg zurückgelegt, um von Tenea zu seinem vorerst letzten Aufstellungsort in der Müchner Glyptothek zu gelangen. Schon bald nach der Auffindung wurde die Skulptur 1846 in Tenea von dem österreichischen Diplomaten Anton Prokesch erworben, der damit ein Kunstverständnis bewies, das seiner Zeit weit voraus war. Denn der damalige Kunstgeschmack verlangte römische, hellenistische und klassische Werke. Die Archaik war in ihrem Wert und in ihrer Aussagekraft noch nicht entdeckt. Bereits die Skulpturen des Aphaiatempels auf Ägina, die am Übergang zum Strengen Stil stehen (ebenfalls in der Münchner Glyptothek), waren anfang sehr zwiespältig, eher ablehnend beurteilt worden. Ähnlich ist es auch den Olympiaskulpturen ergangen (s. u. S. 98 ff.). Bereits 1847 wurde der Kuros von Tenea publiziert und damit der wissenschaft-

36 Der Kuros von Tenea

lichen Diskussion zur Verfügung gestellt. 1848 verließ Prokesch Athen. Seit 1849 war er Gesandter in Berlin, wo er den Kuros zu verkaufen suchte. Doch auch die Professoren der Ankaufkommission der Berliner Museen erkannten den Wert der Statue nicht. Lediglich einen Abguß ließen sie anfertigen. 1853 wurde Prokesch Mitglied des Bundestages in Frankfurt. Dort ist Leo von Klenze auf den Teneaten aufmerksam geworden und hat daraufhin König Ludwig I. von Bayern den Ankauf für die Glyptothek vorgeschlagen. Dieser verlangte, vorsichtig wie er war, zunächst von Klenze weitere Expertisen über die Statue. Schließlich wechselte der Kuros für nur 5000 Gulden – weit unter Wert für ein griechisches Original – den Besitzer. Er vervollständigte dann die Ausstattung des Incunabelnsaals der Glyptothek.

Während des Zweiten Weltkrieges sind die Schätze der Glyptothek ausgelagert worden, so daß sie bei der Zerstörung des Gebäudes keinen Schaden genommen haben. Seit der Wiedereröffnung der Glyptothek 1972 kann auch der Kuros dort wieder besichtigt werden.

Der Kalbträger *(Abb. 37)*
Athen, Akropolismuseum Nr. 624
Von der Akropolis in Athen
Marmor; erhaltene Höhe 165 cm

Erhaltungszustand:
Das bärtige Kinn und die Oberseiten der Hände sind weggebrochen; die Nase ist bestoßen; Augäpfel und Pupillen, die aus anderem Material eingelegt waren, fehlen; der Kopf des Kalbes ist wieder angesetzt; von ihm fehlt das rechte Ohr, das linke ist bestoßen; der Oberschenkel des Kalbes war ebenfalls beschädigt und wurde restauriert. Der Torso des Mannes wurde aus mehreren Fragmenten wieder zusammengesetzt; die Hüftpartie und beide Oberschenkel sind oberflächlich stark beschädigt; die Unterschen-

37 Der Kalbträger von der Akropolis in Athen

kel fehlen. Erhalten ist die Basis aus Porosgestein; dicht unter der Oberkante war eine Inschrift eingemeißelt, die besagt, daß [Rh]ombos, Sohn des Palos, die Statue gestiftet hat.

Auf dem Tierkörper haben sich blaue Farbspuren erhalten.

Beschreibung:
Ein bärtiger junger Mann trägt ein Stierkalb auf seinen Schultern. Seine muskulösen Arme sind in den Ellenbogen abgewinkelt, die Hände vor die Brust geführt. Dort umklammern sie die Vorder- und Hinterläufe des Kalbes, dessen Kopf sich auf gleicher Höhe wie der Kopf des Mannes befindet. Auch das Tier blickt auf den Betrachter. Die Rückenlinie des Kalbes verläuft schräg abwärts zur linken Schulter seines Trägers. Der Schwanz fällt mit leichtem Bogen auf dessen Oberarm.

Der Jüngling steht mit vorgesetztem linken Bein in der üblichen Schrittstellung der Kuroi. Er ist nackt bis auf ein hauteng anliegendes Manteltuch, das um seine Schultern liegt, die Oberarme bedeckt und in zwei Zipfeln auf die Oberschenkel fällt. Das Geschlechtsteil war sichtbar, der Bauchnabel besonders betont. Ein kurzer, eng anliegender Bart umgibt Kinn und Wangen. Der Mund zeigt ein Lächeln. Prägnant und scharfkantig sind die Lippen aus dem Stein herausgearbeitet. Eine lange Nase leitet über zu den weit geschwungenen Brauenbögen. Die asymmetrisch im Kopf liegenden Augen und ihre kaum wahrnehmbare unterschiedliche Gestaltung verleihen dem Gesichtsausdruck Lebendigkeit. Die Stirn wird bogenförmig von Buckellocken umgeben, die – hinter den Ohren beginnend – in jeweils drei Strähnen bis auf die Höhe der Schlüsselbeine herabfallen.

Es ist anzunehmen, daß sich der Stifter [Rh]ombos oder [Kr]ombos in dieser Statue selbst dargestellt sehen wollte. Kein Zweifel, daß er der aristokratischen Oberschicht angehörte. Nicht nur die langen Haare sind ein Hinweis dafür. Allein die Kosten einer solchen Statue waren nur von einem reichen Adligen aufzubringen. Schließlich spricht auch die Opfergabe für sich: Wer ein Kalb opfern konnte, mußte sehr wohlhabend sein. Bürger der Unter- oder Mittelschicht begnügten sich mit einem Hahn (Sokrates) oder einem Schaf.

[Rh]ombos hat zweifelsohne jenen Adelskreisen angehört, die ihren Lebensunterhalt nicht mehr mit eigener Kraft verdienen mußten. Die Statue ist gegen 570 v. Chr. zu datieren. Der Stifter lebte also in einer Zeit, die einerseits durch die Macht der Großgrundbesitzer, andererseits durch die ständige Zunahme der Sklaverei geprägt war. Denn im Gegensatz zum 7. Jahrhundert wurde die soziale Wirklichkeit bereits unter Solon und Periander erheblich von der Sklaverei bestimmt.[86] Zuerst haben sich die grundbesitzenden Adligen von der körperlichen Arbeit ab- und dem Müßiggang zuwenden können. Einer von ihnen war besagter [Rh]ombos. Seine Statue ist nicht als Porträt zu verstehen, sondern versinnbildlicht die Ideale seiner Gesellschaftsschicht: den erwachsenen, bärtigen Mann mit makelloser, gepflegter Frisur und einem sportlichen, durchtrainierten Körper. Die kostbare Opfergabe zeigt seine Religiosität und Gottesfurcht. Die Nacktheit der Figur ist nicht wörtlich zu nehmen. Denn so wie [Rh]ombos sich darstellen läßt, ist niemand zum Opfer auf die Akropolis geschritten. Ein erotischer Aspekt ist vielleicht auch hier nicht von der Hand zu weisen.

Der Reiter Rampin *(Abb. 38/39)*
Reitertorso und Pferdefragmente: Athen, Akropolismuseum Nr. 590
Kopf: Paris, Musée du Louvre Nr. 3104
Gesamthöhe der erhaltenen Fragmente: 1,08 m

Die Zusammengehörigkeit von Kopf und Torso erkannte der Archäologe H. Payne.[87] Der Kopf war bereits im 19. Jahrhundert nach Frankreich gelangt. Aus der Privatsammlung Rampin kam das Stück schließlich in den Louvre. Seit Paynes Entdeckung der Zusammengehörigkeit der Fragmente wird die gesamte Statue in der Fachliteratur unter der Bezeichnung ›Reiter Rampin‹ geführt.

Erhaltungszustand:
Leider ist der heutige Zustand – abgesehen von dem Jünglingskopf – wenig befriedigend. Beide Arme und Beine des Reiters fehlen. Von dem Pferd sind nur Fragmente vorhanden. Bruchstücke lassen

vermuten, daß ein zweiter Reiter zu der Komposition gehörte. Dies hat Anlaß gegeben, die Figuren zu benennen: Vielleicht handelt es sich um die beiden Söhne des Tyrannen Peisistratos, um Hippias und Hipparch. Die Datierung der Figuren um die Mitte des 6. Jahrhunderts steht dem nicht im Wege. Weiterhin ist der Vorschlag geäußert worden, in den beiden Reitern die Dioskuren zu sehen.[88]

Von dem Pferd ist nur ein größeres Fragment der Halspartie erhalten. Wer sich ein besseres Bild machen möchte, der sei auf zwei vollständiger erhaltene Pferdefiguren verwiesen, die freilich etwa eine Generation später entstanden sind.[89]

Beschreibung:
Der nackte Reiter saß auf dem bloßen Pferderücken. Sattel und Steigbügel sind erst in viel späterer Zeit gebräuchlich geworden. Die Oberschenkel des Mannes sind nahezu rechtwinklig vom Körper abgewinkelt. Die zur Faust geschlossenen Hände hielten

38, 39 Der Reiter Rampin, Torso (Athen) und Kopf (Paris)

die Zügel und lagen den Beinen auf. Der Pferdekopf war – wie der gebogene Halsansatz des Tieres und das durchgedrückte Kreuz des Reiters vermitteln – stark zurückgenommen. Die hohe Schule des Reitens sollte in diesem Standbild zum Ausdruck gebracht werden. Der Reitertorso ist stilistisch mit dem Kalbträger *(Abb. 37)* verglichen worden. Ähnlichkeiten sind nicht von der Hand zu weisen. Die ornamentale Ausarbeitung der Bauchmuskulatur, der Gesichtsaufbau, vor allem die Mund- und Brauenpartie lassen die nahe Verwandtschaft deutlich werden. Höchste Sorgfalt galt der Gestaltung der Frisur. Das Haupthaar ist in eine Vielzahl von Buckellöckchen gegliedert, die auf Stirn und Schläfen in schnekkenförmigen Locken auslaufen. Hinter den mächtigen Ohren fallen dicke Haarsträhnen zur Schulter herab. Die bei allen archaischen Bildwerken vorhandenen Asymmetrien sind deutlich faßbar: Die Haarsträhnen hinter dem linken Ohr zum Beispiel sind voluminöser und schwingen weiter aus.

Der gepflegte, kurz gehaltene Wangen- und Kinnbart ist kleinteilig in einzelne perlartige Locken unterteilt. Der Oberlippenbart war aufgemalt. Die Übergänge im Gesicht sind weicher als beim Kalbträger. Lippen, Wangen, Nase und Augen fügen sich geschmeidiger zu einem harmonischen Ganzen zusammen. Ein flacher Kranz aus nicht eindeutig bestimmbaren Blättern[90] umgibt das Haupthaar. Damit wollte sich der Reiter entweder als Sieger in einem hippischen Agon oder als Anhänger dionysischer Lebensweise zu erkennen geben.[91]

Auch diese Figur vermittelt die Lebensideale der damaligen Adelsgesellschaft: Reiten, Müßiggang, manierierte Körperpflege und die Verherrlichung jugendlicher, männlicher Erotik.

Farbspuren im Gesicht und an den Haaren belegen, daß die Statue bemalt war.

Darstellungen von Pferden, Pferdeführern und Reitern sind in der Kleinplastik bereits seit dem 8. Jahrhundert geläufig.[92] Vor allem die Vasenmalerei zeigt deutlich die Beliebtheit des Themas.[93] Als die Perser 479 v. Chr. die Akropolis verwüsteten, befanden sich etliche Reiterstatuen und auch einzelne Pferdedarstellungen unter den Skulpturen, die zerschlagen wurden und bei den Aufräumungsarbeiten in den sogenannten Perserschutt gerieten. Aus klassischer Zeit sind keine Reiterstandbilder erhalten geblieben. Im Relief erfreut sich das Motiv des Reiters aber auch in nacharchaischer Zeit großer Beliebtheit: der Parthenonfries (s. u. S. 156ff.), das Grabmal des Dexileos, die Friese des Mausoleums von Halikarnass und der Alexandersarkophag sind nur einige Beispiele dafür. Die Römer schließlich haben die monumentale Form der kaiserlichen Reiterstatue entwickelt. Das bronzene Standbild des Marc Aurel auf dem Kapitolsplatz in Rom ist dafür ein markantes Beispiel. Welten liegen zwischen diesem ideologieträchtigen Kaiserbildnis des römischen Imperiums und der zierlichen Aristokratendarstellung des 6. Jahrhunderts v. Chr.

Die Handschrift des bis heute unbekannten Bildhauers der Reiterstatue Rampin konnte an weiteren Skulpturen erkannt werden. Am bekanntesten sind die Peploskore (Akropolismuseum Nr. 679) und die Darstellung eines Jagdhundes (Akropolismuseum Nr. 143) geworden. Die Arbeiten dieses gewiß bedeutenden Bildhauers verteilen sich auf den außergewöhnlich langen Zeitraum von 50 Jahren, zwischen 570 und 520 v. Chr.

Kroisos aus Anavyssos *(Abb. 40)*
Athen, Nationalmuseum Nr. 3851
Marmor; Höhe 1,94 m

Erhaltungszustand:
Mehrfach gebrochen, teilweise ergänzt, insgesamt gut

Beschreibung:
Der nackte Kroisos steht im üblichen Kurosschema mit leicht vorgesetztem linken Bein. Die stilistische Entwicklung ist bei dieser um 520 zu datierenden Statue deutlich fortgeschritten, so daß der zeitliche Abstand zu dem Kalbträger und den übrigen besprochenen Kuroi sofort ins Auge fällt. Die einzelnen Körperformen sind organischer ausgebildet unter der gespannten Hautoberfläche, und die Muskeln quellen regelrecht hervor. Am stärksten erinnert die Ausbildung der Knie und Unterschenkel noch an die älteren Schematismen. Die zu Fäusten geschlossenen Hände

sind vom Körper gelöst und nur noch durch feine Stege mit den Schenkeln verbunden. Kein Zweifel, diese Figur ist latent beweglich und scheint auf den Betrachter zuzuschreiten. Die bullige, bedrängend wirkende Kraft, die der leicht überlebensgroße Kuros vermittelt, wird durch die gegenüber der Realität veränderten Körperproportionen verstärkt. Kopf, Hände und Füße sind im Verhältnis zum übrigen Körper zu klein. Der Jüngling trägt die aristokratische Haartracht mit den langen, auf die Schultern fallenden Locken. Die Inschrift auf der erhaltenen Basis ist von größter Bedeutung:

Στῆθι καὶ οἴκτιρον Κροίσου παρὰ σῆμα θανόντος. Hόν ποτ' ἐνὶ προμάχοις ὤλεσε θοῦρος Ἄρης

»Bleibe stehen und trauere beim Male des toten Kroisos, den einst unter den Vorkämpfern fällte der wütende Ares.«[94]

Kein Zweifel also, daß es sich um die Grabstatue eines attischen Landaristokraten handelt. Aber die Inschrift verrät noch mehr: Kroisos ist kein gewöhnlicher attischer Name! Berühmtester Träger dieses Namens war der sagenumwobene Lyderkönig. Nur er kann das Vorbild und Idol für den Jungen aus Attika gewesen sein. Das bedeutet aber, daß dieser vor 547 geboren sein muß, dem Jahr, als König Kroisos von den Persern besiegt und sein Reich zerstört wurde, denn eine Identifikation mit dem Besiegten erscheint unwahrscheinlich. Wenn die stilistische Analyse der Statue und die daraus gewonnene Datierung gegen 520 v. Chr. richtig sind, dann wäre demnach der attische Kroisos zum Zeitpunkt seines Todes 25 bis 30 Jahre alt gewesen. Dies wiederum entspricht nicht dem Aussehen der Statue, die einen noch bartlosen jungen Mann zeigt. Diese ›Verjüngung‹ sowie die Tatsache, daß der attische Kroisos laut Inschrift als Krieger ums Leben kam, was in der Darstellung gar nicht zum Ausdruck kommt, belegen einmal mehr, daß uns mit dieser Statue erneut das Idealbild des attischen Aristokraten vor Augen tritt.

40 Kroisos aus Anavyssos ▷
41 Aristodikos aus Anavyssos ▷

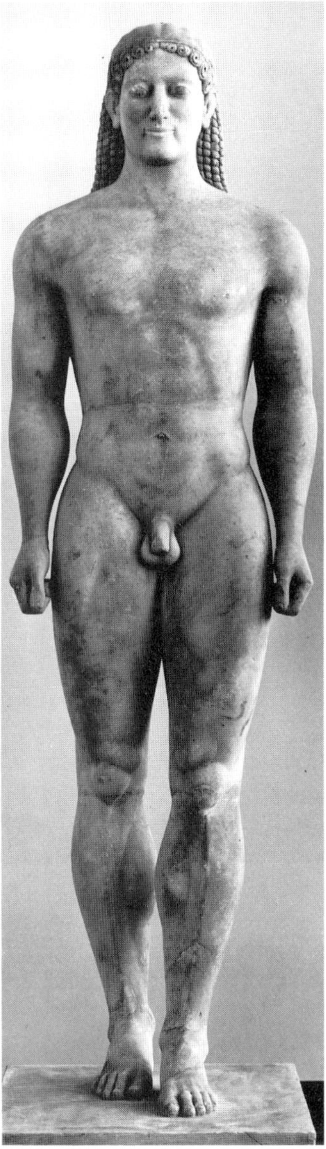

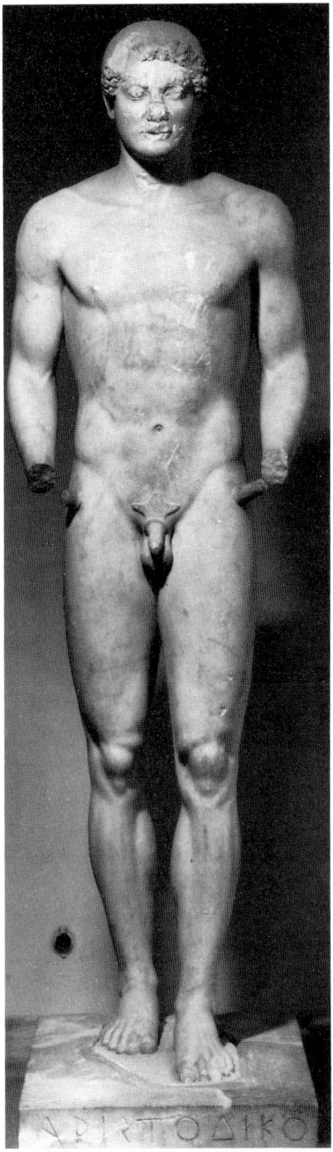
ΑΡΙΣΤΟΔΙΚΟ

Aristodikos aus Anavyssos *(Abb. 41)*
Athen, Nationalmuseum Nr. 3938
Marmor; Höhe 1,98 m

Erhaltungszustand:
Beide Hände fehlen; die Oberfläche des Kopfes ist bestoßen.

Beschreibung:
Letzter bedeutender Vertreter der Gruppe archaischer Kuroi ist dieses Standbild des Aristodikos. Auch er ist unbekleidet und stellt sein linkes Bein vor. Die Beweglichkeit der Figur hat weiter zugenommen, wie die stärker vom Körper gelösten Arme deutlich zeigen. Nicht unerheblich dabei ist das spröde Material des Marmors, das der Komposition einer Figur gewisse Grenzen auferlegt. Spätarchaische Bronzestandbilder erobern den Raum wesentlich kühner als die gleichzeitigen Marmorskulpturen.[95]

Die dreistufige Basis, die gemeinsam mit der Statue gefunden wurde, trägt den Namen des Verstorbenen in der Genitivform. Vergleicht man mit dem etwa eine Generation älteren Kroisos aus demselben Landstädtchen Anavyssos, so wird die stattgefundene Entwicklung deutlich. Die anatomischen Kenntnisse der Bildhauer haben zugenommen. So sind zum Beispiel die Bauchmuskeln, die Fußknöchel und die Anatomie der Knie richtig erfaßt. Der Jüngling hat zwar noch immer das linke Bein leicht vorgesetzt, ohne daß dabei zwischen einem Stand- und einem Spielbein unterschieden wird. Trotzdem wird spürbar, daß der Augenblick, in dem sich der Körper in Bewegung setzt und dies in der Rumpfanatomie sichtbar wird, unmittelbar bevorsteht. Die Arme sind dementsprechend stärker vom Körper abgewinkelt. Und die Proportionen der einzelnen Körperteile zueinander sind – verglichen mit denen des Kroisos – wieder natürlicher geworden. Der Kopf allerdings ist nach wie vor recht klein. Die Frisur hat sich gewandelt. Kurze Haare sind in Mode gekommen, wie auch Darstellungen in anderen Kunstgattungen, zum Beispiel der Keramik, belegen. Stirn und Nacken werden allerdings noch von mehreren Reihen von Buckellocken eingefaßt. Aufschlußreich ist, daß die Schambehaarung, die Pubes, ebenfalls modischer Veränderung unterworfen ist. Aristodikos hat sich dort sternförmig rasieren lassen. Die Tatsache, daß darauf bei einer Grabstatue Wert gelegt wurde, belegt einmal mehr die erotische Komponente, die allen Kurosfiguren eigen ist.

Der Kuros von Melos *(Abb. 42/43)*
Athen, Nationalmuseum Nr. 1558
Naxischer Marmor; Höhe 2,14 m

Erhaltungszustand:
Die Statue wurde 1831 auf Melos gefunden. Die in drei Teile zerbrochene Plinthe mit den Füßen wurde erst nach dem Ersten Weltkrieg entdeckt. Ergänzt sind der rechte Unterschenkel und der linke Fuß. Die gesamte Oberfläche ist stark zerrieben.

Beschreibung:
Die Figur entspricht dem üblichen Kurosschema. Auf eine detaillierte Beschreibung soll daher verzichtet werden. Trotzdem bestehen große stilistische Unterschiede zu bisher Gesehenem, die deutlich zeigen, daß es auch damals bereits einzelne Kunstlandschaften gegeben hat, die dasselbe Thema völlig unterschiedlich gestaltet haben. Unmittelbar ins Auge fallen die ungewöhnlich schlanken Proportionen, die langen Oberschenkel und die schmalen Hüften, die sich bogenförmig zu der breiten Brust- und Schulterpartie öffnen. Auf einem schlanken, hohen Hals sitzt der verhältnismäßig kleine Kopf. Der Mund zeigt ein feines Lächeln. Die Nase verjüngt sich sichtbar nach oben, und die Augen stehen leicht schräg im Gesicht. Die Seitenansicht zeigt die große Tiefe des kubischen Kopfes. Die Frisur besteht aus den üblichen Buckellocken und einem Volutenkranz oberhalb der Stirn. Insgesamt wirkt der Körper sehr jugendlich, die Muskulatur ist weich, fast schlaff. Vor allem der Kopf besitzt Ähnlichkeiten mit Kunstwerken von Rhodos. Der Kuros von Melos dürfte etwa zur gleichen Zeit wie der aus Tenea (s. o. S. 79 ff.) entstanden sein.

42, 43 Der Kuros von Melos ▷

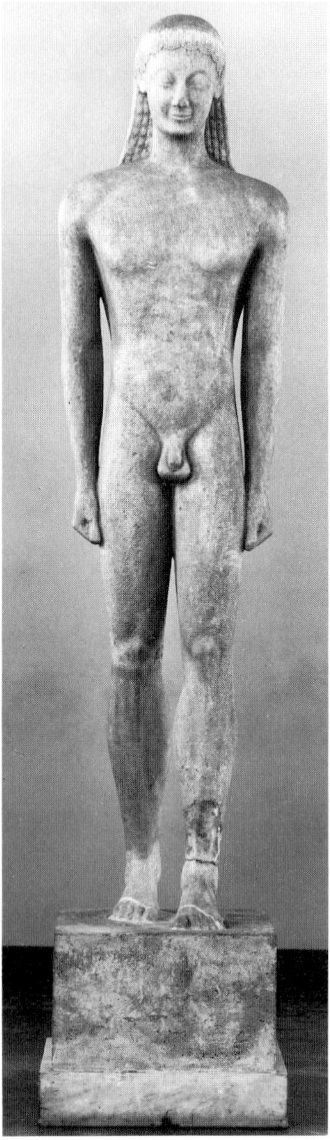

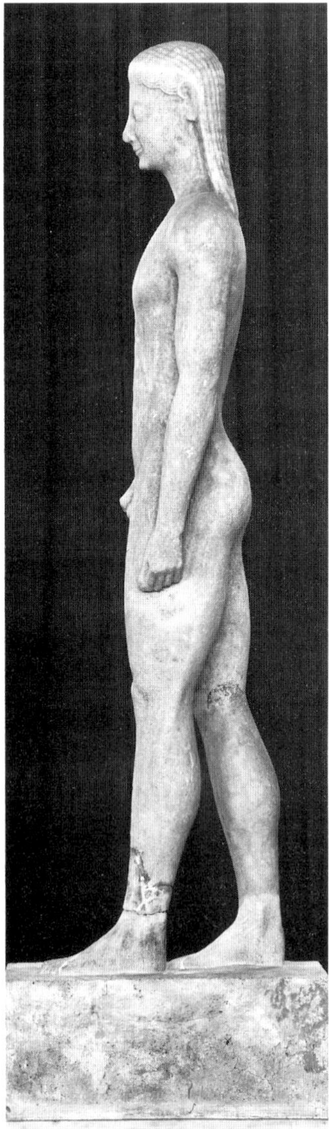

Die Epoche des Strengen Stils

Der Begriff ›Klassik‹ ist in heutigem Verständnis erst seit dem 16. Jahrhundert geläufig. Die Bezeichnung ›Strenger Stil‹ dagegen ist wesentlich älter und findet sich bereits bei antiken Autoren. So benutzt Cicero[96] zum Beispiel den Begriff bei einem Vergleich der Rhetorik mit der Kunstgeschichte. Dabei erwähnt er auch etliche Namen von Künstlern, die er dieser Stilstufe zuordnet: Kanachos, Kalamis, Myron und – für das Ende der Entwicklung – Polyklet.

In der Neuzeit war man anfänglich nicht in der Lage, die Kunstwerke dieser Epoche mit den ihr eigenen Maßstäben zu interpretieren. Kunsthistoriker und Archäologen haben bis zum Ende des 19. Jahrhunderts alle Kunstwerke, unabhängig von ihrer Entstehungszeit, an den Maßstäben der Klassik gemessen. Kein Wunder daher, daß man die Leistungen der Künstler des Strengen Stils nicht erkennen konnte und ihre Kunstwerke als unschön, herb und steif verworfen hat. Eine angemessene ästhetische Bewertung der Epoche des Strengen Stils ist erst ab etwa 1920 zu beobachten.

Eine genaue zeitliche Abgrenzung des Strengen Stils bereitet, wie alle Epocheneinteilungen, gewisse Schwierigkeiten. Denn die Übergänge sind fließend. Als grobe Eckdaten kann man jedoch das letzte Jahrzehnt des 6. Jahrhunderts und die Mitte des 5. Jahrhunderts angeben. Dies korrespondiert gut mit den gesellschaftspolitischen Entwicklungen in dem damals führenden griechischen Stadtstaat Athen: So fällt das Ende der Tyrannis zusammen mit dem Beginn des Strengen Stils innerhalb der Kunstentwicklung. Und mit dem Baubeginn des Parthenon und der politischen Vormachtstellung des Perikles wird die genannte Stilstufe endgültig abgeschlossen. Die frühesten Metopen am Parthenon *(Abb. 72)* zeigen noch deutliche Stilmerkmale des Strengen Stils. Bei dem kurz danach entstandenen Parthenonfries und bei den Giebelfiguren sind diese Tendenzen jedoch überhaupt nicht mehr faßbar. Grob gesprochen sind es also zwei Künstlergenerationen, die dieser Epoche angehört haben. Eine Eingrenzung des Strengen Stils auf die Jahre von 480 bis 450 v. Chr., wie von einigen Forschern vorgeschlagen[97], ist wohl zu eng. Es versteht sich von selbst, daß etliche Künstler der Übergangszeit zwei aufeinanderfolgenden Epochen angehört haben. Dies gilt zum Beispiel für den bekanntesten Vertreter der Klassik, Phidias, dessen Frühwerke noch vom Strengen Stil geprägt sind.

Am Anfang der sechzigjährigen Kunstepoche steht die Vertreibung der Tyrannen in Athen und die Errichtung einer ersten Demokratie unter Kleisthenes. Wenig später folgen die vielleicht kritischsten Jahre für den Fortbestand der griechischen Staatenwelt: das Zeitalter der Perserkriege, über deren Ursachen und Ablauf hier nicht im einzelnen zu sprechen ist.[98] Wichtig ist dabei das Datum 480/79 v. Chr., das Jahr, in dem die persischen Truppen Athen eroberten und die Akropolis radikal zerstörten. Viele der von ihnen zerschlagenen Kunstwerke wurden bei den anschließenden Aufräumungsarbeiten neben dem Südfundament des Parthenon regelrecht begraben. Für die Kunstgeschichte liefert dieser sogenannte Perserschutt, im 19. Jahrhundert entdeckt und ausgegraben, einen wichtigen Terminus ante quem. Bedauerlicherweise sind die Bergungsarbeiten damals so schlecht dokumentiert worden, daß es bei etlichen Kunstwerken von der Akropolis umstritten ist, ob sie aus dem Perserschutt stammen oder nicht, ob sie also zwingend vor 479 v. Chr. zu datieren sind oder nicht.

Auch außerhalb Athens sind bedeutende Kunstwerke in dieser Zeit entstanden. Die Giebelskulpturen des Aphaiatempels von Ägina sind in diesem Zusammenhang zu nennen (München, Glyptothek). Außerdem der Wagenlenker von Delphi *(Abb. 63)*, die Giebelfiguren des Zeustempels von Olympia *(Abb. 46–55)*, der Gott aus dem Meer bei Kap Artemision *(Abb. 59, 60)* ... Dies sind nur einige der wichtigsten auf uns gekommenen Skulpturen, die es noch im Detail zu analysieren gilt. Dem Strengen Stil zuzurechnen ist auch die bedeutende zweite Gruppe der Tyrannenmörder, von der bereits gesprochen wurde (vgl. S. 79).

Ein Markstein der Kunstgeschichte ist die Entdeckung des sogenannten *Kontraposts*, einer Achsenverschiebung im Aufbau des menschlichen Körpers im Stand bei einem entlasteten Bein. Die künstlerische Umsetzung dieses Phänomens scheint in Athen kurz vor 490 v. Chr. gemacht worden zu sein.

Wichtig ist die Tatsache, daß es sich bei den künstlerischen Neuerungen und Entwicklungen des Strengen Stils erstmals um rein griechische Vorgänge handelt: Waren die Kunstwerke der Geometrik und Archaik noch unübersehbar von ägyptischen und orientalischen, hethitisch-urartäischen Gedanken beeinflußt, so ist im Strengen Stil alles Wesentliche erstmals griechisch. Auch der Kontrapost beginnt von Griechenland aus seinen Siegeszug.

Nur wenige Jahre vor Einführung des Kontraposts in der Skulptur ist es auf dem Gebiet der Vasenmalerei zu ähnlich revolutionären Entwicklungen gekommen. Die Zeit war gewissermaßen reif für solche Schöpfungen. Gegen 530/25 v. Chr. hat der Wechsel von der schwarzfigurigen zur rotfigurigen Vasenmalerei stattgefunden. Am besten werden diese unterschiedlichen Techniken an den sogenannten Bilinguen deutlich, an Gefäßen, die rotfigurige und schwarzfigurige Darstellungen vereinen. Unter diesen Gefäßen ist eine Amphora des Malers Andokides (München, Staatliche Antikensammlungen Nr. 2301) wohl am bekanntesten. Das Bildfeld zeigt auf der einen Seite die herkömmliche Darstellungsweise: Die Figuren sind mit schwarzer Farbe auf den roten Tongrund gemalt. Die Binnenzeichnung wird dabei aus dem Schwarz ausgespart oder aber in den schwarzen Farbauftrag hineingeritzt, so daß der rote Tongrund erneut erscheint. Das Bildfeld auf der gegenüberliegenden Seite derselben Amphora zeigt die Umkehrung des bisherigen Verfahrens, ähnlich einem Negativ. Jetzt wird der Hintergrund schwarz eingefärbt, und die dargestellten Figuren bleiben ausgespart. Die Binnenzeichnung kann so wesentlich detailreicher und feiner mit dem Pinsel auf den roten Grund aufgetragen werden. Auf diese Weise sind wichtige Voraussetzungen dafür geschaffen, perspektivische Darstellungen zu entwickeln und erstmals in der Weltgeschichte der Kunst mit Verkürzungen beim Bild von Mensch und Tier zu arbeiten. Man kann die Leistung der damaligen Künstler erst voll erfassen, wenn man bedenkt, daß die Nachwirkungen bis in unsere Zeit reichen. Die Vasenmalerei der ausgehenden Archaik und des Strengen Stils gehörte unzweifelhaft zu den führenden Kunstgattungen. Dies wird nicht zuletzt auch daran ersichtlich, daß der Kontrapost – Achsenverschiebungen innerhalb des menschlichen Körpers bei entlastetem Spielbein – zuerst von den Vasenmalern dargestellt worden ist. Die Namen Phintias, Euthymides und Epiktetos seien hier stellvertretend für viele andere angeführt.[99]

In der Fachwissenschaft besteht Einigkeit darüber, daß in diesen Jahren noch kein greifbarer Qualitätsunterschied zwischen der großen Tafelmalerei und den Vasenbildern besteht. Einige Maler scheinen sogar in beiden Gattungen tätig gewesen zu sein. Es ist nicht verwunderlich, daß in der Malerei als der schnelleren, spontaneren Technik die allgemeinen Neuerungen der Epoche zuerst zu fassen sind. Die Anwendung dieser Entdeckungen in der Skulptur erfolgte mit einigen Jahren Verzug. Konsequent wird nun auch von den Bildhauern der Raum erobert: Körperdrehungen und Anordnung der Gliedmaßen werden immer kühner. Die Kompositionsmöglichkeiten für Einzelfiguren, vor allem aber für Gruppendarstellungen werden beträchtlich erweitert. Auch der Themenkreis erweitert sich. Immer mehr Künstler treten nun aus ihrer Anonymität heraus und werden namentlich faßbar: Der Künstler wird sich seiner Leistung bewußt.

Der Skulpturenschmuck des Zeustempels zu Olympia

Die Bauplastik des Zeustempels zu Olympia – Giebelfiguren und Metopen – bildet den Kern des archäologischen Museums in Olympia. Nur um sie zu sehen, lohnt es sich, eine Reise in das abgelegene Alpheiostal auf der Peloponnes zu unternehmen. Die Entdeckung dieser Kunstwerke ist dem Archäologen Georg Treu gelungen, der seit 1877 in Olympia tätig war. Doch die Enttäuschung über das Aussehen der Figuren war zunächst groß. Allzu fremd war die Strenge des Stils, zu ›unklassisch‹ die Ausführung. Adolf Furtwängler formuliert trotzdem 1882 erstaunlich umsichtig: »Man hatte erwartet, Skulpturen im Stil der Parthenongiebel zu finden, und war nun überrascht, etwas ganz anderes vor sich zu sehen.«[100]

Der Zeustempel ist bei einem mächtigen Erdbeben im 6. Jahrhundert n. Chr. zerstört worden. Die Figuren fielen aus den Giebeln herab; Ringhalle und Cellamauern stürzten ein. Noch heute liegen etliche der Säulentrommeln in Sturzlage, so, wie sie von den Ausgräbern freigelegt wurden. Auch zahlreiche Figuren der Giebel wurden geborgen, wie sie zu Fall gekommen waren. Man hat aus ihrer Lage Rückschlüsse auf die einstige Anordnung in den Giebelfeldern ziehen können. So manches Fragment ist aber auch verschleppt und als Spolie in einer später auf den Ruinen entstandenen Siedlung verbaut worden. Alle Figuren sind bei ihrem Sturz aus über 15 m Höhe zerbrochen. Georg Treu und seine Grabungsmannschaft haben sie in mühevoller Kleinarbeit wieder zusammengefügt. Obwohl etliche Teile fehlen und gelegentlich sogar noch heute das eine oder andere Bruchstück entdeckt wird, ist alles Wesentliche vorhanden: Keine einzige Figur fehlt völlig! Wenn

44 Westfront des Zeustempels, Rekonstruktion nach H. V. Herrmann/G. Treu (die Skulpturen entsprechen der heutigen Aufstellung im Museum)

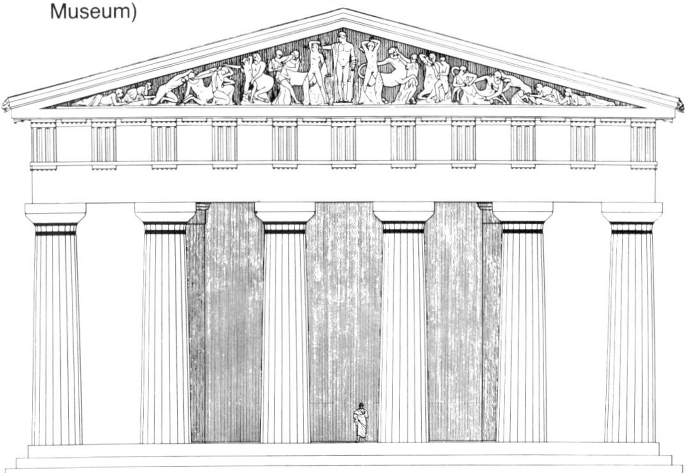

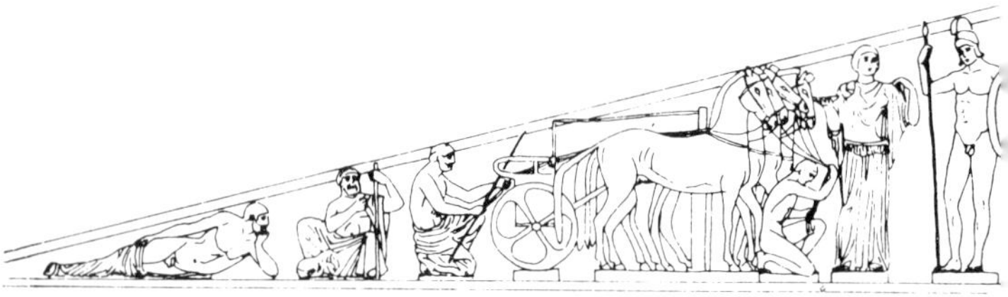

45 Der Ostgiebel des Zeustempels, Rekonstruktion nach Herrmann

man sich vergegenwärtigt, daß die Mehrzahl griechischer Originalskulpturen im Laufe der Jahrtausende verlorengegangen ist, läßt sich die Bedeutung dieses Skulpturenensembles ermessen. Pausanias, der Reiseschriftsteller des 2. nachchristlichen Jahrhunderts, beschreibt die zu seiner Zeit noch schier unermeßliche Fülle der Weihgeschenke in Olympia und in anderen bedeutenden Heiligtümern. Auch der heutige Besucher kann sich noch eine Ahnung davon verschaffen, wenn er die große Anzahl der Statuensockel betrachtet, die rings um den Zeustempel stehen.

Pausanias liefert auch wichtige Hinweise für die Deutung der Darstellung und die Benennung der einzelnen Figuren in den beiden Giebelfeldern des Zeustempels *(Abb. 44/45):*

»Von den Giebelfiguren ist vorn das Wettfahren des Pelops gegen Oinomaos dargestellt, das erst stattfinden soll, und bei beiden ist das Rennen in Vorbereitung. Gerade in der Mitte des Giebels ist eine Zeusstatue angebracht, und rechts von Zeus befindet sich Oinomaos mit einem Helm auf dem Kopf und neben ihm seine Frau Sterope, auch sie eine der Töchter des Atlas. Myrtilos, der den Wagen des Oinomaos lenkte, sitzt vor den Pferden; die Pferde sind vier an der Zahl. Nach ihm sind da zwei Männer; Namen haben sie nicht, aber auch ihnen war doch wohl von Oinomaos aufgetragen, für die Pferde zu sorgen. Ganz am Ende liegt Kladeos; er wird sonst bei den Eleern von den Flüssen am meisten geehrt nach Alpheios. Links von Zeus aus stehen Pelops und Hippodameia und der Wagenlenker des Pelops sowie Pferde und zwei Männer, auch diese offenbar Pferdeknechte des Pelops. Und wieder verengt sich der Giebel, und

hier ist darin Alpheios dargestellt. Der Mann, der Wagenlenker des Pelops war, heißt nach der Aussage der Troizenier Spairos; der Erklärer in Olympia aber nannte ihn Killas. Die vorderen Giebelfiguren sind das Werk des Paionios, seiner Herkunft nach aus Mende in Thrakien, die hinteren des Alkamenes, der in der Zeit des Phidias lebte und in der Kunst der Bildhauerei die zweite Stelle errang. Seine Giebelfiguren stellen den Kampf der Lapithen bei der Hochzeit des Peirithus gegen die Kentauren dar. In der Mitte des Giebels steht Peirithus, neben ihm auf der einen Seite Eurytion, der die Frau des Peirithus geraubt hat, und Kaineus, der dem Peirithus zu Hilfe kommt; auf der anderen Seite Theseus, der mit einer Axt gegen die Kentauren kämpft, und der eine Kentaur hat ein Mädchen, der andere einen schönen Knaben geraubt. Das hat meines Erachtens Alkamenes dargestellt, da er in den homerischen Epen gelernt hatte, daß Peirithus ein Sohn des Zeus sei, und wußte, daß Theseus der vierte nach Pelops war.«[101]

Pausanias' Angaben lassen sich bedauerlicherweise nicht in allen Details mit dem Ausgrabungsbefund in Einklang bringen. Etliches bleibt, wie man es auch dreht und wendet, widersprüchlich. Fast alle namhaften Archäologen der letzten 100 Jahre haben sich daher zu den Olympiagiebeln geäußert. Die diesbezügliche Literatur ist kaum noch zu überblicken. Es ist im hiesigen Zusammenhang nicht sinnvoll, in die Fachdiskussion einzusteigen und die einzelnen Standpunkte zu analysieren. Es soll genügen, die Problematik zu umreißen: Konsens besteht in der Forschung darüber, daß Paionios und Alkamenes als entwerfende und ausführende Bildhauer ausscheiden. Ihre Lebensdaten und künstlerischen Handschriften stimmen nicht mit dem Stil der Olympiafiguren überein. Die Frage nach dem ›Olympiameister‹ ist deshalb bis heute ungelöst. Im allgemeinen denkt man an einen lokalen, peloponnesischen Künstler mit seiner Werkstatt. Denn aus einer einzigen Hand können die Figuren gewiß nicht stammen, da die Bauzeit von nur 15 Jahren dafür zu kurz ist. Keine Einigkeit besteht über die Reihenfolge der Ausführung der beiden Giebel. Normalerweise hat man mit dem Figurenschmuck der Tempelfront begonnen, also mit dem Ostgiebel. Stilistisch scheinen die Figuren dort jedoch die jüngeren zu sein. Eine sichere Aussage darüber bleibt wegen der ganz unterschiedlichen Thematik beider Giebelfelder schwierig.

Problematisch ist vor allen Dingen auch die Anordnung der mittleren Figuren des Ostgiebels. Pausanias' Angaben widersprechen dem ästhetischen Gespür vieler namhafter Archäologen, die seine Aussagen als nicht verbindlich ansehen, da nachweislich auch etliche andere seiner Beschreibungen fehlerhaft sind. So sind alle möglichen Aufstellungsvarianten vorgeschlagen und begründet worden.[102]

Der Ostgiebel

Das Thema der Darstellung im Ostgiebel ist der Mythologie entnommen: die Wettfahrt um Leben oder Tod zwischen Oinomaos, dem alteingesessenen Herrscher von Pisa, der Landschaft um Olympia, und dem Tantalos-Sohn Pelops, dem Namensgeber der Halbinsel Peloponnes. Oinomaos hatte durch ein Orakel erfahren, daß er durch den Ehemann seiner Tochter sterben werde. Wollte er überleben, mußte er also deren Hochzeit verhindern. Und so forderte er jeden Freier zur Wettfahrt auf. Ging der König als Sieger daraus hervor, so tötete er den Herausforderer. Zahlreiche Freier vor Pelops hatten bereits ihr Leben verloren, denn des Oinomaos Pferde galten als unbesiegbar, da sie göttlicher Herkunft waren, ein Geschenk des Kriegsgottes Ares. Aber auch Pelops war göttlicher Abstammung. Der Sieg sollte ihm zufallen und Oinomaos bei dem Wettrennen den Tod finden. Ob Pelops durch List und Tücke oder durch göttlichen Beistand siegte, ist nicht eindeutig überliefert und für den hiesigen Zusammenhang auch ohne Bedeutung.

Dargestellt wird im Giebelfeld nicht der Wettkampf an sich, sondern die Vorbereitungsphase. Während der archaischen Periode hätte man sicher den dramatischen Wettkampf selbst ins Bild gesetzt. Im Olympiagiebel aber werden die betroffenen Personen in ihrer schicksalhaften Tragik charakterisiert. Mit Recht hat man darin Vorboten der hohen Klassik gesehen und u. a. darum diesen Giebelschmuck als den zeitlich jüngeren datieren wollen. Zu benennen und in der Giebelmitte zu verteilen sind vier Figuren: König Oinomaos und seine Frau Sterope einerseits und Pelops, der Herausforderer, mit seiner zukünftigen Braut Hippodameia andererseits. Über die Anordnung streiten die Gelehrten. Einigkeit besteht nur darüber, daß Zeus *(Abb. 46)* als Tempelinhaber und oberster Gott des Heiligtums die Mitte des Ostgiebels eingenom-

46 Zeus zwischen Pelops (links) und Oinomaos, aus dem Ostgiebel des Zeustempels. Olympia, Museum

men haben muß. Leider fehlt bis heute gerade der Kopf dieser Statue. Der Halsansatz zeigt jedoch, daß er zu seiner Rechten gedreht war. Dort steht die Statue des Pelops, der bis auf seine Waffen – Lanze, Helm und Schild – nackt auftritt. Sein rechtes Bein ist entlastet, der jugendlich schlanke Körper im Schema des Kontraposts dargestellt. Der Kopf ist leicht geneigt, der Blick gesenkt. Neben ihm sollte Hippodameia *(Abb. 47)* stehen, die mit einem schweren dorischen Peplos bekleidet ist. Ihre Linke greift zu ihrer Schulter, um dort das Gewand zu ordnen. Der rechte Unterarm

47, 48 Hippodameia und Sterope, aus dem Ostgiebel des Zeustempels. Olympia, Museum

fehlt. Die Haare erscheinen ebenso schwer und teigig wie die Gewandmassen. Der Kopf wendet sich leicht nach links in Richtung ihres zukünftigen Gatten Pelops. Links von Zeus, auf der ›schlechten‹ Seite, in der nördlichen Giebelhälfte, steht stolz und arrogant-aggressiv Oinomaos *(Abb. 46)*. Auch er ist nackt bis auf ein lässig um die Schultern geworfenes Manteltuch. Ähnlich wie Pelops wendet er sich mit seinem bärtigen Gesicht von der Mitte weg. Es ist die Vermutung geäußert worden, daß man sich Zeus unsichtbar unter den Lebenden zu denken habe. (Auf dem wenig später entstandenen Parthenonfries ist Ähnliches zu beobachten: Dort thronen in der Mitte des Ostfrieses die versammelten Götter unsichtbar zwischen den Lebenden.) Wenn dieser Gedanke auch auf die Komposition des Ostgiebels von Olympia zutreffen sollte, erscheint es wenig sinnvoll, an ein Vertauschen der Figuren des Pelops und des Oinomaos zu denken. Beide würden sich dann nämlich dem Zeus in ihrer Mitte zuwenden. Ich plädiere deshalb für die Unterbringung des Königs von Pisa in der nördlichen Giebelhälfte. An seiner Seite steht mit nachdenklich verschränkten Armen die Königin Sterope *(Abb. 48)*. In sich versunken, trägt auch sie ein Peplosgewand. Fast ist man geneigt anzunehmen, daß sie im Gegensatz zu ihrem selbstsicheren Mann den Ausgang der Wettfahrt und den Tod des Oinomaos ahnt. Im Norden folgt rechts neben Sterope eine kniende Dienerin; sie füllt den Freiraum unterhalb des nun folgenden Pferdegespanns aus. Die kräftigen, in einfachen und schlichten Formen gestalteten Pferde sind leicht versetzt hintereinandergestaffelt. Ihre Köpfe sind gesenkt, und ihre Bewegungen scheinen gedämpft, als wüßten auch sie um ihr baldiges Schicksal. Neben dem bereits angeschirrten Wagen folgt die großartige Figur des weisen Sehers *(Abb. 49)*, dessen Gestik das blanke Entsetzen widerspiegelt. Er muß sein Wissen um den Ausgang des Kampfes ertragen, ohne daran etwas ändern zu können. Ein gewisser Realismus, den man auch an anderen Kunstwerken des Strengen Stils beobachten kann, prägt gerade diese Figur: Der Alte kauert auf dem Boden. Seine leicht angewinkelten Beine sind zur Giebelmitte ausgestreckt. Der Unterkörper ist mit einem schweren Mantelstoff umhüllt. Der nackte Oberkörper wendet sich nahezu frontal dem Betrachter entgegen. Tiefe Falten auf dem

Oberbauch kennzeichnen ihn als alten Mann. Auch der Kopf gibt das zu erkennen: Kinn und Wangen sind von einem mächtigen Bart aus dichten Locken umgeben. Der Oberkopf ist kahl, aber von den Seiten und vom Hinterkopf fallen schwere, teigige Haarsträhnen. Die weit geöffneten Augen liegen tief und sind von wulstigen Lidern umgeben. Der Blick des Sehers geht in Richtung Giebelmitte. Seine rechte, zur Faust geschlossene Hand ist zur Wange geführt. Mit der Linken stützt er sich auf einen Stab. Von der Figur gehen viele, auch gegensätzliche Impulse aus: gespannte Ruhe, Verzweiflung und Schicksalsergebenheit, Trauer und Entsetzen, abgeklärte Aufmerksamkeit, gebündelte Energie und vieles mehr. Subjektiv gesehen scheint dies die ausdrucksstärkste Figur des Giebels zu sein. Zur Giebelecke hin folgt ein kauernder Jüngling, der nackt mit untergeschlagenem Bein auf seinem Gewand sitzt *(Abb. 50)*. Mit seiner linken Hand knibbelt er nervös an seinem Fußnagel. Auch dieser realistische Zug sowie die ganze Anlage der Figur zeigen den großen Abstand zur Archaik und die innovative Entwicklung, die innerhalb weniger Jahrzehnte vollzogen wurde.

49 Der nördliche Seher aus dem Ostgiebel des Zeustempels. Olympia, Museum

Die spitzwinkligen Ecken des Giebels wurden geschickt mit den personifizierten Flüssen von Olympia, Alphaios und Kladeos, gefüllt. Im Norden ist wahrscheinlich, der Geographie entsprechend, Kladeos dargestellt. Er liegt lang ausgestreckt auf dem Boden. Sein Oberkörper ist erhoben, auf die Ellbogen gestützt. Mit ernstem Blick schaut der Flußgott in Richtung Giebelmitte. Die Figur ist unbekleidet bis auf ein Manteltuch, das er lässig um Hüften und Beine geschlungen hat. Seine Genitalien sind sichtbar. Er blickt ernst und aufmerksam. Nase und Mund sind von edlem Schnitt. Die kurzen Haare wirken schwer und teigig. Dem Bildhauer ist es gelungen, den in sich gedrehten, liegenden männlichen Körper anatomisch überzeugend auszugestalten. Die Anordnung der Figuren in der südlichen Hälfte des Ostgiebels ist kompositionell ähnlich wie im Norden. In der Ecke räkelt sich der Flußgott Alphaios. Auch er ist nackt bis auf ein Tuch, das lediglich seine Beine bedeckt. Seinen Kopf stützt er auf die linke Hand. Darauf folgt die alte Figur eines weisen Sehers, der keineswegs entsetzt zu sein scheint wie die entsprechende Figur auf der gegenüberliegen-

50 Kauernder Jüngling aus dem Ostgiebel des Zeustempels. Olympia, Museum

51 Mittelteil des Westgiebels vom Zeustempel in Olympia. Olympia, Museum (vormalige Aufstellung)

den Seite. Aber auch er hockt in einen Mantel gehüllt und stützt seinen linken Arm auf einen Stab. Sein Gesicht ist bärtig, der Blick richtet sich zuversichtlich nach oben; offensichtlich ist er ein Anhänger des Pelops und weiß bereits um dessen Sieg. Neben dem Seher kauert ein zügelhaltender Diener, der Wagen und Pferde zur Wettfahrt bereithält. Unter den Köpfen der vier edlen Gespannpferde ist ein weiterer Diener zu sehen.

Alle Figuren in diesem Giebel verharren in äußerer Ruhe, zeigen keine bewegten Interaktionen.

Der Westgiebel

Ganz anderes zeigt der Westgiebel *(Abb. 51):* Hier herrscht Hektik, größte Aufregung und Bewegung; brutales Kampfgeschehen ist zur Darstellung gekommen. Das Thema ist ebenfalls dem Mythos entnommen: Peirithoos, König der Lapithen in Thessalien, feiert Hochzeit. Als Gäste sind u. a. Theseus und die Kentauren, Mischwesen mit Pferdeleibern und menschlichen Oberkörpern, geladen. Am Abend, nach reichlich genossenem Alkohol, entartet das Fest. Die Kentauren verlieren jeglichen Anstand und Respekt, vergreifen sich an der Braut und anderen anwesenden Frauen und lassen auch die jugendlichen Knaben, die als Mundschenke tätig sind, nicht ungeschoren. Es kommt zum Kampf. Beide Parteien haben Tote zu beklagen. Nachdem die Lapithen schließlich die Oberhand gewonnen haben, verjagen sie die Kentauren aus Thessalien. Auf der Peloponnes finden sie eine neue Heimat.

Warum gerade diese mythologische Szene im Giebel des Zeustempels zu Olympia dargestellt wurde, ist bis heute nicht überzeugend erklärt worden. Fest steht, daß die Kentauromachie sich auch in anderen Kunstgattungen in den Jahren nach den Perserkriegen großer Beliebtheit erfreut hat: auf Vasen und in der Tafelmalerei taucht das Thema auf.[103] Aber ist es nicht zu einfach, hier den Sieg des Guten über das Böse, des Griechischen über das Barbarische symbolisiert zu sehen, auch wenn der Perserschrecken die Griechen sicherlich noch jahrzehntelang bewegte? Die eigentliche Thematik, die in diesem Mythos veranschaulicht wird, ist die Verletzung des Gastrechts durch den versuchten Braut- und Frauenraub sowie sexuelle Gewaltanwendung. Zeus Xenios, der Schützer des Gastrechts, wird gekränkt. Das Thema erinnert an den Raub der Helena, den mythischen Anlaß zum Trojanischen Krieg. Nicht zuletzt wird mit diesem Olympiagiebel eine prickelnde Erotik in die religiöse Kunst am Tempelbau übernommen. Die Archäologin E. Simon[104] sieht die Verletzung der Gastfreundschaft durch die Hybris der Kentauren als das eigentliche Thema dieses Giebels an; sie hat damit aber bisher keine Anerkennung gefunden.[105] Über Simons Interpretation hinausgehend, scheint es mir entscheidend, daß nicht die sexuellen Ausschweifungen den Frevel der Kentauren ausmachen – denn solches Verhalten war alltägliche Praxis bei Göttern und Menschen (vgl. S. 66ff.) –, sondern daß der versuchte Raub der Sexualobjekte, die Mißachtung des männlichen Besitzrechts, das eigentliche Vergehen darstellt. Kein Gastgeber der damaligen Zeit konnte dies dulden. Zeus' Sohn Apollon, Verkörperung der Reinheit, tritt deshalb hier als Rächer seines Vaters in Aktion. Er überwacht und lenkt, im Zentrum des Giebels stehend, das Kampfgeschehen und läßt den Lapithen den Sieg zukommen. Als Gott der Rache ist er in klassischer Zeit auch in anderen Zusammenhängen häufig dargestellt worden.[106]

52 Apollon vom Westgiebel des Zeustempels. Olympia, Museum

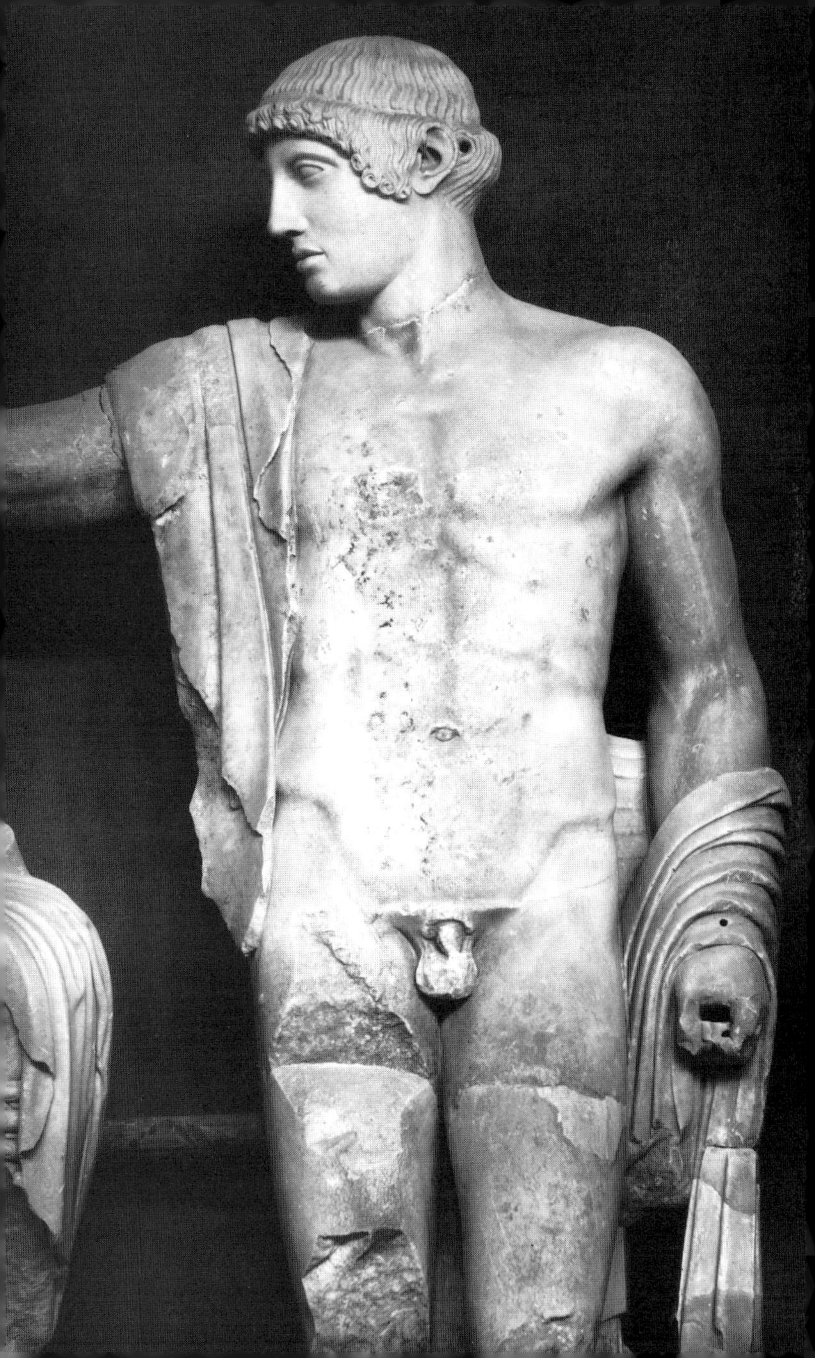

Was ist nun im einzelnen im Westgiebel dargestellt? In der Giebelmitte steht majestätisch und überragend der Gott Apollon, für die übrigen Kämpfenden unsichtbar *(Abb. 52)*. Sein Blick wendet sich nach rechts, wo der Gastgeber Peirithoos kämpft. In der gesenkten linken Hand trug Apollon seine üblichen Attribute, Pfeil und Bogen. Sein rechter Arm ist waagerecht ausgestreckt. Mit energischer Geste scheint er so den Ablauf des Kampfes zu bestimmen. Er ist unbekleidet bis auf ein lässig um die Schultern geworfenes Manteltuch. Nach langen Jahren der Diskussion besteht in der Forschung Übereinstimmung darüber, daß die von dem Ausgräber Treu vorgeschlagene weitere Figurenabfolge der originalen Aufstellung entsprechen muß. Inzwischen ist im Museum von Olym-

53 Ein Kentaur raubt die Braut, aus dem Westgiebel des Zeustempels von Olympia. Olympia, Museum

pia die veraltete Aufstellung korrigiert. Zahlreiche Publikationen dokumentieren aber noch diesen Zustand.

Zu beiden Seiten des Apoll kämpften Theseus und Peirithoos. Leider sind gerade diese Figuren weitgehend zerstört. Nur die Köpfe und Bruchstücke der nackten Körper, der Arme und Beine sind erhalten. Peirithoos, links von Apollon, kämpft mit dem Schwert. Mit großer Kraft holt er zum Schlag aus gegen einen Kentauren, der eine heftig sich wehrende Frau umschlungen hält *(Abb. 53)*. Mit dem rechten Vorderbein umklammert der ihre Hüfte, und sein rechter Arm umfaßt ihre Taille. Seine Linke greift nach ihrer entblößten Brust. Sie versucht verzweifelt, sich seinem Griff zu entziehen, seine Hände von ihrem Körper zu reißen, ihm ihren Ellenbogen ins bärtige Gesicht zu rammen. Das Antlitz der jungen Frau, die als Braut des Peirithoos gedeutet wird, spiegelt jedoch die Brutalität des Geschehens in keiner Weise wider. Ihre Züge sind ebenmäßig, der Blick ist sittsam gesenkt, der Mund leicht geöffnet. Die teigigen Haare werden von einer Binde mit Heraklesknoten zusammengehalten.

Völlig anderes vermitteln die Kentauren *(Abb. 54)*. Ihre übermächtige Kraft kommt in schwellenden Muskelpaketen, in hervorquellenden Sehnen und Adern, in schmerz- und wutverzerrten Gesichtern zum Ausdruck. Große, wallende Bärte umrahmen ihre Köpfe.

Links neben der beschriebenen Gruppe folgt ein Kentaur, der sich an einem Jüngling vergreift. Und neben dieser leider schlecht erhaltenen sogenannten Knabenräubergruppe befindet sich eine dreifigurige Komposition, die sogenannte Ringergruppe. Der dazugehörige Kentaur ist bereits von einem kräftigen Lapithen niedergerungen worden, klammert sich aber nach wie vor verzweifelt fest in den langen Haaren der Frau, die er zu verschleppen gedachte. Die Giebelecken werden auch hier von liegenden Figuren ausgefüllt: älteren Lapithinnen, die sich dem Kampfgeschehen zu entziehen versuchen. Die Eckfiguren sind aus pentelischem Marmor gearbeitet, nicht aus parischem, wie die übrigen Skulpturen. Dies gilt weiterhin für die kauernden Dienerinnen neben ihnen. Auch stilistisch sind deutliche Unterschiede zu den übrigen Figuren faßbar. Einigkeit besteht darüber, daß diese vier Eckfiguren später entstanden sein müssen. Im 4. Jahrhundert v. Chr. hat der Zeustempel bei einem Erdbeben erhebliche Schäden erlitten. Ob die Ersatzfiguren bereits kurz danach oder aber erst unter Agrippa in frühaugusteischer Zeit geschaffen wurden, ist vorerst noch umstritten.

Auf der anderen Seite, im Süden des Westgiebels, folgt auf die beiden Eckfiguren ebenfalls eine Dreifigurenkomposition, die sogenannte Stechergruppe. Ein von rechts angreifender Lapithe gibt einem bereits zusammengebrochenen Kentauren, der noch krampfhaft eine Frau festzuhalten versucht, mit dem Dolch den Todesstoß in die Brust. Daneben folgt die sogenannte Beißergruppe *(Abb. 55)*: Ein zusammenbrechender Kentaur beißt seinen Gegner, der ihn im Würgegriff hält, mit voller Wucht in den Unterarm. Auch hier spiegelt das Gesicht des Lapithen keineswegs den sicher unmäßigen Schmerz wider. Neben Theseus, der mit dem Rücken zu Apoll kämpft und eine Axt über dem Kopf schwingt, versucht ein Kentaur, sich einer Frau zu bemächtigen. Er hält sie mit den Vorderbeinen umschlungen, während sie mit beiden Händen in sein Gesicht und in die Haare packt, um ihn abzuwehren. Kein Zweifel, daß Theseus ihm im nächsten Moment den Schädel spalten wird.

55 Sog. Beißergruppe, aus dem Westgiebel des Zeustempels. Olympia, Museum

54 Kopf eines Kentauren, aus der sog. Ringergruppe im Westgiebel des Zeustempels. Olympia, Museum

Die Metopen

Die Giebelskulpturen sind nicht der einzige Figurenschmuck, den der Zeustempel in Olympia aufzuweisen hat. Zwar fehlt hier die bei einem dorischen Tempel übliche Reliefierung der Metopen der äußeren Ringhalle, statt dessen aber wurden Vorder- und Rückseite der Cella mit jeweils sechs Metopenreliefs versehen, die die zwölf Taten des Herakles darstellen. Einige der Themen waren bereits in archaischer Zeit sehr beliebt, wie zum Beispiel die Erlegung des nemeischen Löwen. Andere kommen in Olympia zum ersten Male vor, wie die Augiasszene *(Abb. 57)*. Zu den schönsten Kompositionen gehört gewiß die Atlasmetope *(Abb. 56)* und die Darstellung am Stymphalischen See *(Abb. 58)*. Ich möchte die ausführliche Beschreibung auf diese drei Platten beschränken.

Es ist erneut Pausanias gewesen, der uns die einzelnen Bildthemen benennt:

»In Olympia sind auch die meisten Taten des Herakles dargestellt. Über der Tür des Tempels sind die Jagd des Ebers aus Arkadien angebracht und die Kämpfe mit dem Thrakier Diomedes und in Erytheia gegen Geryones, und wie er im Begriff ist, in Empfang zu nehmen, was Atlas ihm bringt, und wie er das elische Land vom Mist reinigt. Über der Tür des Opisthodoms ist dargestellt, wie er der Amazone den Gürtel abnimmt, sowie das Abenteuer mit der Hindin und dem Stier in Knossos und den Vögeln in Stymphalos und der Hydra und dem Löwen im argivischen Land.«[107]

Eine einzige Metope, auf der Herakles zu sehen ist, wie er Kerberos, den gefährlichen Höllenhund des Hades, herbeischleppt, fehlt in der Aufzählung des Pausanias. Möglicherweise ist dies auf einen Überlieferungsfehler oder eine Lücke im Text zurückzuführen.

Atlas bringt Herakles die Äpfel der Hesperiden (Abb. 56)

Es handelt sich um eine dreifigürliche Komposition, die auf der Ostseite über dem Cellaeingang angebracht war. Im Zentrum steht – inzwischen ist es schon fast zur Selbstverständlichkeit geworden – der *unbekleidete* Herakles. Er trägt auf gebeugtem Nacken,

56 Atlas bringt Herakles die Äpfel der Hesperiden, Metope vom Zeustempel. Olympia, Museum

geschützt durch ein dickes Kissen, das Himmelsgewölbe. Seine Arme stemmt er dagegen, um das übermäßige Gewicht zu mildern. Hinter ihm erscheint, von dem Helden unbemerkt, seine Schutzgöttin Athena, die mit spielerischer Leichtigkeit ihre linke Hand unter das schwere Himmelsgewölbe streckt, um Herakles die Aufgabe zu erleichtern. Athena ist züchtig mit einem schweren Peplos bekleidet. Ihr Körper ist frontal zu sehen, ihr Kopf im Profil. Die Gesichtszüge sind einfach, schlicht, ohne großes Pathos. Gleiches gilt für den Gewandaufbau und die Frisur. Alle Skulpturen des Strengen Stils haben in ähnlicher Weise diese herbe

Schwere, das sogenannte Teigige, was schwer in Worte zu fassen ist, aber jedem einfühlsamen Beobachter sofort ins Auge fällt. Herakles gegenüber, ebenfalls bärtig und ihm im Körperaufbau brüderlich verwandt, der hünenhafte Atlas. In seinen ausgestreckten Händen hält er die von Herakles so begehrten Äpfel der Hesperiden, die ihm die Unsterblichkeit verleihen sollen. Atlas hat sie für ihn beschafft, übernimmt aber erst nach erfolgreicher List des Herakles dessen schwere Bürde.

Die aus diesem Relief sprechende Ruhe und stille Größe weisen einerseits auf die Klassik voraus und zeigen andererseits, wie

57 Herakles reinigt den Augiasstall, Metope vom Zeustempel. Olympia, Museum

schnell von den hochdramatischen, hektischen Kompositionen der Archaik Abschied genommen werden konnte.

Herakles reinigt den Augiasstall (Abb. 57)
Herakles' Aufgabe bestand bei dieser Prüfung darin, die Stallungen des Königs Augias von Elis an einem einzige Tage auszumisten: erneut eine schier unmögliche Tat. Wie er sie löste, ob ganz konventionell mit Schaufel und Besen, oder aber, indem er die Wasser des Flusses Alpheios durch die Stallungen leitete, sei dahingestellt. Die Metope von Olympia zeigt den kraftvollen Helden mit

58 Herakles bringt Athena die Stymphalischen Vögel, Metope vom Zeustempel. Olympia, Museum, und Paris, Louvre

kurzer Haar- und Barttracht, wie er weit ausschreitend, in einer Diagonalkomposition, den Besen schwingt. Leider ist das Relief in viele Fragmente zerbrochen. Zahlreiche Teile gerade der Heraklesfigur fehlen. Besser erhalten dagegen ist rechts am Bildrand die wiederum unsichtbar zu denkende Figur der Schutzgöttin Athena, die frontal, in einem statuarischen Typus, auftritt. Bekleidet ist sie erneut mit einem diesmal untergegürteten, schweren Peplos. Ihr Kopf ist ins Profil gedreht und trägt einen Helm mit mächtigem Helmbusch. Die linke Hand stützt sich auf den Schild, in der Rechten trug sie die Lanze.

Herakles bringt Athena die Stymphalischen Vögel (Abb. 58)
Diese Metope stammt von der Westseite des Tempels, hat sich also über der Tür zum Opisthodom befunden. Zu sehen ist, wie Herakles seine Beute, die menschenfressenden Vögel vom Stymphalischen See in Arkadien, der Göttin Athena überreicht. Sie sitzt links auf einem Felsen, der die Szene in die rauhe Bergwelt verlegt, und schaut sich wohlwollend nach ihrem Schützling um. Bekleidet ist sie auch diesmal mit einem Peplos, zusätzlich mit der Ägis. Das Gewand fällt leichter, lockerer als bei den beiden vorangegangenen Metopenbildern. Auch ihre Gesichtszüge erscheinen sanfter und mädchenhafter. Die Figur des Herakles, der erneut nackt rechts im Bildfeld auftritt, ist leicht aus der Frontalen herausgedreht. Sein Körper tritt weit aus dem Reliefgrund hervor; Kopf und Beine sind teilweise sogar frei gearbeitet. Das rechte Bein ist Spielbein, das linke Standbein. Hüfte und Schulterlinie verschieben sich dem Schema des Kontraposts entsprechend.

Zur Datierung der Olympiaskulpturen:
Verschiedene Indizien, die hier nicht dargelegt werden können, weisen darauf hin, daß der Zeustempel und sein gesamter Bauschmuck in rund 15 Jahren zwischen 472/1 und 457/6 v. Chr. erbaut bzw. skulptiert worden ist. Einzig das Kultbild des Zeus, eine Sitzstatue aus Gold und Elfenbein, wurde von dem hochklassischen Bildhauer Phidias erst in den Jahren um 430 v. Chr. geschaffen. Warum der Tempel so lange auf sein Kultbild warten mußte, ist ein weiteres, bis heute nicht gelöstes Problem.

Der Poseidon vom Kap Artemision *(Abb. 59, 60)*
Athen, Nationalmuseum Nr. 15161
Bronzehohlguß; Höhe 2,09 m

Erhaltungszustand:
Die Oberfläche ist korrodiert; stellenweise sind Gußblasen und Fehler bereits antik geflickt, wie zum Beispiel an der linken Schulter.

1926 wurde zunächst der linke Arm von Fischern aus Skiathos aus dem Meer beim Kap Artemision vor Euböa geborgen. 1928 konnte der Rest der Statue gehoben werden.

59 Poseidon vom Kap Artemision

Beschreibung:
Die Statue ist zweifelsohne eines der größten Meisterwerke des ausgehenden Strengen Stils bzw. der Frühklassik und einer der Höhepunkte des Athener Nationalmuseums. Gemeinsam mit dem delphischen Wagenlenker *(Abb. 63)* ist diese Statue eine der wenigen erhalten gebliebenen Großbronzen des 5. Jahrhunderts. Der Gott aus dem Meer ist völlig nackt. Er steht mit leicht ausfallendem Schritt auf seinem leicht gebeugten linken Bein. Das rechte Bein ist mit etwas erhobener Ferse zurückgesetzt. Die Schamhaare sind kunstvoll geschnitten und frisiert. Der prächtige, muskulöse Torso weist eine leicht gebogene Meridianlinie auf, so daß der gesamte Körper wie ein kraftvoll gespannter Bogen erscheint. Der linke Arm ist geradlinig nach vorne ausgestreckt, die Finger sind leicht gespreizt. Gelegentlich wird vermutet, daß hier ein Attribut verlorengegangen ist.[108] In der weit nach hinten ausholenden rechten Hand ist entweder ein Dreizack oder ein Blitzbündel zu ergänzen, je nachdem, ob man in dem Gott Poseidon *(Abb. 61)* oder Zeus[109] sehen will. Typologisch ist diese Frage nicht eindeutig zu lösen. Der mächtige Kopf ist nach links gewendet, so daß der Blick über die linke Hand auf das Wurfziel gerichtet war. Lippen und Augenbrauen waren mit edlerem Material eingelegt. In den heute leeren

60 Kopf des Poseidon vom Kap Artemision

61 Poseidon mit Dreizack auf einem Stater aus Poseidonia/ Paestum, um 530–490

Augenhöhlen muß man sich kunstvoll gearbeitete Pupillen aus Elfenbein und edlem Stein vorstellen, wie beispielsweise bei dem Wagenlenker *(Abb. 63)*. Um Kinn und Wangen flutet ein mächtiger Bart, der in einzelne, zerzauste Locken unterteilt ist. Das Haupthaar fällt in zahlreichen Lockensträhnen in die Stirn. Am Oberkopf dagegen ist die Frisur wohlgeordnet und durch kunstvoll geflochtene Zöpfe gefestigt. Die Nase erscheint klein und kantig, auch Mund und Ohren sind proportional gesehen bescheiden ausgefallen. Die Augen hingegen wirken mächtig, nicht zuletzt auch wegen der heute schwarz erscheinenden leeren Augenhöhlen. Vertieft man sich in die Details der Lockenbildungen und vergegenwärtigt sich die zahlreichen Unterschneidungen, die den Bronzeguß so aufwendig und technisch kompliziert gestalten, so läßt sich die Meisterschaft dieses Werkes erst richtig erfassen.

Der Künstler konnte bis heute nicht ermittelt werden. Immer wieder wurden stilistische Verwandtschaften zum Omphalos-Apollon *(Abb. 62)* gesehen und Vermutungen geäußert, Kalamis könne der Schöpfer dieser Statue gewesen sein. Aber dessen Werke sind für uns heute noch zu wenig greifbar, um sichere Aussagen zu ermöglichen. Überlegenswert ist auch der Versuch, den Gott aus dem Meer dem Bildhauer Onatas aus Ägina zuzuschreiben[110], obwohl bisher keine einzige Skulptur von diesem Künstler mit Gewißheit zu identifizieren ist.[111]

Der Typus dieser Statue ist keine Neuschöpfung. Es gibt zahlreiche Parallelen in der Klein- und Großplastik. Erinnert sei zum Beispiel an den Harmodios aus der Gruppe der Tyrannenmörder *(Abb. 66)* oder an die Kleinbronze des Zeus von Dodona.[112] Aber gerade vor dem Hintergrund solcher Vergleichsstücke besteht kein Zweifel, daß dem Künstler hier die Vollendung im Detail wie in der Gesamtkomposition gelungen ist.

Die Statue dürfte kurz nach 460 v. Chr. entstanden und auf dem Transport – vielleicht nach Konstantinopel – mit dem Frachtschiff gesunken sein. Über ihren ursprünglichen Aufstellungsort kann nur spekuliert werden. Es ist möglich, daß sie in der Nähe ihres Fundortes aufgestellt war, zum Dank an Poseidon, der 480 v. Chr. in diesen Gewässern die persische Flotte durch einen Sturm schwer beschädigt hatte.[113]

Der Omphalos-Apoll

Das Original dieser Statue konnte bis zum heutigen Tag nicht gefunden werden. Höchstwahrscheinlich ist es, da aus Bronze, zerstört. Die Statue muß sich aber im Altertum großer Beliebtheit erfreut haben, denn sie ist in zahlreichen römischen Marmorrepliken überliefert. Die Bezeichnung ›Omphalos-Apoll‹ hat sich für die gesamte Gruppe dieser Repliken eingeschlichen, nachdem 1862 in der Nähe des Fundortes des Athener Exemplars eine Basis mit einem Omphalos (Nabelstein) gefunden wurde, die man zunächst der Statue zugeordnet hat. Auch das Bronzeoriginal dürfte in Athen gestanden haben, da es auf attischen Münzen dargestellt worden ist.[114] Es führt zu weit, hier alle Repliken des Originals zu analysieren. Die Betrachtung des Athener Exemplars als der wohl besten Nachbildung soll genügen:

Die Replik eines Omphalos-Apoll in Athen *(Abb. 62)*
Athen, Nationalmuseum Nr. 45
Marmor, Höhe 176 cm

Erhaltungszustand:
Mehrfach gebrochen; Nasen- und Mundpartie sind bestoßen; beide Unterarme fehlen, ebenso die Füße; Teile der Beine sind verlorengegangen.

Beschreibung:
Die Figur ist, wie üblich, unbekleidet. Auf einem schlanken, muskulösen Körper ruht ein verhältnismäßig kleiner Kopf, der sich leicht zur Standbeinseite neigt. Der Oberkörper ist im Schema des Kontraposts gegliedert. Der rechte Arm war leicht angewinkelt. Ob die rechte Hand ein Attribut gehalten haben mag, einen Lorbeerzweig oder eine Opferschale vielleicht, bleibt ungewiß. Der linke Unterarm war stärker angewinkelt und hielt den Bogen, wie aus anderen Überlieferungen geschlossen werden kann. Beide Füße ruhten mit der ganzen Sohle auf dem Boden auf, jedoch mit größerem Abstand zueinander als beim Kasseler Apoll *(Abb. 69)*.

Spielerisch fallen schwere Locken dem Jüngling in die Stirn. Sie quellen unter zwei am Oberkopf verknoteten Zöpfen hervor.

Die Schwierigkeiten der Meisterzuschreibung werden dadurch vergrößert, daß die Statue nur in unterschiedlich qualitätvollen Repliken überliefert ist. Ein Vergleich mit Originalbildwerken des Strengen Stils, wie zum Beispiel mit dem Poseidon aus dem Meer *(Abb. 59)* oder der Sphinx aus Ägina[115], ist gewiß legitim, und die Ähnlichkeiten der Frisur und Kopfgestaltungen sind auf den ersten Blick frappierend. Daraus aber eine Meisterzuschreibung abzuleiten, geht wohl doch zu weit. So haben alle Vorschläge der Künstlerbestimmung bisher auch zu keinem Konsens geführt. Conze[116] dachte an Kalamis, Poulsen[117] sieht die Handschrift des jungen Myron, Lippold[118] meint, daß es sich um den Meister der Aspasia handelt, und Dörig[119] sieht die Handschrift des äginetischen Künstlers Onatas.

Das Original, das der Athener Replik aus dem 2. Jahrhundert n. Chr. zugrundeliegt, dürfte etwa zeitgleich mit dem Poseidon von Kap Artemision entstanden sein, ist also gegen 460 v. Chr. zu datieren.

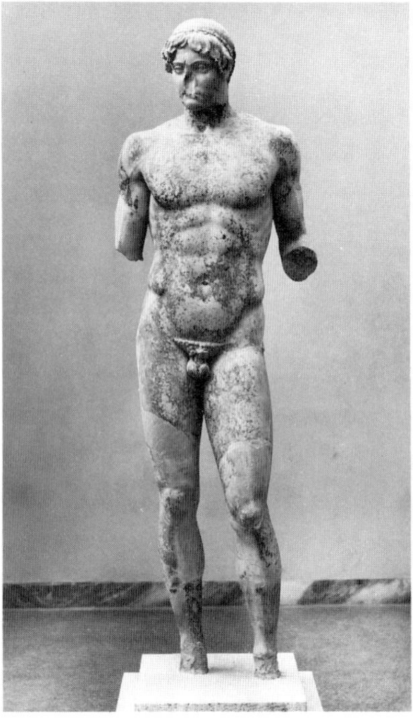

62 Der Omphalos-Apoll

Der Wagenlenker von Delphi *(Abb. 64)*
Delphi, Museum Nr. 3484, 3520, 3540
Bronzeguß aus mehreren Teilen; Höhe 1,80 m

Erhaltungszustand/Fundort:
Die Figur des Wagenlenkers ist überraschend gut erhalten. Lediglich der linke Arm fehlt. In der rechten Hand sind Reste der Zügel geblieben. Von dem dazugehörigen Wagen und der Quadriga konnten nur Fragmente geborgen werden. Ob vor dem Gespann noch ein pferdeführender Knabe zu ergänzen ist, wie R. Hampe vermutet hat, ist nicht sicher zu belegen. Auch die Frage, ob auf dem Wagen neben dem Lenker noch eine zweite Figur stand, kann nicht beantwortet werden *(Abb. 63)*.

63 Rekonstruktion der Wagenlenkergruppe in Delphi, nach R. Hampe

Die Bronze des Wagenlenkers ist aus mindestens sieben einzelnen Teilen kunstvoll zusammengelötet worden. Die Wandstärke der Bronze ist so groß, daß ein Wachsausschmelzverfahren zur Gewinnung der Gußform unwahrscheinlich erscheint.

Die Statue wurde 1896 in der Nähe des Apollontempels gefunden; die genauen Fundumstände sind jedoch nicht dokumentiert. Der ursprüngliche Aufstellungsort dürfte an anderer Stelle gelegen haben, denn wahrscheinlich ist die Bronze durch einen Erdrutsch verschüttet worden, der ihr sozusagen das Leben gerettet hat. Andernfalls hätte sie wohl das Schicksal der meisten antiken Bronzen geteilt: Sie wäre zu späteren Zeiten, in denen Metallmangel herrschte, eingeschmolzen worden.

Beschreibung:
Der Wagenlenker stand mit geschlossenen Beinen auf dem verlorengegangenen Wagen. Seine Füße sind nackt. Er trägt einen langen Chiton, der seit homerischer Zeit üblichen Tracht der Wagenlenker. In Magenhöhe ist das Gewand gegürtet und noch zusätzlich durch Schulterkreuzbänder gesichert, damit der Fahrtwind sich nicht im Gewand verfängt. Die Falten fallen unterhalb der Gürtung wie Säulenkanneluren senkrecht am Körper herab, ohne daß sich dieser in irgendeiner Form unter dem Stoff abzeichnet.

Am Oberkörper sind die Falten über den Armen und der Brust sehr unterschiedlich ausgestaltet. Der kugelige Kopf trägt eine kurze, lockige Haarfrisur, die mit einer am Hinterkopf verknoteten Binde zusätzlich geschmückt war. Diese Binde hatte einen aus Silber eingelegten Schmuckmäander. Die Haare sind in unregelmäßige, kleine, flach anliegende Löckchen unterteilt. Lediglich an den Schläfen und um die Ohren kräuseln sich die Locken. Das Gesicht mit schwerem Kinn, wulstigen Lippen und gerader Nase besitzt klare, glatte Formen. Die Augenlider bestehen aus Bronzeblech. Von größter Bedeutung – da sehr selten – ist die Erhaltung der Augen; sie bestehen aus weißen Kieselsteinen, in die die Pupillen eingesetzt wurden. Der Jüngling ›schielt‹, so wie das gesamte

64 Der Wagenlenker von Delphi ▷

Gesicht gewisse Asymmetrien besitzt. Die rechte Hälfte der Oberlippe ist schmaler, die linke Braue gerader, das rechte Auge steht schräger, der linke Mundwinkel hängt herab. Darum hat man gelegentlich versucht, eine Ansichtsseite für den Wagenlenker zu gewinnen, ausgehend von der Annahme, daß bei einer schrägen Betrachtung diese Asymmetrien verschwinden.[120] Der Versuch hat sich aber nicht bewährt, da ähnliche Unregelmäßigkeiten bei sehr vielen Statuen und vor allen Dingen auch bei Statuetten und Kleinbronzen zu beobachten sind. Bei letzteren wäre eine Ansichtsseite sinnlos. Die Motive müssen also andere sein; sie gründen wahrscheinlich in dem Bedürfnis, einem Gesicht oder einem Körper Abwechslung und Lebendigkeit zu verleihen.

Gemeinsam mit der Figur wurde ein Basisblock gefunden mit einer Inschrift. Diese nennt den Stifter: Polyzalos von Gela, Bruder des Gelon von Syrakus. Beide gehörten dem berühmten Geschlecht der Deinomeniden an.

Seit 470 sind uns sämtliche Sieger der alle vier Jahre stattfindenden pythischen Wettspiele von Delphi bekannt. Polyzalos ist nicht unter ihnen. Er muß demnach entweder 474 oder 478 den Sieg errungen haben. Ein früheres Datum scheidet aufgrund seines Alters aus. Das Weihgeschenk ist gewiß unmittelbar nach dem Sieg in Auftrag gegeben worden und entsprechend zu datieren.

Wen stellt der Wagenlenker dar? Ist Polyzalos selbst gemeint, wie der Archäologe E. Buschor vermutet hat? Oder handelt es sich bei dem Wagenlenker um einen nicht benennbaren jungen Mann, der in Polyzalos' Diensten stand? Hat möglicherweise das Bildnis des Polyzalos noch neben dem Gespannlenker im Wagen gestanden? Auch das kann nicht beantwortet werden. Gegen die These, der Wagenlenker sei mit Polyzalos identisch, spricht u. a. die Gestaltung seiner Füße. Sie sind so grobschlächtig, so knochig spröde, wie man sie kaum bei einer hochgestellten Persönlichkeit vermuten möchte. Aber vielleicht ist auch das zu modern gedacht. Der Realismus, der daraus spricht und den man auch an anderen zeitgenössischen Bildwerken beobachten kann – zum Beispiel bei dem Jüngling des Olympiagiebels, der an seinem Fußnagel knibbelt, oder bei den Händen und Gesichtern der Kentauren –, ist als eine mögliche Ausdrucksform des Strengen Stils höchst bedeutsam.

Im Zeitalter des Hellenismus werden solche Ausdrucksformen wieder aufgegriffen und weiterentwickelt, so daß durchaus die Gefahr der stilistischen Fehleinschätzung besteht, wenn lediglich Fragmente für eine Beurteilung zur Verfügung stehen. Mit anderen Worten: Hätte man nur die Füße des Wagenlenkers gefunden, ließe sich eine Datierung in den Hellenismus durchaus begründen. Dies sei nur ein Hinweis, wie komplex, aber auch wie beschränkt eine stilistische Analyse eines Kunstwerks sein kann.

Wer ist der Künstler dieses bedeutenden Weihgeschenks gewesen? Auch hier sind der Erkenntnis bisher Grenzen gesetzt. Ein Basisblock mit der Inschrift: *»Sotadas aus Thespiai hat es gemacht«* ist irrtümlich mit dem Wagenlenker in Verbindung gebracht worden.[121] Daneben sind die unterschiedlichsten Ideen geäußert worden: attische, äginetische[122], großgriechische Kunstschulen[123] wurden vorgeschlagen und von anderen Forschern verworfen. Ein Konsens scheint vorerst nicht möglich.

Die Gruppe der Tyrannenmörder des Kritios und Nesiotes

Über die Vorgeschichte dieser Figurengruppe, über die Skulpturen des Antenor, deren Entstehung und politische Bedeutung, ist bereits gesprochen worden (vgl. S. 78f). Darum wollen wir uns hier auf die Analyse der Tyrannenmörder der Bildhauer Kritios und Nesiotes, der Ersatzgruppe also, beschränken, die ins Jahr 477/76 fest datiert werden kann.[124]

Auch von dieser Gruppe gingen die Originale aus Bronze verloren. Glücklicherweise sind aber zahlreiche griechische Skulpturen als römische Marmorrepliken überliefert. Die Wissenschaft hat dabei frühzeitig erkannt, daß solche Kopien nicht absolut originalgetreu sein können, sondern daß der Zeitstil und das Können des kopierenden Bildhauers in das Aussehen der Statue mit einfließen.

Als nicht unerheblich ist auch die Bedürfnislage des jeweiligen Auftraggebers anzusehen. Die Wahl des Materials bleibt ebenfalls nicht ohne Einfluß auf die Form. So haben die römischen Auftraggeber nicht selten Marmorkopien von griechischen Bronzestatuen anfertigen lassen, deren Komposition eine Ausführung aus sprödem Stein eigentlich gar nicht zugelassen hätte. Sie haben daher Veränderungen vornehmen müssen, durch Hinzufügen von Stützen oder durch die Umgestaltung der Körperhaltung beispielsweise. Solche technischen Details sind stets zu berücksichtigen, wenn man aus römischen Repliken Rückschlüsse auf griechische Originale ziehen möchte.

Den ersten großen Verdienst bei der Wiedergewinnung der Tyrannenmördergruppe, deren Existenz historisch überliefert ist, hat sich der Archäologe Carl Friedrichs[125] erworben. Er hat 1859 aus der großen Fülle der noch ungedeuteten Skulpturen in den umfangreichen Sammlungen Italiens die ›Tyrannenmörder‹ herausgefunden, nachdem zuvor bereits die Gruppe auf Münzen und auf einem Relief[126] identifiziert worden war. Später kamen weitere Repliken[127], Darstellungen auf Vasen[128], Münzen und schließlich sogar Fragmente antiker Gipsabgüsse[129] hinzu.

Trotz dieses umfangreichen Materials sind heute noch immer einige ungelöste Probleme mit diesem Skulpturenkomplex verbunden. Das gilt vor allem für die Aufstellung der beiden Figuren als Gruppenverband. Denn die römischen Kopisten haben leider die beiden Skulpturen als Einzelstücke kopiert. Auch die Darstellungen der Gruppe in der Flächenkunst liefern keine verwertbaren Hinweise zu dieser Frage. Das Problem ist so heftig und kontrovers diskutiert worden, daß es angebracht erscheint, hier keine neuen Vorschläge zu unterbreiten. Die meiste Zustimmung hat die Aufstellung der Kopien im Museum zu Neapel gefunden. Beide Figuren stehen dort in Keilform, Rücken an Rücken zueinander. Sie sollen im folgenden im einzelnen analysiert werden:

Die Tyrannenmörder in Neapel *(Abb. 65, 66)*

Museo Archeologico Nazionale G 103/104 bzw. Nr. 6009/6010
Aus der Villa Hadriana in Tivoli stammend, wurden die Figuren bereits im 16. Jahrhundert mit der Sammlung Farnese nach Neapel überführt.
Marmor; Höhe 1,95 m

65, 66 Aristogeiton und Harmodios, die Tyrannenmördergruppe des Kritias und Nesiotes

Erhaltungszustand des Aristogeiton (Abb. 65):
Die Stützen neben dem linken Bein und an der Chlamys sind Zutaten des römischen Kopisten. Der Kopf ist nicht erhalten; die folgende Beschreibung bezieht sich deshalb auf einen Kopf im Konservatorenpalast.[130] Der linke Arm mit der Chlamys war abgebrochen und wurde mit einem modernen Zwischenstück offensichtlich etwas zu hoch wieder angefügt. Das Gewand ist stellenweise ergänzt. Ob der untere Saum so glatt verlief, muß bezweifelt werden. Auch der rechte Arm ist nicht richtig ergänzt. Ursprünglich war er weiter vom Körper abgestreckt.

Beschreibung:
In mächtigem Ausfallschritt stürmt der nackte, bärtige Aristogeiton vorwärts. In seiner linken Hand hält er die Schwertscheide. Über den ausgestreckten Arm ist locker sein Mantel, die Chlamys, geworfen. Der rechte Arm ist gesenkt, die Muskeln aber sind stählern angespannt. Mit ganzer Kraft umklammert die Hand das Schwert. Das linke Bein ist im Knie leicht angewinkelt, der Fuß steht flach auf. Das rechte Bein dagegen ist gerade ausgestreckt, und der Fuß berührt den Boden nur mit dem Ballen.

Kräftig wölben sich die Muskeln des Oberkörpers. Straff spannt sich die Haut über Fleisch und Knochengerüst. Der Kopf wendet sich nach links, über den ausgestreckten linken Arm hinweg in Richtung des Angriffsziels. Kurzes, dicht-teigiges Haar bedeckt den kantig-kubischen Kopf und fällt gerade bis in die Mitte der Stirn hinab. Das Gesicht zeigt große Augen mit kräftigen Lidern, eine keilförmige Nase, leicht gewölbte Backen und einen breiten, sinnlichen Mund. Der lange, dichte, schwere Bart, der aus einzelnen teigigen Strähnen besteht, verstärkt den kubischen Eindruck des Kopfes.

Erhaltungszustand des Harmodios:
Beide Arme fehlten und wurden vor allem anhand der Darstellungen in der Flächenkunst ergänzt. Offensichtlich aber war der rechte Arm stärker erhoben und im Ellbogen weiter abgewinkelt, so daß die Schwerthand nah am Kopf zu denken ist. Das Original aus Bronze war mit einem Wehrgehänge am Oberkörper ausgestattet.

Spuren davon haben sich an der Replik erhalten. Die Stütze am rechten Bein ist Kopistenzutat. Der linke Unterschenkel sowie das gesamte rechte Bein sind ergänzt.

Beschreibung:
Auch Harmodios schreitet kräftig aus. Etliches spricht dafür, seine Beinstellung ähnlich der des Aristogeiton zu ergänzen. Der Körper ist nackt bis auf das verlorengegangene Wehrgehänge. Der rechte Arm war hoch erhoben, und die Hand des abgewinkelten Unterarms hielt das mächtige Schwert. Der kraftvolle Torso mit kräftig ausgeprägter Leistenlinie ist durch eine kleinteiligere Aufteilung der Muskelpartien gekennzeichnet als die seines Mitkämpfers. Der kleine Kopf ruht auf einem breiten Hals und ist nach rechts gedreht. Die Gesichtszüge zeigen die Jugend des Harmodios, sind aber bestimmt nicht porträthaft zu verstehen. Große Augen, eine zarte Nase und ein leicht geschwungener Mund sind zu beobachten. Die Haut ist noch glatt und straff, das Kinn bartlos. Die Frisur besteht aus wohlgeordneten, schneckenförmig gedrehten Locken.

Die Namen der Bildhauer dieser Ersatzgruppe der Tyrannenmörder sind glücklicherweise überliefert: Kritios war Athener; die Herkunft des Nesiotes ist ungewiß. Es scheint, daß beide Schüler des Antenor gewesen sind und später eine gemeinsame Werkstatt besessen haben. Inschriftlich sind noch weitere gemeinsame Werke von ihnen faßbar.[131] Das bedeutendste unter ihnen ist eine Knabenstatue, die man stilistisch dem Kritios zugeordnet hat und die deshalb die Bezeichnung ›Kritiosknabe‹ erhalten hat *(Abb. 67)*.

Der Kritiosknabe *(Abb. 67)*
Athen, Akropolismuseum Nr. 698
Marmor, erhaltene Höhe 117 cm

Die Statuette wurde auf der Akropolis gefunden. Leider ist nicht mehr mit Gewißheit feststellbar, ob sie zum Perserschutt gehörte oder nicht. Eine Datierung kurz vor 480 ist aber auch aufgrund stilistischer Überlegungen gerechtfertigt.

Erhaltungszustand:
Aus Fragmenten zusammengesetzt; der rechte Unterschenkel und der linke Fuß fehlen; beide Unterarme sind abgebrochen und verlorengegangen; das gilt auch für die Spitze des Penis; die Oberfläche ist stellenweise bestoßen; die aus anderem Material eingelegten Augen sind nicht mehr vorhanden; der Kopf, der an anderer Stelle auf der Akropolis gefunden wurde, paßt Bruch an Bruch auf den Rumpf.

Beschreibung:
Diese Statuette eines Epheben verdeutlicht bestens, daß der Bruch mit den Konventionen der Kurosfigur der archaischen Zeit vollzogen ist. Der Knabe ist, wie üblich, unbekleidet. Sein rechtes Bein, das sogenannte Spielbein, ist im Knie leicht abgewinkelt, ein Stück nach vorne gesetzt und entlastet. Die Kuroi der Archaik setzten gewöhnlich das linke Bein vor. Beide Beine waren dabei gleichermaßen belastet. Hier trägt das linke Bein des Knaben, das sogenannte Standbein, die Last des Körpers. Durch diese neuartige Funktionsunterscheidung der Beine ergeben sich Achsenverschiebungen im gesamten Körperaufbau: Das rechte Knie liegt tiefer; die Hüftknochen verschieben sich zueinander, das heißt die Spielbeinseite ist in der Leistengegend abgesenkt. Die Verschiebungen reichen bis in den Schulterbereich.

Der rechte Arm hing locker neben dem Körper herab und war durch eine Stütze mit dem Oberschenkel verbunden. Der linke Arm des Knaben scheint dagegen stärker gebeugt und höher angehoben gewesen zu sein, wie der Stütze am Oberschenkel zu entnehmen ist. Der Kopf ist ganz leicht nach rechts gewendet und etwas geneigt. Am Oberkopf besteht die Frisur aus glatt anliegenden Haaren, die schließlich kunstvoll auf einen Haarreif aufgewikkelt sind. Das Gesicht ist klar gegliedert: weit geschwungene Brauen, große, leicht asymmetrische Augen in heute leeren Höhlen; eine gerade, kleine Nase und vor allem ein schweres, kantiges Untergesicht mit mächtigem Kinn. Die Haut ist gespannt, das Knochengerüst darunter kaum erahnbar. Auch die Rückansicht

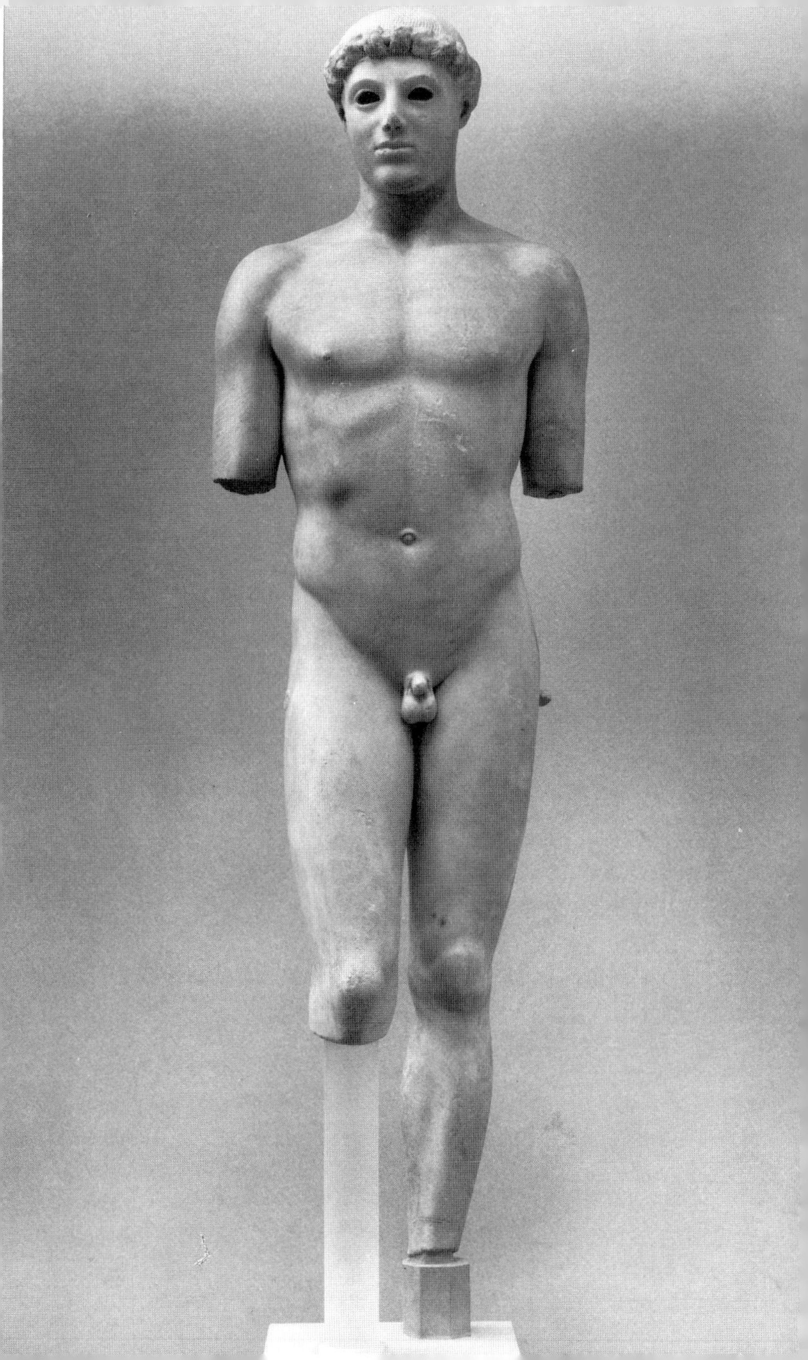

zeigt deutlich die Ponderation, die Aufteilung in Stand- und Spielbein: Der rechte Glutäus liegt deutlich tiefer, die Wirbelsäule ist gebogen, die eine Schulter leicht gesenkt. In der Seitenansicht erkennt man ein starkes Hohlkreuz, entsprechend dem damaligen Schönheitsideal, dem der Jüngling gewiß vollendet entsprach. Die Schambehaarung fehlt, so daß er auf 12–15 Jahre geschätzt werden kann.

Ob die Statuette einen der gefeierten Lieblinge der damaligen attischen Bürger darstellen soll, ist nicht zu beweisen, aber anzunehmen. Auch der Stifter bleibt unbekannt.[132] Die Zuschreibung an den Bildhauer Kritios hat durch den Vergleich des Kopfes mit dem des Harmodios der Tyrannenmördergruppe *(Abb. 66)* nahezu allgemein Anerkennung gefunden.

68 Die sog. Aspasia

Die sogenannte Aspasia *(Abb. 68)*
Baiae, Thermen
Römische Replik nach einem griechischen Bronzeoriginal
Marmor; Höhe 197 cm

Erhaltungszustand:
Die linke Hand mit dem Attribut ist verlorengegangen; kleinere Gewandpartien sind abgebrochen.

Beschreibung:
Der Typus dieser Statue ist bereits seit der Renaissance bekannt. Das verlorengegangene Bronzevorbild erfreute sich in römischer Zeit großer Beliebtheit und ist häufig kopiert worden.[133] Dabei hat man gelegentlich den Körper mit Porträtköpfen römischer Damen versehen.[134] Auch auf römischen Münzen aus Pylos in Messenien ist die Statue abgebildet worden. Die Beschreibung hier bezieht sich auf eine Replik in den Thermen von Baiae, die dem Original sehr nahe kommen dürfte.

Dargestellt ist eine Frau mittleren Alters, die völlig in ihr Gewand gehüllt ist. Über dem Chiton, der in zahlreichen, kleinteiligen Falten bis auf den Boden herabfällt, aber nur oberhalb der Füße sichtbar wird, trägt sie ein schweres, wollenes Manteltuch, das über den Hinterkopf gezogen ist und den ganzen Körper einschließlich der rechten Hand verhüllt. Lediglich die linke Hand, die etwas gehalten haben muß, ragt aus der Stoffmasse heraus. Trotz des schweren Mantels wird das Standmotiv deutlich. Das rechte Bein ist das Spielbein. Der Fuß ist leicht zur Seite gesetzt, die Ferse war möglicherweise leicht erhoben, das Knie etwas gebeugt. Auch einzelne Körperformen zeichnen sich unter dem schweren Gewand ab. Die wenigen schlichten Falten geometrisieren die gesamte Komposition. Die Bezeichnung ›Strenger Stil‹ wird an dieser Statue besonders gut deutlich. Ein Faltenzug verläuft vom rechten Fuß zum Knie des Spielbeins, gabelt sich dort und führt einerseits weiter über die linke Brust zur Schulter, andererseits zum rechten Ellbogen. Gleichfalls als spitzwinkeliges Dreieck zeichnet sich der gebeugte rechte Arm unter dem Stoff ab. Zugfalten verlaufen zwischen der verhüllten Hand und der linken Schulter. Große, geschwungene Faltenbögen gliedern die entstandenen Dreiecke und unterstreichen das Gewicht des Stoffes. Letzteres wird ebenfalls deutlich bei den senkrecht von der linken Hand herabfallenden Falten. Der Abstand zu den detailreich drapierten Gewändern der archaischen Korenstatuen könnte kaum größer sein. Alle starren Schemen und Konventionen sind nun aufgegeben, und das Gewand folgt dem Körperaufbau und seinen Bewegungen. Erstmals ist auch wirklich nachvollziehbar, daß Gewand und Körper eigenständig sind, daß an vielen Stellen Luft zwischen beide getreten ist.

Die Gestaltung des Kopfes ist nah verwandt mit dem des Omphalos-Apoll *(Abb. 62)*. Das schwere, ernste Untergesicht, die lange, gerade Nase, die Augenpartie und sogar die teigigen Haare, die zentral gescheitelt sind und in einfachen Wellen weite Teile der Stirn bedecken, lassen sich gut vergleichen.

Über die Deutung der Figur und die Künstlerzuschreibung herrscht keine Einigkeit. Der Name ›Aspasia‹[135] ist gewiß falsch, hat sich aber bis heute gehalten. Eine Statuette in New York ist inschriftlich ›Europe‹ benannt[136], was jedoch kaum weiterhilft. Man hat wegen des schweren, dunklen Wesens der Figur an eine Darstellung der Demeter gedacht[137], auch Aphrodite wurde in Erwägung gezogen... Als Künstler war Kalamis[138], Onatas und kürzlich auch Kalon von Ägina[139] im Gespräch. Ein Konsens konnte jedoch bisher nicht gefunden werden.

Als Datierung werden allgemein die Jahre um 460 vorgeschlagen.

Die Hochklassik

Die erste Hälfte des 5. Jahrhunderts wurde vollkommen durch die Perserkriege geprägt. Das archaische Lächeln ist den Griechen dabei endgültig vergangen. Trotzdem konnte die einmalige historische Chance, durch die ungeheure Bedrohung von außen zu einer innergriechischen Einheit zu gelangen, nicht genutzt werden. Athen, das seit dem 6. Jahrhundert seine politische und wirtschaftliche Macht stetig auszubauen verstand – auf künstlerischem Gebiet ist die attische Keramik deutliches Zeichen dafür –, versuchte spätestens seit den sechziger Jahren, endgültig die Vormachtstellung in der Ägäis zu erkämpfen. Unentschlossene oder gar widerborstige Bundesgenossen des 478/7 begründeten, gegen die Perserherrschaft gerichteten Delisch-Attischen Seebundes, wie zum Beispiel Paros, Naxos, Thasos oder Andros, wurden mit Gewalt auf Linie gebracht. Schon 462 kam es zur Kündigung des Bündnisses mit Sparta und damit zum endgültigen Bruch mit dem späteren Erzfeind. 454 schließlich verlegte Athen eigenmächtig – angeblich aus Sicherheitsgründen – die gemeinsame Kriegskasse des Bundes von der neutralen heiligen Insel Delos nach Athen. Ohne diese Gelder hätten die perikleischen Bauten auf der Akropolis, diese Inkarnation der griechischen Klassik, nicht finanziert werden können. Aber auch die Perser haben indirekt zu dem megalomanen Bauprogramm beigetragen: Hätten sie nicht im Jahre 479 die Stadt und deren Burg völlig zerstört, wäre eine so radikale, einheitliche Neugestaltung des Burgberges unmöglich gewesen.

Zwischen 448 und 432 entsteht der Parthenon mit seinem gesamten Skulpturenschmuck und dem kolossalen Kultbild. 438 wird mit dem Bau der Propyläen begonnen. Während des Nikiasfriedens wird der Grundstein für das Erechtheion gelegt, der kleine Niketempel in eben diesen Jahren fertiggestellt. Im letzten Jahrzehnt des 5. Jahrhunderts – der Stern Athens ist bereits verblichen – werden noch die Friese am Erechtheion und die Nikebalustrade vollendet. Der Peloponnesische Krieg, hauptsächlich zwischen Athen und Sparta ausgetragen, hatte alle Beteiligten bis zur Erschöpfung geschwächt. Jetzt hätten die Perser leichtes Spiel mit den Griechen gehabt! Die Hochklassik, das Zeitalter des Perikles und des Phidias, um nur diese beiden Namen aufzuführen, ist schon nach einem Menschenalter vergangen. Was noch folgt bis zum Beginn der Epoche, die wir Hellenismus nennen, sind Entwicklungen, die aus dem Geist, von den Schöpfungen der Klassik leben. Die Geschichtsschreibung pflegt historische Tatbestände zu klittern, Ereignisse je nach Bedarf aufzuwerten oder zu untertreiben. So wird das klassische Zeitalter von der Kunstgeschichte meist positiv dargestellt. Auch die Historiker und Philosophen neigen dazu, die zeitlosen Leistungen eines Aischylos, Themistokles, Phidias, Perikles, Sophokles und Sokrates bewundernd hervorzuheben. In den Hintergrund gedrängt werden dagegen gewöhnlich die Schattenseiten, beispielsweise daß Themistokles, der Held der Perserkriege, von seinen eigenen Volksgenossen der Prunksucht angeklagt und verbannt, daß Phidias des Diebstahls und des Gottesfrevels verdächtigt, daß Sokrates wegen Jugendverführung und Gotteslästerung zum Tode verurteilt wurde. Der Bürgerkrieg zwischen Athen und Sparta zerstörte Reichtum und Wohlstand aller Betroffenen. Viele, die die Kämpfe überlebt hatten, wurden in Athen von der Pest weggerafft oder gerieten in die Sklaverei.

So war es lediglich eine Frage der Zeit, bis in das entstandene Machtvakuum von außen frische Kräfte einzudringen versuchten. Philipp II. und sein Sohn Alexander stehen am Beginn des neuen Zeitalters, das wir Hellenismus nennen.

Die wenigen Jahre der Hochklassik sollen hier einerseits anhand der wichtigsten Bauten auf der Akropolis, andererseits mit Hilfe der wichtigsten Künstler und ihrer bekanntesten Werke beschrieben werden. Am Anfang steht ein Jugendwerk des Phidias.

69 Der Kasseler Apoll

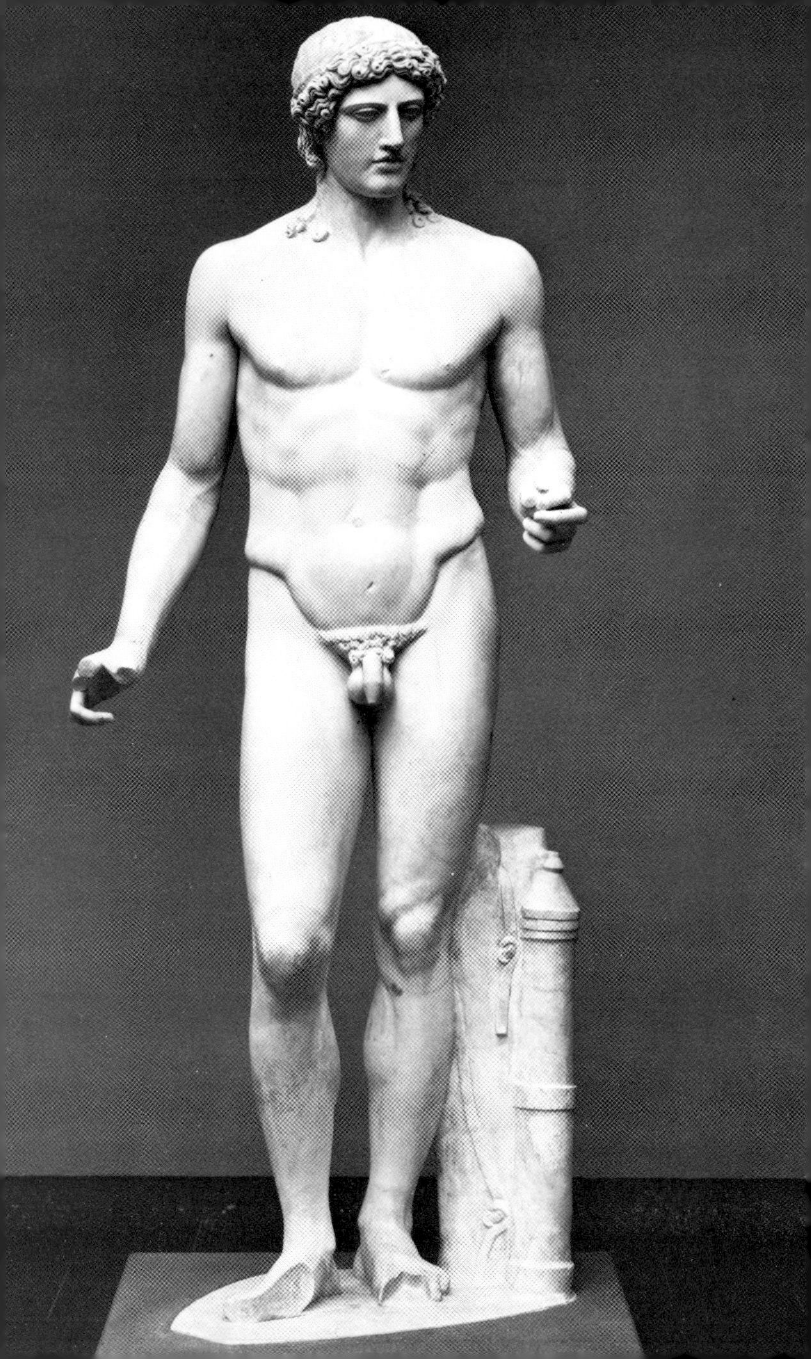

Der Kasseler Apoll *(Abb. 69)*
Kassel-Wilhelmshöhe, Staatliche Kunstsammlungen Nr. 1
Kaiserzeitliche Marmorreplik nach einem klassischen Bronzeoriginal; Höhe 1,79 m

Erhaltungszustand:
Die Statue wurde aus einzelnen Teilen zusammengesetzt, fehlende Fragmente wurden ergänzt; die gesamte Oberfläche, besonders das Gesicht, ist modern mit Salzsäure geputzt.

Beschreibung:
Die Statue zeigt einen jungen Mann mit leicht vorgesetztem rechten Spielbein. Die Stütze, die der römische Kopist neben dem linken Bein hinzugefügt hat, erleichterte die Benennung der Figur. Denn an einen Baumstumpf gelehnt steht dort ein Köcher, ein Attribut des Gottes Apoll. Gegenstände, die er in den Händen hielt, fehlen. Aufgrund von Darstellungen des Originals auf Münzen[140] und Gemmen[141] ist zu schließen, daß der Gott in seiner Linken Pfeile und Bogen, in der Rechten einen Lorbeerzweig gehalten hat. Die Statue ist kontrapostisch angelegt. Entsprechend dem rechten Spielbein ist die rechte Hüfte gesenkt und der rechte Arm entspannter als der linke. Die linke Körperhälfte dagegen ist gestaucht, der Hüftknochen liegt höher, Brustmuskel und Schulter dagegen liegen kaum merklich tiefer. Der linke Arm ist im Ellenbogen rechtwinklig eingebogen, beide Hände sind somit vom Körper gelöst. Der Kopf ist gering zur Standbeinseite gewendet und etwas gesenkt. Der Blick mag wegen der wenig geöffneten Augen etwas verschlafen wirken. Dadurch, daß der Kopf im 18. Jahrhundert besonders sorgfältig mit Salzsäure geputzt wurde, hat sich der glatte, scharfkantige, makellos kühle Ausdruck des Gesichtes noch verstärkt. Die Frisur besteht aus strähnigem Oberhaar und dick aufgewölbten Locken um Stirn, Schläfen und Ohren. Einzelne Korkenzieherlocken fallen bis auf die Schultern herab.

Mit Recht ist von dieser Figur als einer der ersten hochklassischen Statuen gesprochen worden, ist für sie der Begriff ›Daseinsform‹ verwendet worden, »die den Menschen ganz auf sich selbst beschränkt und doch zugleich über sich hinaushebt; die den großen

Rhythmus findet, der alle Teile einer Gestalt durchzieht und in einer neuen Einheit ordnet, die vom Geist, vom Willen und von der Seele bestimmt wird«.[142]

Die Kasseler Replik ist nicht die einzige, die das verlorene Bronzeoriginal überliefert. Allein in römischen Museen befinden sich mindestens sechs weitere Repliken beziehungsweise Fragmente[143], die nach demselben Vorbild gefertigt wurden. Das verlorene Bronzeoriginal muß demnach von großer Bedeutung gewesen sein. Zahlreiche Forscher neigen zu der Ansicht, daß es sich bei dieser Statue um ein Frühwerk des Phidias handelt, um die Statue des Apollon Parnopios, die auf der Akropolis stand. Pausanias berichtet, daß *»dem Tempel gegenüber ein Apollon aus Bronze steht, und die Statue soll Phidias gemacht haben. Man nennt ihn den Parnopios, da der Gott ihnen sagte, er werde die Heuschrecken, die ihrem Land schadeten, aus dem Lande vertreiben.«*[144]

Einen endgültigen Beweis für die Urheberschaft des Phidias gibt es allerdings nicht. Aus stilistischen und zeitlichen Gründen erscheint die Zuschreibung an den jungen Phidias aber durchaus möglich. Die Statue muß gegen 450 v. Chr. entstanden sein.

Die Statue des Anakreon *(Abb. 70)*

Kopenhagen, Ny Carlsberg Glyptotek Nr. 409

Aus Monte Calvo bei Rieti, wo die Statue zur Ausstattung einer römischen Villa gehörte. Aus der Sammlung Borghese gelangte das Stück 1891 nach Kopenhagen.

Großkristalliner, griechischer Marmor; Höhe ohne Plinthe 1,98 m

Erhaltungszustand:

1951 wurden alle modernen Ergänzungen entfernt außer der linken Fußspitze, dem rechten Knie sowie großen Teilen der Plinthe. Die rechte Hand, der linke Unterarm, der Oberkopf und ein Verbindungssteg zwischen den Unterschenkeln fehlen. Die Augen waren aus anderem Material eingesetzt. Der Kopf sitzt ungebrochen auf, und sogar die Nase ist antik. Die gesamte Oberfläche ist unterschiedlich stark verwittert.

Beschreibung:
Hochgewachsen, mit schlanken Gliedern steht ein nackter, bärtiger Mann mittleren Alters vor uns. Er trägt ein lässig um die Schultern geworfenes Manteltuch, das seinen Körper jedoch kaum bedeckt. Beide Füße stehen mit voller Sohle auf, das rechte Bein ist dabei etwas zur Seite gesetzt. Der Körper ist im Schema des Kontraposts angelegt. Das linke Bein ist das Standbein. Beide Arme waren in den Ellenbogen abgewinkelt und hielten Leier und Plektron vor dem Brustkorb, wie verwandten Darstellungen aus der Vasenmalerei zu entnehmen ist. Das Haupthaar sowie Kinn- und Oberlippenbart bestehen aus kurzen Locken. Die lange Haartracht der archaischen Zeit war im demokratischen Athen des 5. Jahrhunderts nicht mehr modern.

Die Baumstütze und der Steg zwischen den Beinen sind Zutaten des Kopisten aus hadrianischer Zeit.

Kopf und Körper sind in insgesamt acht Repliken, die überwiegend aus späthadrianischer bis frühantoninischer Zeit stammen, überliefert. Eine dieser Repliken in Form einer Hermenbüste besitzt zwar keine sonderlich gute Qualität[145], trägt aber glücklicherweise eine Inschrift und ermöglicht dadurch die Benennung der Originalstatue. Pausanias berichtet, daß auf der Akropolis *»in der Nähe des Xanthippos [die Statue des] Anakreon von Teos steht, der zuerst nach der Lesbierin Sappho vor allem Liebesgedichte schrieb. Und er ist so dargestellt, wie wohl ein trunkener Mensch singen würde.«*[146]

Die Statue ist aus stilistischen Gründen kurz nach 450 v. Chr. zu datieren. Zwar sind die Lebensdaten des Dichters nicht genau bekannt, aber er war mit Sicherheit schon tot, obwohl er – gegen 550 geboren – sehr alt geworden sein soll. Um ein Porträt kann es sich bei der Statue schon deshalb kaum handeln.[147] Sichere Porträts lassen sich bisher erst ab dem 4. Jahrhundert fassen. So ist davon auszugehen, daß die Statue den lyrischen Dichter als solchen zeigt, als Typus, nicht als das Individuum Anakreon.

Problematisch ist außerdem die Interpretation des Motivs: Ist tatsächlich, wie seit dem Hellenismus alle Quellen einhellig

70 Statue des Anakreon ▷

400
ANAKREON

behaupten, der trunkene, weinselig musizierende Sänger dargestellt? Viele Archäologen sehen das in der Tat so.[148] Oder sollte der Dichter hier als Tanzender verstanden werden?[149] Könnte denn nicht beides gemeint sein? Zweifelsohne war Anakreon der geschätzteste Dichter der Aristokratie in der zweiten Hälfte des 6. Jahrhunderts. Wie es auf damaligen Symposien zuging, ist bereits angedeutet worden. Erotik, Tanz, Musik, Trunksucht und Liebeswerben jeder Art sind einige der Charakteristika. Objekte der Begierden der veranstaltenden Aristokraten waren junge Knaben und Hetären, Freudenmädchen. Die wenigen erhaltenen Fragmente der Dichtungen des Anakreon[150] haben fast alle das Liebeswerben um schöne Knaben zum Thema. Ob deshalb ein anderes Versfragment, das von maßvollem Alkoholgenuß des Dichters spricht, wörtlich zu nehmen ist, erscheint sehr fraglich. Auch die Infibulation, das Zuschnüren der Penisvorhaut, wie es die Statue des Anakreon zeigt, muß nicht unbedingt als Zeichen sexueller Abstinenz gewertet werden.[151] Überliefert ist dieses Verfahren einerseits für Sportler, die sich so vor Verletzungen der Eichel schützen wollten. Andererseits zeigen aber auch zahlreiche Vasenbilder Satyrn, die ja gerade die sexuelle Potenz par excellence symbolisieren sollen, mit infibuliertem Penis. Ein erotischer Aspekt ist also auch bei der Statue des Anakreon vorhanden. Es wäre abwegig, dies leugnen zu wollen.

Was aber war der Grund, noch Jahrzehnte nach dem Tod des Dichters eine Statue von ihm auf die Akropolis zu weihen? Vielleicht besteht ein Zusammenhang mit einem kurzfristigen Erstarken der Aristokratie im demokratischen Athen, wobei alte Adelsideale wieder auflebten und durch die Aufstellung eines solchen Bildnisses öffentlich dokumentiert werden sollten.

Der Bildhauer der Statue ist historisch nicht faßbar. Aufgrund stilistischer Überlegungen ist eine Zuschreibung an den großen klassischen Meister Phidias nicht auszuschließen.[152]

Phidias und die Parthenonkunst

Der Skulpturenschmuck des Tempels der Athena Parthenos auf der Akropolis von Athen muß als Gesamtkunstwerk betrachtet werden. Kein anderes Objekt der griechischen Kunstgeschichte ist bisher so häufig, ausgiebig und auch kontrovers untersucht, beschrieben und interpretiert worden. Allein mit dem Studium der Fachliteratur kann man Monate zubringen. So versteht es sich von selbst, daß es hier nicht möglich ist, einen vollständigen Überblick über den gesamten Bauschmuck und den diesbezüglichen Forschungsstand zu geben.

Aufgrund der demokratischen Verhältnisse im Athen der zweiten Hälfte des 5. Jahrhunderts wurden alle staatlichen Ausgaben öffentlich abgerechnet und dokumentiert. Die zum Teil erhaltenen Abrechnungsurkunden beinhalten wichtige Hinweise über den Verlauf des perikleischen Bauprogramms auf der Akropolis, vor allem was die Kosten und die Arbeitszeiten betrifft. Künstlernamen sind bedauerlicherweise auf diesen Urkunden nicht aufgeführt. Aber immerhin erfahren wir, daß 448/7 mit dem Bau des Parthenon begonnen wurde, daß die Giebelfiguren innerhalb von nur fünf Jahren zwischen 438 und 433/2 angefertigt wurden und daß die Metopen zu Beginn des Bauprogramms, zwischen 448/7 und etwa 442/1 entstanden sind. Das Kultbild der Athena Parthenos, ein 12 m hohes Standbild aus Gold und Elfenbein, wurde bereits 438/7 geweiht. Das Tempeldach muß deshalb damals bereits fertiggestellt gewesen sein. Daraus folgt, daß auch die Friesblöcke, die den oberen Abschluß der Cellamauer bildeten, versetzt gewesen sein müssen. Beim Beginn des Peloponnesischen Krieges im Jahre 431 war der Parthenon fertiggestellt. Der Bau der Propyläen, die den Eingang zur Akropolis bilden, wurde durch den Krieg unterbrochen und auch später nicht mehr gänzlich abgeschlossen. Lediglich der kleine Niketempel scheint noch während der letzten Jahre vor dem Nikiasfrieden 421 v. Chr. errichtet worden zu sein. Während der Friedensjahre hat man schließlich mit dem Bau des Erechtheion begonnen.

Vergegenwärtigt man sich heute die erstaunlich kurze Bauzeit des Parthenon von rund 15 Jahren, in denen, abgesehen von der

Architektur, 92 Metopenplatten, 160 m Fries, rund 50 Giebelfiguren und das kolossale Kultbild der Stadtgöttin geschaffen wurden, so ist allein für diese Leistung die größte Bewunderung angebracht. Denn ganz gleich welches Fragment der Bauskulptur man betrachtet, es findet sich nicht eine Stelle, an der nachlässig gearbeitet wurde! Sogar die Rückseiten der Giebelfiguren wurden sorgsam ausgearbeitet, obwohl sie nach der Aufstellung im Giebelfeld von keinem Betrachter mehr wahrgenommen werden konnten.

Es bedarf keiner Erläuterung, daß alle diese Arbeiten nur von einer großen Anzahl von Künstlern und ihren Werkstätten bewältigt werden konnten. Alle führenden Meister der damaligen Zeit scheinen an dem Bau beteiligt gewesen zu sein. Leider ist darüber historisch nichts überliefert, keine einzige Bauskulptur ist signiert. Angesichts des Ausmaßes der anstehenden Arbeiten kann kein Zweifel bestehen, daß ein übergreifender Plan, ein Gesamtentwurf existiert haben muß, an dem sich alle ausführenden Handwerker und Künstler orientieren konnten. Plutarch berichtet in seiner im 1. Jahrhundert n. Chr. verfaßten Biographie des Perikles[153], daß der Bildhauer Phidias, Sohn des Charmides, die Oberaufsicht über die Bauten auf der Akropolis innehatte. Es gibt keinen Grund, an der Richtigkeit dieser Aussage zu zweifeln, denn Plutarch hat nachweislich gutes Quellenmaterial verarbeitet. Was aber bedeutet diese Nachricht? Ist der gesamte Bauschmuck etwa von ihm entworfen worden? Hat er selbst Teile davon ausgeführt? Ist das zeitlich, arbeitsmäßig überhaupt denkbar? Denn als sicher gilt, daß das Kultbild der Athena Parthenos aus seiner Werkstatt stammt. Dabei ist zu beobachten, daß die Architektur und das Kultbild so genial aufeinander abgestimmt waren, daß auch dafür eine einheitliche Planung, eine Gesamtkonzeption vorausgesetzt werden muß.

Das Kultbild der Athena Parthenos

Leider ist uns auch dieses Götterbild unwiederbringlich verlorengegangen. Es existieren lediglich die Beschreibung des Pausanias[154] und einige mehr oder weniger getreue Nachbildungen unterschiedlichen Formats. Allgemein als die beste Replik anerkannt ist eine kleine Statuette, die beim Varvakion-Gymnasium in Athen entdeckt wurde *(Abb. 71)*. Freilich muß man sich vor Augen halten, daß das Original zwölfmal größer war. Die Göttin trägt einen gegürteten, in schweren Falten herabfallenden attischen Peplos. Über Schultern und Brust fällt die Ägis mit den Schlangen an den Rändern und dem Gorgoneion im Zentrum. Das linke Bein ist als Spielbein leicht zur Seite gestellt, die Ferse etwas angehoben. Die Füße stecken in Sandalen mit dicken Sohlen, auf deren Rändern Kentaurenkämpfe dargestellt waren.

Der Blick des monumentalen Götterbildes war geradeaus auf den Betrachter gerichtet, der die Cella, das Allerheiligste, von Osten aus betrat. Auf dem Kopf trug die Parthenos einen reich geschmückten attischen Helm. In dessen Zentrum saß die Figur einer Sphinx, rechts und links davon waren Flügelpferde, außen je eine Pegasos- und eine Rehprotome angebracht. Die hochstehen-

71 Athena Parthenos, Replik vom Varvakion-Gymnasium in Athen. Athen, Nationalmuseum

den Wangenklappen waren mit Greifen dekoriert. Die rechte Hand, die auf einer säulenförmigen Stütze ruht, trug die Figur einer geflügelten, eine Binde haltenden Nike. Die linke Hand war gesenkt und lag locker auf dem Rand des Schildes auf. In der Armbeuge stand die Lanze.

Im Innenrund des Schildes rollte sich eine Schlange ein, die, wie schon Pausanias bemerkt hat, Erechthonios darstellen sollte. Die Innenfläche des Schildes war mit einer Gigantomachie verziert, auf der Außenseite kämpften die Athener gegen die Amazonen. Schließlich war noch die Außenseite der Basis mit einem mythologischen Thema dekoriert: der Geburt der Pandora inmitten der Götterversammlung. Man kann diese Darstellungen an dem Kultbild als ein religiöses Programm bezeichnen, dessen Themen und Figuren bei den Metopen und in den Giebeln zum Teil wieder aufgegriffen wurden.

Alle sichtbaren Hautpartien des Kultbildes bestanden aus Elfenbein, die Gewänder aus Goldplatten, die abnehmbar waren und in regelmäßigen Abständen nachgewogen wurden.

Bis ins fünfte nachchristliche Jahrhundert befand sich das Kultbild der Athena Parthenos noch in der Cella des Tempels. Dann wurde es abgebaut und wahrscheinlich nach Konstantinopel deportiert. Über sein weiteres Schicksal ist nichts bekannt.

Es ist versucht worden, aus den vorhandenen Repliken der Parthenos und anderen sicher dem Phidias zuschreibbaren Werken die stilistischen Eigenarten des Meisters zu erfassen, um anschließend aus der Fülle der Bauskulptur weitere phidiasische Werke herauszukristallisieren. Dies ist ein langwieriges, schwieriges Unterfangen, das über weite Strecken von subjektiven Empfindungen des jeweiligen Forschers mitbestimmt wird. Denn solange nur von Repliken phidiasischer Werke ausgegangen werden kann und, vor allem, solange uns die Arbeitsteilung innerhalb der Phidias-Werkstatt verborgen bleibt, kann von einer sicheren Beweisführung auf diesem Gebiet kaum die Rede sein. Zweifelsohne war die Werkstatt des Phidias an der Ausarbeitung der Skulpturen beteiligt. Daneben haben aber andere gleichermaßen bedeutende Künstler gearbeitet: Myron, Agorakritos und Alkamenes waren einige von ihnen.

Erhaltungszustand der Bauskulptur:
Die Darstellung des Schicksals des Parthenon und seines Figurenschmucks bedarf eigentlich einer eigenen Abhandlung. Das, was in 15 Jahren entstanden ist, wurde über 2000 Jahre lang geschändet und vernichtet, geplündert und verschleppt.[155] Einzelne Fragmente befinden sich heute nach wie vor am Bau selber, andere im Akropolismuseum daneben. Vieles ist außer Landes geschafft worden und in die Museen von Wien, Paris und des Vatikan gelangt. Das meiste ist jedoch nach langen Irrwegen im Britischen Museum in London aufgestellt worden. Leider gibt es kein einziges Museum auf der ganzen Welt, wo man alle vorhandenen Bruchstücke – als Gipsrekonstruktion vereint – studieren könnte. So mutet es fast wie ein Wunder an, daß unser Bild von dem Bauschmuck doch als relativ vollständig gelten kann.

Gänzlich verloren ist für uns die Mitte des Ostgiebels, dessen Figuren beim Umbau des Parthenon in eine Marienkirche entfernt wurden. Damals hat man auch zahlreiche Metopenbilder am Außenbau verstümmelt, da sie heidnische Gottheiten zeigten. Zum Glück ist dies so wenig sorgfältig geschehen, daß zumindest die Komposition der Reliefs noch faßbar geblieben ist. Der etwa 160 m lange Fries, der sich am oberen äußeren Rand der Tempelwände entlangzog, ist im Westen in situ geblieben. Die Friese der Langseiten (Norden und Süden) sind am stärksten beschädigt.

Ursache dafür ist die Explosion des Parthenon im Jahre 1687. Ein venezianisches Geschoß traf am 26. September jenes Jahres das im Tempel untergebrachte türkische Pulvermagazin. Durch die Explosion wurde das gesamte, bis dahin recht gut erhaltene Gebäude regelrecht auseinandergeblasen. Die Venezianer eroberten Stadt und Burg. Morosini, der Kommandant, wollte die Pferde aus dem Westgiebel als Trophäen nach Venedig entführen. Ihr Abbau scheiterte. Viele Figuren stürzten aus den Giebeln herunter und zerschellten. Zum Glück dokumentieren Zeichnungen eines Malers namens Jacques Carrey den Zustand von 1674, wenige Jahre vor der verheerenden Explosion und der anschließenden Plünderung.[156] Mit Hilfe dieser Dokumente lassen sich der Westgiebel, große Teile des Nord- und Südfrieses sowie zahlreiche Südmetopen zumindest auf dem Papier wiedergewinnen.

Unsere eigene Zeit hat den Schaden am Parthenon noch um etliches erweitert. Die aggressive Luft der modernen Großstadt Athen hat den gesamten Tempel so angegriffen, daß Teile davon inzwischen baufällig sind.

Gänzlich verschwunden sind im Laufe der Jahrhunderte die Bemalung des Skulpturenschmucks und alle Zutaten aus Bronze, wie zum Beispiel das Zaumzeug der Pferde, die Waffen der Kämpfer und ähnliches mehr. Die Auflistung der einzelnen Beschädigungen würde hier zu weit führen. Man muß dazu die einschlägige Fachliteratur zu Rate ziehen.[157] Im folgenden sollen die Themen der Metopen, des Frieses und der Giebel beschrieben und einzelne Figuren jeweils exemplarisch vorgestellt werden.

Die Metopen

Je 32 Metopen im Norden und Süden und je 14 im Osten und Westen schmückten den Tempel an seiner Außenseite. Im Westen waren Kämpfe zwischen Griechen und Amazonen zu sehen, ein Thema, das bereits auf der Schild-Außenseite des Kultbildes darge-

72 Metope Nr. 30 von der Südseite des Parthenon

stellt war. Im Norden – hier sind die meisten Verluste zu verzeichnen – war die Eroberung Trojas dargestellt. Im Süden kämpften die Lapithen gegen die Kentauren, wie im Giebel von Olympia. Möglicherweise war im Zentrum dieser Seite noch ein anderes, uns nicht mehr faßbares Thema untergebracht. Die Ostseite war dem Kampf der Götter gegen die Giganten gewidmet.

Die Metopen sind stilistisch und qualitativ sehr unterschiedlich. Allein die Anzahl von 92 Reliefplatten beweist, daß viele Bildhauer an der Ausführung beteiligt gewesen sein müssen. Alte Meister, deren Handschrift noch deutlich von der Zeit des Strengen Stils geprägt ist, sowie junge Künstler, die zukunftweisend klassische Ausdrucksformen entwickelten, haben Hand in Hand nebeneinander gearbeitet. Ein Beispiel für die frühere Stiltendenz kann die Metope 30 *(Abb. 72)* von der Südseite sein, auf der ein Kentaur einen Lapithen niederringt.[158] ›Moderner‹ ist Metope 27 von derselben Seite *(Abb. 73)*, die das gleiche Thema aufweist.[159] In kühner Komposition werden bei dieser Südmetope mehrere Reliefebenen übereinandergeschichtet. Die großartige Figur des Lapithen, der den Kentauren mit seiner Linken am Genick packt, um ihm mit der anderen Hand den Speer ins Kreuz zu rammen, steht fast gänzlich

73 Metope Nr. 27 von der Südseite des Parthenon

vom Hintergrund losgelöst vor dem Kentauren. In einer tieferen Reliefebene schwingt fächerartig das große Manteltuch des Jünglings. Der Oberkörper des Kentauren läßt durch die verkürzende Dreiviertelansicht große Tiefe entstehen. Gleiches gilt für den rechten Arm des Mischwesens. Beide Figuren überschneiden die obere Rahmenleiste der Platte mit ihren leider verlorengegangenen Köpfen.

Altertümlicher, damit aber nicht weniger qualitätvoll ist Metope 30 *(Abb. 72)*. Zwar sind auch hier bereits einzelne Gliedmaßen und die Köpfe vom Reliefgrund gelöst, aber die Überschneidungen sind lange nicht so kühn, die Figuren scheinen stärker in die Fläche geklappt, und auf Verkürzungen ist weitgehend verzichtet worden. Die Figuren verharren in dem für sie vorgesehenen Rahmen.

Es ist wohl müßig, hier Meisterhände erkennen zu wollen, wie es wieder und wieder versucht worden ist: Phidias oder Myron, Kritios oder Pythagoras...? Viel wichtiger erscheint die hier mögliche Erkenntnis, daß so unterschiedliche Stilrichtungen gleichzeitig und unmittelbar nebeneinander existiert haben können. Daraus muß man folgern: Äußerste Vorsicht ist geboten bei engen, nur stilistisch begründeten Datierungen! Ohne das Wissen um die gleichzeitige Entstehungszeit dieser Metopen zwischen 448 und 442 hätte man sie zweifelsohne 15–20 Jahre auseinander datiert.

Der Fries

Etwa 160 m lang war das Skulpturenband am oberen Rand der Cellamauern. Rund 130 m davon sind mehr oder weniger gut erhalten, weitere 15 m in Zeichnungen von Carrey *(Abb. 74)* dokumentiert. Das Relief ist flacher, malerischer als bei den Metopen. Höchstens 8 cm springen einzelne Teile aus dem Reliefgrund hervor. Und trotzdem konnte die Tiefenwirkung noch um einiges gesteigert werden! Mehr als 360 Menschen und über 200 Pferde wurden aus dem Marmor herausgearbeitet. Dargestellt ist auf dem gesamten Fries ein einheitliches Thema: der pompöse Festzug des demokratischen Athen, der alle vier Jahre in besonders prunkvoller Weise zu Ehren des Geburtstages der Stadtgöttin Athena veranstal-

74 Teil des Parthenon-Nordfrieses, Zeichnung von J. Carrey, 1674

tet wurde. Er führte vom Dipylontor über die Agora hinauf auf die Akropolis. Die gesamte Bürgerschaft war dabei auf den Beinen. Der Zug gipfelte in der Übergabe des von attischen Jungfrauen frisch gewebten Peplos an das alte Kultbild der Athena. Die Darstellung beginnt in der südlichen Ecke des Westfrieses und

75 Festordner vom Westfries des Parthenon. Athen, Akropolis

76 Reiter im Panathenäenzug vom Westfries des Parthenon. London, British Museum

verläuft von dort über die Nordseite bis zur Mitte des Ostfrieses, wo der Höhepunkt der Festlichkeiten zu sehen war. Von der westlichen Ecke des Südfrieses ziehen die Teilnehmer ebenfalls dorthin. Im Westen werden die Pferde herangeführt, wird ihnen das Zaumzeug angelegt, die Reiter bereiten sich vor, kleiden sich an und sitzen auf *(Abb. 75)*. Dazwischen stehen einzelne Festordner, die den Zug zusammenstellen. Die Gesamtorientierung des West-

frieses verläuft zur Nordecke; dort ist ein erster Reiter im versammelten Galopp zu sehen; er wendet sich, um zu sehen, ob seine Kameraden folgen *(Abb. 76)*.

Auf dem Nordfries herrscht quirliges Leben. Am Anfang stehen noch einzelne Reiter neben ihren Pferden und richten sich ihre Kleidung. Wenig später aber schon sind sie in voller Bewegung, galoppieren in Viererreihen gestaffelt nach Osten *(Abb. 77)*. Auch hier sorgen einzelne Festordner für den geregelten Ablauf. Den Reitern vorangestellt sind etliche Pferdegespanne mit Kampfwagen, die jeweils mit zwei Männern besetzt sind. Der eine lenkte das Gespann, der andere, ein sogenannter Apobat, war voll gerüstet und sprang während der Fahrt auf und ab *(Abb. 74)*. Vorführungen dieser Art gehörten zu den Panathenäischen Festspielen. Ob die Wagengruppe auch an dem Festzug teilgenommen hat, ist umstritten. Vor den Wagen schritten etliche ältere Bürger, angeführt von Musikanten mit Doppelflöten und Leiern. Vor diesen wiederum pilgerten Opferträger mit Körben und Hydrien. Am östlichen Ende des Nordfrieses sind die Opfertiere zu sehen: kraftstrotzende Rinder und auch etliche Schafe.

Der Ablauf auf dem Südfries ist ähnlich: Am Anfang stehen die Reiter, es folgen die Wagen, die attischen Ehrenbürger und schließlich die Opfertiere *(Abb. 79)*.

77 Reiterzug vom Nordfries des Parthenon. London, British Museum

Der Zug gipfelt im Zentrum des Ostfrieses. Von beiden Tempelecken schreiten Gruppen von jungen, reich gewandeten Frauen auf die Mitte zu. Vor ihnen endet der Bereich der Lebenden. Es folgen, wiederum aufgeteilt auf beide Seiten, zehn lässig stehende Männer, in denen man die Phylenheroen der einzelnen attischen Volks-

78 Reiter vom Nordfries des Parthenon (vgl. Abb. 77)

stämme gesehen hat. Sie leiten zum göttlichen Bereich über. Es folgen nun, für die Lebenden nicht sichtbar, die olympischen Götter, die sich ganz leger auf Hockern niedergelassen haben *(Abb. 80)*. Leider sind die Köpfe fast alle zerstört. Hermes, der Götterbote, macht links den Anfang, es folgen neben ihm Diony-

79 Opfertiere vom Südfries des Parthenon. London, British Museum

80 Götterversammlung (Iris, Hera, Zeus) aus dem Parthenon-Ostfries. London, British Museum

sos, Demeter und Ares. Neben der sich entschleiernden Hera steht links noch die kindliche Iris, rechts sitzt majestätisch auf kostbarem Thron der Göttervater Zeus. Entspannt lehnt er sich etwas zurück und blickt auf seine Gemahlin.

Hinter dem Rücken des Göttervaters folgt die Mittelgruppe des Frieses *(Abb. 81)*, insgesamt fünf Personen, die wieder dem Bereich der Lebenden zuzuordnen sind: zunächst zwei Mädchen, die Hokker auf ihren Köpfen tragen. Sie werden empfangen von einer Priesterin. Neben dieser steht rechts eine männliche Figur, die von einer knabenhaften Person ein gefaltetes Gewandstück entgegennimmt. Die Interpretation der Szene ist bis heute nicht zufriedenstellend gelungen, vor allem darum, weil wir keine Kenntnis von dem Ablauf der rituellen Zeremonien besitzen. Was haben die männlichen Figuren im Zentrum des Frieses zu suchen? Waren nicht nur Frauen als Priesterinnen der Athena tätig? Ist der Mann dann vielleicht ein Beamter, der Archon Basileus? Und die jugendliche Figur neben ihm? Ist sie etwa männlich, wie Körperformen und Kleidung vermuten lassen? Nachweislich sind es aber junge

81 Die Peplosübergabe aus dem Parthenon-Ostfries. London, British Museum

Mädchen gewesen, die das göttliche Gewand gewoben und überbracht haben.

Nach rechts folgt der Rest der olympischen Götter: Athena, Hephaistos, Poseidon, Apollon und seine Schwester Artemis und zuletzt, fast gänzlich zerstört, Aphrodite mit dem kleinen Eros. Am besten erhalten ist die Platte mit Poseidon und dem göttlichen Geschwisterpaar *(Abb. 82)*. Auch die Köpfe haben sich erhalten *(Abb. 83)*.

82 Götterversammlung (Poseidon, Apollon, Artemis) aus dem Parthenon-Ostfries. Athen, Akropolismuseum

83 Kopf des Poseidon (vgl. Abb. 82)

Die Götter nehmen im Sitzen die gesamte Höhe des Frieses ein. Mit großer Sorgfalt und Variationsfreude sind die Gewänder ausgearbeitet: Der schwere, knitterige Mantelstoff der Götter, der leichtere, faltenreichere Chiton der Göttinnen. Auch die Köpfe und Frisuren sind göttlich, den einzelnen Charakteren entsprechend: Poseidon hat lange, nasse Locken, Apollon kurze, flockige Haare.

Das nördliche Ende des Frieses korrespondiert mit dem Aufbau im Süden: Eine Gruppe vornehm gekleideter Mädchen bringt hier Opfergeräte, Schalen, Räucherständer und Spendekannen.

Der Ostgiebel

Er ist als der bedeutendere, da im Osten gelegen, den Göttern vorbehalten. Der Erhaltungszustand ist denkbar schlecht! Wenn nicht Pausanias[160] berichten würde, daß die gesamte Darstellung die Geburt der Athena zum Thema hatte, so wäre wahrscheinlich noch nicht einmal dies erkannt worden. Denn die Mitte des Giebels verschwand bereits beim Einbau der Kirchenapsis im ersten nachchristlichen Jahrtausend. Keine Zeichnung dokumentiert den vorherigen Zustand. In den Giebelecken sind einzelne Figuren und

Gruppen erhalten, die überwiegend durch Lord Elgin nach London abtransportiert worden sind. Insgesamt waren in beiden Giebeln etwa 50 Figuren untergebracht, die verständlicherweise hier im einzelnen nicht behandelt werden können. Für den nach dem Apsiseinbau verbliebenen Rest sind die Carreyschen Zeichnungen wiederum von großer Bedeutung *(Abb. 85)*. Links in der Giebelecke eröffnet der Sonnengott Helios mit seinem feurigen Wagengespann den Götterreigen. Rechts beschließt Selene, die Mondgöttin, den Geburtstag der Athena. Eines ihrer Gespannpferde ist das berühmt gewordene ›Urpferd‹ von Goethe *(Abb. 84)*. In der Giebelmitte thronte zweifelsohne der Göttervater Zeus. Eher unwahrscheinlich ist es, daß die vollgerüstete Athena in dem Moment dargestellt war, wie sie dem gespaltenen Schädel ihres Vaters entsprang; so ist der Mythos seit archaischer Zeit gewöhnlich illustriert worden. Hier im Giebelfeld wurde aber ein späterer Zeitpunkt des Geschehens ausgewählt: Die neugeborene Athena stand wahrscheinlich bereits an der Seite ihres Vaters. Daneben könnte man sich, vielleicht vor Schrecken zurückweichend, den

84 Pferdekopf aus dem Parthenon-Ostgiebel. London, British Museum

85 Zeichnung des Parthenon-Ostgiebels von J. Carrey, 1674

Schädelspalter Hephaistos vorstellen. Ein 1836 ausgegrabener Torso ist ihm zugewiesen worden *(Abb. 86)*. Aber das sind alles nur Überlegungen, Gedankenspiele ... Für irgendwelche Beweise fehlen vorerst die Grundlagen. Rechts und links von der Mitte nahmen die Olympier an dem Geschehen teil: so zum Beispiel Dionysos auf einem Pantherfell. Seine Figur ist als einzige mit ungebrochenem Kopf erhalten. Neben ihm sitzen zwei weibliche Gottheiten, vielleicht Horen. Dann folgt eine laufende Göttin: Iris,

86 Torso des Hephaistos aus dem Parthenon-Ostgiebel. Athen, Akropolismuseum

Hekate, Hestia, Artemis, Aglauros, Nike und andere hat man in ihr sehen wollen. Beweisbar ist keine der Benennungen. Aus der rechten Giebelhälfte ist ebenfalls eine Frauengruppe erhalten *(Abb. 87)*. Man sieht in ihnen gewöhnlich Aphrodite mit ihrer Mutter Dione oder mit einer Gefährtin – vielleicht Peitho. Die Figuren sind aus einem Block gearbeitet und eng miteinander verschlungen. So liegt die rechte Figur nahezu im Schoß der Sitzenden. Beiden gemeinsam ist der reiche Faltenstil. Unter den Gewändern werden nun erstmals die weiblichen Körperformen deutlich hervorgehoben. Kann man sie als Vorboten des ›Reichen Stils‹ oder der ›nassen‹ Gewänder der Nikebalustrade ansehen? Hat man wegen dieser Gewandung an Aphrodite gedacht, die Göttin der Liebe und Erotik? Eng verbunden mit den beiden war noch

87 Die sog. Tauschwestern aus dem Parthenon-Ostgiebel. London, British Museum

88 Zeichnung des Parthenon-Westgiebels von J. Carrey, 1674

eine dritte sitzende Göttin, die auf den Carreyschen Zeichnungen deutlich als dazugehörig zu erkennen ist. Wen könnte sie darstellen? Früher hat man alle drei die ›Tauschwestern‹ genannt. Auch stilistisch gehören die Figuren eng zusammen. Sie müssen aus einer Werkstatt stammen. Wie bei allen anderen Fragmenten hat man auch bei ihnen Meisterzuschreibungen versucht. Es fragt sich allerdings, ob es bei dem heutigen Zustand der Figuren überhaupt legitim ist, solche Überlegungen anzustellen, denn die originale Oberfläche ist nahezu überall verwittert. Nur einzelne Abschnitte der Rückenansichten scheinen noch die ursprüngliche Beschaffenheit zu besitzen.

Der Westgiebel

Auch hier ist das Thema durch Pausanias bekannt: Es handelt sich um einen lokalen Mythos: den Streit zwischen Athena und Poseidon um die Vorherrschaft über Stadt und Land. Neben den Göttern sind zahlreiche einheimische Heroen anwesend. Der Erhaltungszustand des Giebels war bis zur Explosion des Tempels im Jahre 1687 sehr gut. Die Zeichnungen von Carrey zeigen diesen Zustand *(Abb. 88)*. Verheerend wirkte nach der Explosion der

vergebliche Versuch, die übriggebliebenen Figuren zu demontieren und außer Landes zu bringen. Die Pferde gingen dabei völlig verloren, von Poseidon und Athena blieben nur Reste. Völlig neuartig ist die Komposition des Giebels: Die Mitte scheint freigelassen; denn wie vom Donner gerührt streben die beiden sich bekämpfenden Götter auseinander. Möglicherweise hat in der Mitte zwischen ihnen ein Ölbaum gestanden. Aber das ist nicht beweisbar. Neu ist auch das Thema: Es gibt bisher auch in anderen Kunstgattungen keine frühere Darstellung dieses Götterstreites. Schließlich bleibt zu bemerken, daß am Parthenon erstmals in beiden Giebeln die Gottheit verehrt wurde, der das Gotteshaus geweiht war.

Und wo, so ist abschließend zu fragen, bleibt Phidias?

Wer ehrlich ist, der wird allen Meisterzuschreibungen bei den Parthenonskulpturen mit großer Skepsis begegnen. Denn bis heute besitzen wir zum Beispiel kein einziges phidiasisches Original. Seine Handschrift und sein Stil lassen sich nur aus Repliken seiner gesicherten Werke herauskristallisieren: aus der Athena Promachos, der Athena Lemnia, der Athena Parthenos, dem Zeus von Olympia, vielleicht noch aus der verwundeten Amazone und dem Kasseler Apoll. Aber führen solche Überlegungen wirklich weiter?

Oder ist es nicht genug, sich zufriedenzugeben mit dem Wissen um die Beteiligung des genialen Phidias an der Gesamtkonzeption des Parthenon und seinem Bauschmuck?

Die Athener haben es ihm nicht gedankt! Im Jahr der Fertigstellung des Tempels hat ihn das demokratische Volk wegen angeblicher Veruntreuung von Gold, das von dem Kultbild der Athena abhanden gekommen sein sollte, den Prozeß gemacht. Vielleicht ist Phidias in der Stadt, die bis heute seinen Ruhm begründet, im Gefängnis gestorben.[161]

Myron und der Diskobol

Der Bildhauer Myron wird von Pausanias[162] als Athener bezeichnet. Er stammt jedoch aus Eleutherai, einem Ort an der attisch-böotischen Grenze. Myron ist älter als Phidias, und so stehen seine Werke noch stärker in der Tradition des Strengen Stils. Plinius' Angaben über die Lehrer und Zeitgenossen des Myron scheinen falsch zu sein.[163] Obwohl Myron überwiegend in Bronze gearbeitet hat – nur ein einziges Holzbildwerk ist historisch überliefert –, ist immer wieder bei den Parthenonskulpturen nach seiner Handschrift gesucht worden. Man hat ihm etliche der Südmetopen zugeschrieben[164] und auch eine Beteiligung am Fries vermutet[165].

Keines seiner vielen Bronzewerke ist im Original erhalten. Als sicher aus Myrons Werkstatt stammend gelten ein Diskuswerfer *(Abb. 89)*, eine Gruppe von Athena und Marsyas sowie ein Perseus, die alle als römische Repliken vorhanden sind. Weitere Athletenfiguren, eine zweite Athenastatue, ein Herakles und einige andere Skulpturen können ihm mit mehr oder weniger Sicherheit zugeschrieben werden. Bereits in der Antike haben seine Tierdarstellungen besondere Anerkennung gefunden. Vor allem eine Kuh[166], mehrere Stiere und ein Hund wurden gerühmt. Die älteste identifizierbare Figur aus seiner Hand ist der Diskobol. Er existiert in zahlreichen Repliken[167], von denen hier diejenige aus dem Thermenmuseum in Rom vorgestellt werden soll:

Der Diskobol Lancelotti *(Abb. 89)*
Rom, Thermenmuseum Nr. 126371
Parischer (?) Marmor; Höhe ohne Plinthe 1,55 m

Die Statue wurde bereits 1781 in Rom gefunden und gelangte damals in den Palazzo Massimo-Lancelotti. 1938 wurde sie an die Glyptothek in München verkauft, wo sich Hitler, der sie als sein persönliches Geschenk an das deutsche Volk deklarierte, in scheinheilig-ehrfürchtiger Weise vor ihr fotografieren ließ.[168] 1948 wurde die Figur an Italien zurückgegeben. Seit 1953 steht sie im Thermenmuseum in Rom.

Erhaltungszustand:
Der rechte Unterschenkel, die Finger der linken Hand und große Teile der Baumstütze, die Zutat des römischen Kopisten ist, sind ergänzt. Der Kopf sitzt ungebrochen auf. Wiederangesetzt ist der rechte Arm. Im Haar sind noch zwei erhabene Meßpunkte des Kopisten stehengeblieben.

Beschreibung:
Die Statue zeigt die Momentaufnahme eines jugendlichen Athleten beim Diskoswurf. Die Pose ist so einzigartig, daß die Figur bereits im 18. Jahrhundert mit einer antiken Werkbeschreibung in Zusammenhang gebracht wurde. Schon zwei Jahre nach Auffindung der Statue bemerkte der italienische Archäologe Carlo Fea[169], daß die Figur auf die Beschreibung eines Diskobols durch den antiken Schriftsteller Lukian zutrifft. Dort heißt es, daß der Diskoswerfer, *»der sich zum Wurfe niederbeugt, mit dem Gesicht wegwendet nach der Hand, welche die Scheibe hält, und mit dem Fuße niederkauert, als wolle er zugleich mit dem Wurfe sich wieder erheben«*, ein Werk des Myron sei.[170] Diese Beschreibung trifft genau auf die Figur zu. Der jugendliche Athlet beugt sich mit dem Oberkörper nach vorne und dreht ihn dabei um 90 Grad, so daß die kraftvollen Schultern sich in einer Ebene mit den bogenförmig abgestreckten Armen befinden. Der rechte Arm ist weit nach hinten genommen, erhoben und im Ellenbogen leicht abgewinkelt. Die Hand hält den Diskos. Der linke Arm ist locker geschwungen

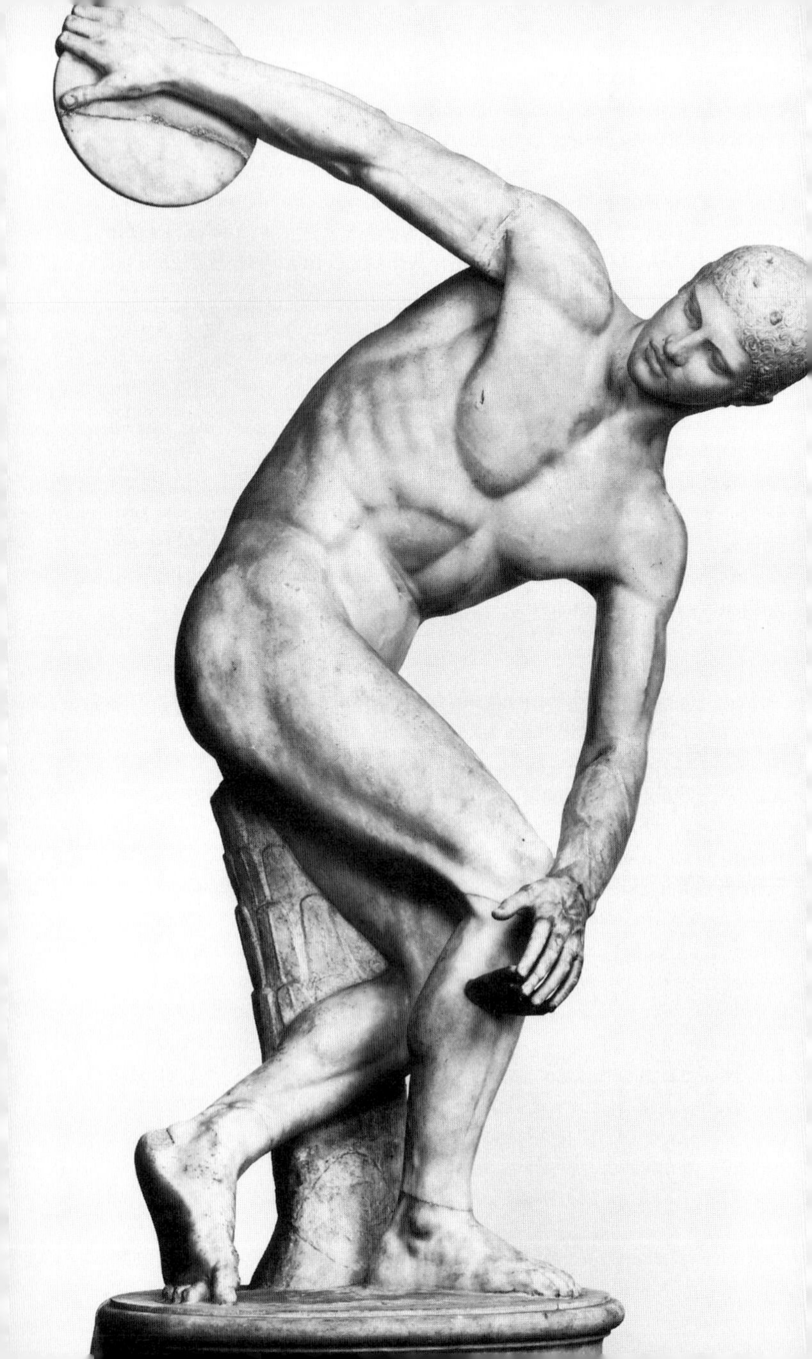

vor das rechte Knie geführt. Der rechte Fuß steht mit voller Sohle auf, die Zehen drücken sich dabei fest in den Grund. Federnd ist das Bein im Knie gebeugt. Das linke Bein ist entlastet und dient zum Ausgleich der Balance. Der Fuß ist zurückgesetzt und angehoben, die Zehen berühren mit ihrer Oberseite den Grund. Das linke Knie befindet sich hinter der rechten Wade, so daß hier die Tiefenwirkung, die schon durch die Drehung des Oberkörpers erzeugt wurde, noch weiter verstärkt wird. Der Kopf ist leicht vorgebeugt und etwas zur Seite in Richtung des Diskos gedreht. Die sportliche Frisur des Athleten ist modisch kurz.

Der Bildhauer beherrschte die Anatomie des menschlichen Körpers selbst bei dieser extremen Haltung. Der Knochenbau und die Muskulatur sind perfekt beobachtet und wiedergegeben. Genial ist die Torsion des Körpers mit den drei Bogenlinien der Arme, des Rumpfes bis zum Knie und der Beine zu einem Einklang verbunden.

Unbekannt bleibt, wo das Original des myronischen Diskobols gestanden hat, wen es darstellen sollte und wer der Stifter war.

Der Bildhauer Polyklet und seine Statue des Doryphoros

Ebenso bedeutend wie Phidias und Myron war der Bildhauer Polyklet aus Argos. Es gab mehrere Künstler, die den Namen Polyklet trugen, aber zu unterschiedlichen Zeiten gelebt haben. Nicht alle in der antiken Literatur erwähnten Kunstwerke eines Polyklet dürfen deshalb dem hochklassischen Meister zugeschrieben werden, dessen Schaffenszeit – wie die stilistische Analyse seiner Plastiken zeigt – zwischen 455 und 420 v. Chr. lag. Bereits in der Antike berühmt und bis heute nachwirkend ist Polyklets Skulptur des Speerträgers, des *Doryphoros,* gewesen. Ja, wenn man sich nur an der Anzahl der Kopien, Repliken, Um- und Weiterbildungen polykletischer Werke orientiert, so wird schnell deutlich,

89 Der Diskobol Lancelotti des Myron

daß die Wirkung Polyklets wesentlich größer gewesen ist als die aller seiner Zeitgenossen. Ein Grund dafür ist zweifelsohne, daß er bewußt nach normativen, idealen Formen für die Plastik gesucht und seine kunsttheoretischen Erkenntnisse sogar in schriftlicher Fassung vorgelegt hat. Seine Gedanken haben auch plastische Form angenommen. Exemplarisch scheint er sie in der Figur des Doryphoros verwirklicht zu haben. Beide, Lehrschrift und Statue, trugen denselben Namen: *Kanon*.[171]

Leider ist unser biographisches Wissen über Polyklet mehr als spärlich. Fest steht, daß er aus Argos stammte, Erzgießer war und etwas jünger als Phidias gewesen zu sein scheint. Die Angaben über seine Lehrmeister sind unglaubwürdig. Zeitgenössische Erwähnungen finden sich bei Platon[172] und Xenophon, jedoch ohne große Aussagekraft.

Bis heute wurde kein einziges polykletisches Original gefunden. Viele seiner Werke sind jedoch als römische Repliken erhalten: der Doryphoros *(Abb. 90)*, der *Diadumenos* – ein nackter Jüngling, der sich eine Binde um den Kopf legt *(Abb. 91)* –, ein Herakles, ein Hermes und die Amazone aus dem ephesischen Künstlerwettbewerb, an dem auch Phidias, Kresilas und Phradmon teilgenommen haben.

Aus Polyklets Werkstatt stammt auch ein monumentales Kultbild der Hera. Nachdem 423 der berühmte Tempel dieser Göttin bei Argos niedergebrannt war[173], entstand ein Neubau. Das darin befindliche Goldelfenbeinkultbild soll von Polyklet geschaffen worden sein. Leider sind auch von diesem monumentalen Werk, das man gelegentlich einem der jüngeren Namensgenossen des Polyklet zuschreiben wollte[174], lediglich Abbildungen auf Münzen vorhanden. Das bedeutendste Werk Polyklets bleibt zweifelsfrei sein Speerträger, der Doryphoros.

90 Der Doryphoros des Polyklet

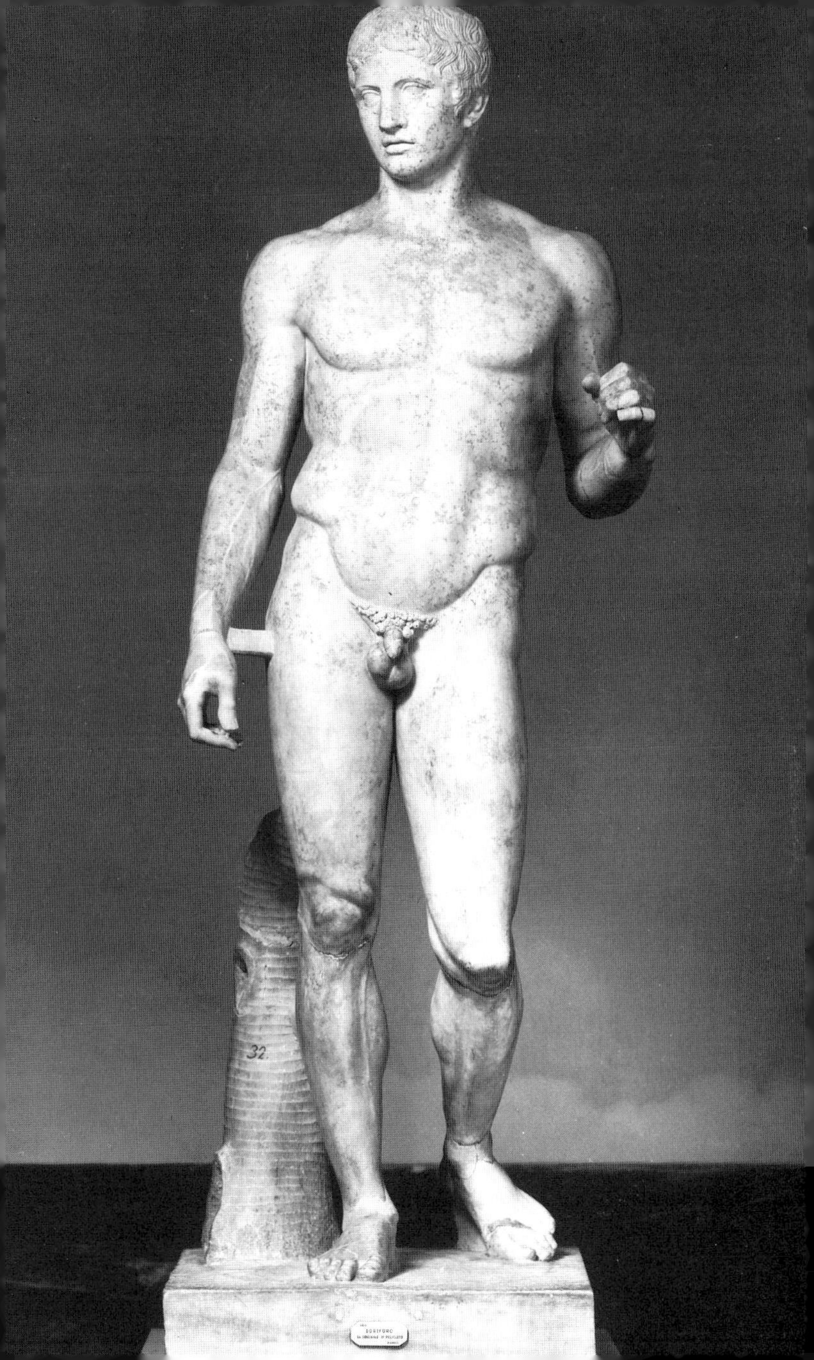
32.
DORIFORO

Der Doryphoros des Polyklet *(Abb. 90)*
Neapel, Museo Archeologico Nazionale Nr. 6011
Aus der Palästra in Pompeji
Lunensischer Marmor; Höhe mit Plinthe 2,12 m

Erhaltungszustand:
Aus Bruchstücken zusammengesetzt; beide Hände ergänzt.

Beschreibung:
Die Statue stellt einen überlebensgroßen, nackten Jüngling dar, der auf seinem rechten Bein steht. Das linke Bein ist als Spielbein im Knie abgewinkelt und zurückgesetzt. Der Fuß berührt nur mit einigen Zehen den Grund. Der Begriff ›Schrittstellung‹, der für eine solche Haltung geprägt wurde, charakterisiert bestens das Widersprüchliche dieses Standes: Ist Stehen oder Gehen gemeint? Eine Entscheidung ist nicht möglich. Zwar könnte man den Doryphoros als Laufenden interpretieren, aber der Diadumenos des Polyklet *(Abb. 91)*, der Jüngling, der sich eine Binde um den Kopf legt und dieselbe ›Schrittstellung‹ zeigt, wird diese Handlung im Stehen ausgeführt haben.

Entsprechend dem kontrapostischen Aufbau des Doryphoros ist seine linke Hüfte gesenkt und die Schulter der gleichen Seite gehoben. Bei den Armen verhält es sich umgekehrt wie beim Unterkörper. Hier ist der linke Arm angespannt und im Ellenbogen rechtwinklig abgeknickt. Die Hand umschloß den Schaft des Speeres, der verloren ist. Entspannt und entlastet ist der rechte Arm, die Finger der Hand sind dabei leicht gebogen. Alle Stützen sind Zutaten des römischen Kopisten. Der kubische Kopf zeigt ebenmäßige Züge bei leicht geöffnetem Mund, gerader, kräftiger Nase und gleichmäßig geschnittenen Augen und Brauen. Am Kopf wird das bronzene Vorbild des römischen Kopisten besonders deutlich faßbar. Alle Einzelformen sind scharfkantig umrandet, und vor allem die eng anliegenden Haare sind präzise zu einzelnen Locken ziseliert. Anatomisch sind alle Details genau erfaßt. Dieses zeigt zum Beispiel eine Detailbetrachtung des Armes und der Hand. Adern, Muskeln und Sehnen sind kenntnisreich und getreu wiedergegeben. Innerhalb der Wissenschaft besteht weitgehend

Einigkeit darüber, daß die Statue des Doryphoros den ›Kanon‹ darstellt, das dreidimensionale Musterbeispiel der gleichnamigen theoretischen Schrift des Polyklet. Leider sind von ihr nur zwei Sätze sowie einige inhaltliche Thesen überliefert. So heißt es, das Schöne setze sich zusammen aus lauter kleinen Maßen. Und Galen, der römische Arzt und Schriftsteller, berichtet im 2. Jahrhundert n. Chr., daß die Schönheit sich aufbaue aus der Symmetrie der Einzelteile, so wie es Polyklet in seiner Schrift gelehrt habe. Mit anderen Worten: Das Schöne äußert sich in vielen Zahlenverhältnissen, die zusammengenommen die Symmetrie ergeben. Heute würde man daher eher von einer Proportionslehre sprechen. Es ist versucht worden, den polykletischen Kanon anhand der Kopien des Doryphoros zu rekonstruieren[175] und die Gesetzmäßigkeiten herauszufinden, nach denen die Figur aufgebaut wurde. Demnach scheinen alle einzelnen Teile in festgelegten Proportionen zueinander gestanden zu haben: die Fingerglieder untereinander, die Finger zur Hand, die Hand zum Arm, die Größenverhältnisse der einzelnen Gesichtsteile untereinander und zum Kopf. Es scheint, daß Polyklet diese Proportionen zwischen Kopf, Rumpf und

91 Der Diadumenos des Polyklet. Athen, Nationalmuseum

gesamtem Körper als kanonisch festschreiben wollte. Die Auswirkungen seiner theoretischen Schrift und des dazugehörigen statuarischen ›Paradigmas‹ sind beträchtlich gewesen. Erste Einflüsse seiner Kunst hat man mit Recht bereits in der Parthenonkunst gesehen. Und von Lysipp, dem vielleicht bedeutendsten Bildhauer des 4. Jahrhunderts, wird der Ausspruch überliefert, sein eigentlicher Lehrmeister sei der Doryphoros gewesen.[176]

Über all dem wird eines nahezu vergessen: Es gibt nach wie vor keinen sicheren Beweis dafür, daß der Doryphoros ein Werk des Polyklet ist. Die Zuschreibung an ihn stammt von dem Archäologen Carl Friedrichs, der 1863 erstmals die Neapeler Replik als polykletisch ansah.[177] Es gibt aber auch keine ernsthafte These gegen diese Zuschreibung von Friedrichs.

Problematisch ist die Deutung der Figur. Die Benennung ›Kanon‹ oder ›Doryphoros‹ hilft nicht weiter. Letztere – Doryphoros bedeutet ursprünglich Leibwächter – erscheint eine Erfindung antiker Kunsthistoriker zu sein. Eine Interpretation als Athletendarstellung ist zu Recht verworfen worden, denn die schwere Kampflanze wurde bei sportlichen Wettkämpfen nicht benutzt.

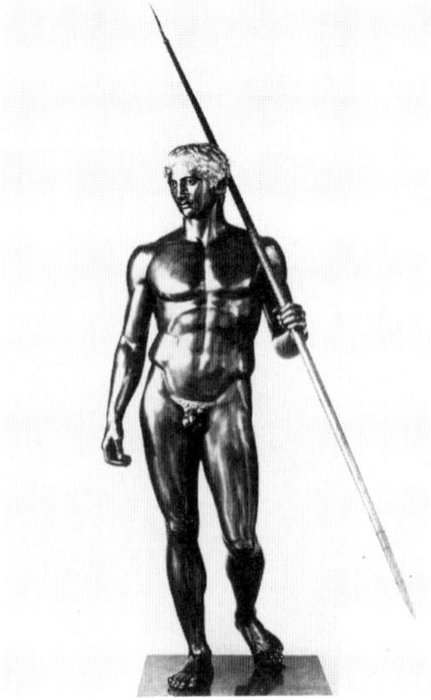

92 Moderner Nachguß des Doryphoros durch G. Römer. München, Universität

Auch spricht das überlebensgroße Format gegen eine Interpretation der Figur als Darstellung eines Sterblichen. Am überzeugendsten erscheint bisher die Deutung als Heros Achill[178], die durch eine Nachricht bei Plinius[179] bekräftigt wird. Er spricht von *»effigies Achilleae«*, von nackten Lanzenträgern, die in Gymnasien aufgestellt waren. Und in der Tat stammt die Neapeler Replik des Doryphoros aus der Palästra von Pompeji. Eine andere fand sich in der Palästra von Olympia.

Der zeitgenössische Bildhauer Georg Römer hat auf der Basis der Neapeler Replik und mit Hilfe weiterer Kopienfragmente des Doryphoros einen vollständigen Nachguß der Skulptur geschaffen[180] *(Abb. 92)*. Erst an dieser Nachbildung, bei der die störenden Marmorstützen wegfallen, wird deutlich, wie eindrucksvoll das bronzene Original gewesen sein muß.

Die Statue der Prokne und des Itys des Alkamenes

Alkamenes war neben dem Bildhauer Agorakritos aus Paros der bedeutendste Schüler des Phidias. Dies überliefert Plinius[181] in seiner Abhandlung über die Marmorbildhauer. Alkamenes stammte entweder aus Athen oder war Kleruche von Lemnos und hat etwa eine Generation länger als Phidias gearbeitet. Seine letzten Werke scheint er gegen 400 v. Chr. ausgeführt zu haben. Überliefert wird für diese Jahre eine Gruppenkomposition von Athena und Herakles, die im Heraklesheiligtum von Theben aufgestellt wurde. Insgesamt sind zwölf Werke des Alkamenes literarisch bekannt. Einige davon sind als hellenistische oder römische Repliken greifbar, so zum Beispiel das berühmte Bildnis der ›Aphrodite in den Gärten‹, dem Phidias persönlich den letzten Schliff gegeben haben soll.[182] Im Eingangsbereich der Akropolis stand das Bildnis des Hermes Propylaios, das ebenfalls in Kopien, jedoch nur als Hermenbüste, faßbar ist.[183] Mit diesem Werk befinden wir uns am Beginn der Schaffensphase des Alkamenes, die in die vierziger Jahre des 5. Jahrhunderts fällt. Zweifelsohne hat er am Skulpturenschmuck des Parthenon mitgearbeitet. Man hat ihm gelegentlich einige der Figuren des Ostgiebels zuschreiben wollen.

Alkamenes zeichnet auch für einige bedeutende Kultbilder seiner Epoche verantwortlich: so für das des Hephaistos in dessen Tempel oberhalb der Athener Agora oder für das des Ares ebendort.

Nur ein einziges Originalwerk dieses schaffensfrohen Bildhauers scheint sich bis heute erhalten zu haben, nämlich die Statue der Prokne und ihres Sohnes Itys.

Prokne und Itys *(Abb. 93)*
Athen, Akropolismuseum Nr. 1358
Marmor; Höhe 1,93 m

Erhaltungszustand:
Die Statue wurde aus einzelnen Teilen wieder zusammengesetzt. Die Basis ist nicht erhalten. Beide Füße sind bestoßen. Der rechte Arm fehlt gänzlich, der linke ab Unterarmmitte. Die linke Gesichtshälfte ist verlorengegangen und die gesamte Oberfläche bestoßen. Noch stärker in Mitleidenschaft gezogen ist der kleine Knabe. Beide Beine fehlen ab Oberschenkelmitte. Von dem Körper ist die gesamte Oberfläche abgeschlagen. Nur die Umrisse sind erkennbar. Der rechte Arm fehlt völlig.

Das Thema der Darstellung:
Prokne und ihr Sohn Itys sind mythische Gestalten. Ihre Geschichte ist höchst tragisch: Prokne war eine Tochter des attischen Königs Pandion. Aus Dankbarkeit verheiratete er sie mit dem thrakischen König Tereus, nachdem dieser ihm bei einem Kriegszug beigestanden hatte. Prokne gebar Tereus den Sohn Itys, der seinem Vater sehr ähnelte. Nach fünf Ehejahren wünschte Prokne ihre Schwester Philomele wiederzusehen, die noch immer in Athen lebte, und sandte Tereus aus, sie dort abzuholen. Hingerissen von ihrer Schönheit, brachte Tereus Philomele jedoch nicht zu ihrer Schwester, sondern versteckte sie an einem verborgenen Ort seines Reiches. Dort vergewaltigte er sie und riß ihr die Zunge heraus, um sein Verbrechen zu vertuschen. Seiner Gattin Prokne

berichtete er anschließend, ihre Schwester sei verstorben. Philomele ihrerseits nutzte ihre Gefangenschaft, das ihr widerfahrene Leid als verschlüsselte Geschichte in einen Bildteppich zu weben. Ein Diener überbrachte Prokne das Werk. Sie verstand die Botschaft und sann auf Rache. Opfer wurde ihr Sohn Itys, Thronfolger und einziger Erbe des Tereus. Prokne erdolchte ihn; gemeinsam mit ihrer inzwischen listenreich befreiten Schwester zerstükkelte sie das Kind und setzte es dem Vater als Mahlzeit vor. Danach trat Philomele auf und überreichte ihrem Peiniger Tereus den abgetrennten Kopf des Jungen. Um der Strafe zu entgehen, verwandelten sich die beiden Schwestern alsbald in Vögel, in eine Nachtigall und eine stumme Schwalbe. Soweit der Mythos, der u. a. von Ovid in seinen »Metamorphosen« überliefert wird.

93 Prokne und Itys des Alkamenes

Die Statue zeigt den tragischen Augenblick, in dem Prokne ihren Sohn Itys ermordet. Die rechte erhobene Hand hielt den Dolch. Der Knabe, nackt, scheint sein unausweichliches Schicksal zu ahnen. Ängstlich drängt er sich in das schwere Gewand seiner Mutter, windet sich vor dem noch nicht empfangenen Todesstoß.

Prokne trägt einen schweren, untergegürteten Peplos. Massig und variationsreich fallen die Falten bis fast auf den Boden. Die Drapierung unterstreicht das Standmotiv. Das rechte Bein ist im Knie geringfügig abgewinkelt und etwas zur Seite gestellt, das linke ist demnach das Standbein. Spielerisch sind die Falten um den Oberkörper angeordnet. Obwohl das Gewand hier doppelt liegt, kann man die Körperformen darunter erahnen. Zusätzlich zum Peplos trägt Prokne noch einen Mantel um die Schultern.

Trotz der starken Beschädigung des Kopfes gewinnt man den Eindruck, daß Proknes Gesichtsausdruck von der Tragik der Tat geprägt ist. Ihr Kopf ist leicht nach vorne geneigt, der Blick gesenkt und leer, unbewegt der Mund. Kein Augenkontakt, keine Geste verbindet die Mutter mehr mit ihrem Kind. Ihre Entscheidung ist gefallen, sie wird den Mord begehen.

Die Zuschreibung der Statue an Alkamenes ergibt sich aus einer Nachricht des Pausanias[184], der von der Weihung einer Statue der Prokne durch einen Alkamenes spricht. Bei der Seltenheit dieses Namens liegt es nahe, in dem Stifter den Bildhauer Alkamenes zu vermuten, der dann sicherlich die Skulptur auch angefertigt hat. Auch stilistisch spricht nichts gegen eine Ausführung durch diesen großen klassischen Meister. Sichere Beweise allerdings sind auch dafür nicht zu erbringen.

Die Statue wird gewöhnlich gegen 430 v. Chr. datiert. Welche Motive Alkamenes bei der Wahl dieses außergewöhnlichen Themas geleitet haben, ist schwer zu sagen. Die Dramatik des damaligen Zeitgeschehens, der Peloponnesische Krieg, die Pest in Athen, die Dichtungen der griechischen Dramatiker, die vergleichbare Schicksalsthemen auf die Bühne brachten, könnten zur Wahl dieses mythologischen Themas beigetragen haben.

94 Das Erechtheion auf der Akropolis. Kupferstich des Malers und Architekten Louis François Cassas (1756–1827) im Benaki-Museum, Athen

Die Koren vom Erechtheion

Auf der Akropolis von Athen steht ein ungewöhnliches Heiligtum, das heutzutage allgemein als Erechtheion bekannt ist[185] *(Abb. 94)*. Der Name ist antik nur bei Pausanias[186] und bei Pseudoplutarch[187] überliefert, sonst ist vom »Tempel der Athena« oder dem »Tempel mit dem alten Kultbild« die Rede. Das uralte hölzerne Kultbild blieb auch nach seiner Verlegung vom Alten Athenatempel, der nach der Perserzerstörung nur notdürftig repariert worden war, in das neu errichtete Erechtheion Ziel der panathenäischen Prozessionen und Empfänger des frisch gewebten Peplos, so wie dies auf dem Parthenonostfries bildlich dargestellt worden ist. Der klassische Bau des Erechtheion ist zweifelsohne der Ersatz eines älteren Tempels gewesen. Der ungewöhnliche Grundriß wurde dabei von der Notwendigkeit bestimmt, verschiedene Kultmale architektonisch miteinander zu vereinigen. Im Süden des Gebäudes befindet sich die sogenannte Korenhalle, die wahrscheinlich das Kekropsgrab umschloß. Leider berichtet Pausanias gerade darüber nichts. Sechs Mädchenfiguren tragen als Karyatiden das Dach dieses Gebäudeteils.

Die Errichtung des Erechtheion gehörte zu dem perikleischen Plan der Neugestaltung der Akropolis, wurde aber erst nach seinem Tode zwischen 420 und 408 v. Chr. ausgeführt. Die zu betrachtenden Mädchenfiguren müssen vor 413 entstanden sein, da sie in den Bauurkunden dieses Jahres abgerechnet werden.[188] Als 409/8 die kurzfristig unterbrochenen Bauarbeiten wiederaufgenommen wurden, findet sich in den diesbezüglichen Abrechnungen ein Posten für die Glättung der Decksteine über den Koren[189], wodurch die Annahme, daß die Korenhalle vor der Bauunterbrechung weitgehend fertiggestellt war, bestätigt wird.

Das Gebälk der Korenhalle wird von insgesamt sechs Karyatiden getragen. Sie sind alle in die gleiche Tracht, den Peplos, gekleidet. Obwohl sie auf den ersten Blick alle gleich erscheinen, lehrt die genaue Betrachtung, daß keine Figur völlig mit einer anderen übereinstimmt. Vier der Mädchen stehen vorne in der Front, dann je eine im Osten und Westen in der zweiten Reihe hinter den Eckfiguren. Alle haben ihr Spielbein auf der Gebäudeinnenseite. Sie stehen nicht ebenerdig, sondern auf einer sockelartigen Balustrade *(Abb. 95)*. Keine der Figuren ist vollständig erhalten. Bei allen fehlen die Arme ab unterschiedlicher Höhe. Am vollständigsten ist die zweite Kore von links vorne. Sie ist darum auch im Auftrag von Lord Elgin[190] Anfang des 19. Jahrhunderts demontiert und nach England verschifft worden. Heute steht sie im Britischen Museum. Ihre Beschreibung und Analyse soll exemplarisch für die gesamte Gruppe gelten, obwohl, wie angedeutet, alle Figuren in der Gewanddrapierung unterschiedlich sind.

Die Erechtheionkore in London *(Abb. 96)*

British Museum Nr. 407
Pentelischer Marmor; Höhe 2,31 m

Erhaltungszustand:
Beide Arme sind etwa ab Ellenbogenhöhe verloren. Die vorderen Teile der Füße fehlen. Die Mund- und Nasenpartie ist bestoßen. Dies gilt auch mehr oder weniger für die gesamte Gewandoberfläche. Das korbartige Kapitell, das zum Gebälk überleitet, ist an der Rückseite unvollständig.

95 Die Korenhalle des Erechtheion auf der Akropolis von Athen

Beschreibung:
Die Mädchenfigur steht auf ihrem rechten Bein. Das linke Bein ist etwas zur Seite nach vorne gesetzt. Der Fuß berührt nur leicht den Boden. Stand- und Spielbein werden durch eine tief eingeschnittene Falte voneinander abgesetzt. Die Umrisse des linken Oberschenkels, des Knies und des Unterschenkels zeichnen sich deutlich unter dem schweren Peplosgewand ab. Ganz anders die Falten des Standbeins: Sie verdecken völlig den Körper. Senkrecht und schwer gleiten sie von der Hüfte hinab und erinnern dabei an die Kanneluren einer Säule, für die die Figuren ja stellvertretend stehen.

Die junge Frau trägt einen untergegürteten Peplos. Der bogenförmig geschwungene Überfall des Gewandes bildet eine deutliche Zäsur zwischen dem hochrechteckigen Unterkörper mit seiner senkrechten Faltengliederung und dem gedrungeneren Oberkörper mit der freier und spielerischer verlaufenden Gewandgestaltung. Deutlich zeichnen sich die Brüste unter dem doppelt liegenden Stoff ab. Die Entwicklung in Richtung des sogenannten nassen Stils der Nikebalustrade deutet sich bereits an.

Zusätzlich zum Peplos tragen die Mädchen ein Manteltuch, das über ihren Rücken bis in Höhe der Knie hinabgleitet. Mit der nicht erhaltenen linken Hand hat die Kore den Mantelstoff ergriffen, so daß die Falten bogenförmig zusammenlaufen.

Die Frisur ist unwahrscheinlich üppig: Ein armdicker ›Pferdeschwanz‹ fällt bis auf die Höhe der Schulterblätter hinab. Mehrere Zöpfe sind, ausgehend von der Schläfenpartie, waagerecht um den Hinterkopf geführt. Ein einzelner Zopf verläuft zusätzlich von der Stirnmitte über den Scheitel nach hinten. Und schließlich fallen noch weitere ›Korkenzieherlocken‹, hinter den Ohren beginnend, auf den vorderen Oberkörper hinab.

Ähnlich kubisch und schwer wie der gesamte Körperaufbau, dem eher männliche Kraft als weibliche Zartheit innewohnt, sind Kopf und Gesicht gebildet: breite Wangenknochen, ein massiges Kinn, eine kleine Nase, aber breit stehende Augen und eine flache weite Stirn.

96 Kore vom Erechtheion. London, British Museum

Mit Recht hat man immer wieder Verwandtschaften mit den Skulpturen des Alkamenes sehen wollen (zum Beispiel Prokne, *Abb. 93)* und die Koren ihm oder seiner Werkstatt zugeordnet. Man hat die Entstehungszeit der Erechtheionkoren den ›Reichen Stil‹ genannt. Die üppige Frisur und das faltenreiche Gewand kennzeichnen ihn deutlich.

Problematischer ist die Deutung der Figuren. Es ist kaum anzunehmen, daß sie aus rein dekorativen Motiven die Säulen der kleinen Halle ersetzt haben sollten. Aber wen könnten die Mädchen darstellen? In römischer Zeit sind die beiden mittleren Figuren der Front, also auch das heute in London befindliche Exemplar, häufig kopiert worden. Etliche dieser Repliken, so zum Beispiel eine aus der Villa Hadriana in Tivoli[191], sind vollständiger erhalten als das Original. An ihnen sieht man einerseits deutlich den Qualitätsabfall der römischen Arbeiten gegenüber den Originalskulpturen, andererseits sind die Kopien aus Tivoli von großer Bedeutung für die Vervollständigung der Originale. So bestätigt sich durch sie beispielsweise die postulierte Raffung des Mantelstoffes durch die linke Hand der Koren. Auch die rechte Hand kann mit Hilfe der römischen Repliken ergänzt werden. Sie hing locker am Körper herab und hielt eine Phiale, eine kultische Spendeschale. Dies und die Tatsache, daß die Repliken an beiden Handgelenken schlangenförmige Armreifen tragen, hat Anlaß gegeben zu der Vermutung, daß die Koren Priesterinnen des schlangenschwänzigen, mythischen Königs Kekrops darstellen sollten, die sein im Erechtheion gelegenes Grab schützten und pflegten.

Die sandalenlösende Nike *(Abb. 97)*
Athen, Akropolismuseum Nr. 973
Reliefplatte von der Nikebalustrade
Marmor; Höhe 1,06 m

97 Sandalenlösende Nike von der Balustrade des Niketempels ▸

Erhaltungszustand:
Die gesamte Oberfläche ist mehr oder weniger stark bestoßen; der linke Fuß, die linke Hand und der Kopf fehlen. Die Platte ist vor der Figur der Nike annähernd senkrecht gebrochen; große Teile des rechten Flügels sind dadurch verlorengegangen.

Beschreibung:
Dargestellt ist der jugendliche Körper einer geflügelten Frau. Sie steht auf ihrem linken, im Knie gebeugten Bein. Ihr rechtes Bein ist so weit angehoben, daß der Oberschenkel waagerecht liegt. Der rechte Arm ist hinter dem Bein entlanggeführt. Die Hand löst die Riemen der Sandale am rechten Fuß. Der gebeugte linke Arm ist zurückgenommen, um den labilen Stand des Körpers auszubalancieren.

Die geflügelte Göttin ist mit einem hauchdünnen Untergewand, einem Chiton, bekleidet. Zusätzlich trägt sie ein Manteltuch, das in dicken Bahnen über den linken Unterarm fällt und von dort

98 Die Nike des Paionios. Olympia, Museum

schwungvoll über den Unterkörper verläuft. Die Übergänge zum dünneren Chitonstoff sind an einigen Stellen fließend. Die Unterscheidung der beiden Stoffe war früher durch die farbliche Differenzierung einfacher. Die Platten der Nikebalustrade wurden auf dem Höhepunkt des Reichen Stils, gegen 410 v. Chr., gearbeitet. Man spricht in diesem Zusammenhang auch vom ›nassen Stil‹. Denn oftmals ›kleben‹ die Gewänder so dicht an den dargestellten weiblichen Figuren, daß eine Unterscheidung von Stoff und Haut nicht mehr möglich ist. Von Realismus kann keine Rede mehr sein. Das Gewand der Nike ist bewußt so komponiert, daß die Brüste, die Konturen des Oberkörpers und der Beine deutlich faßbar werden. Die Erotisierung des weiblichen Körpers hat mit solchen und vergleichbaren Darstellungen (zum Beispiel die Nike des Paionios in Olympia, Museum, *Abb. 98)* einen ersten Höhepunkt erreicht. Der weitere Weg führt über Aphroditedarstellungen des Praxiteles *(Abb. 99)* bis hin zur sogenannten Pantoffelgruppe von Delos *(Abb. 139)*.

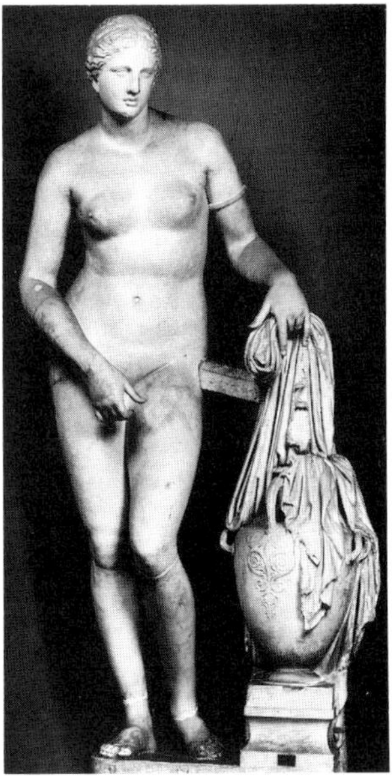

99 Die Aphrodite des Praxiteles aus Knidos. Vatikanische Museen

Die Reliefplatten der Nikebalustrade umschließen den kleinsten Baukomplex auf der klassischen Akropolis, dessen Fertigstellung sich jedoch am längsten hingezogen hat. Die Errichtung eines Tempelchens der *Nike Apteros*, der flügellosen Nike, wie Pausanias irrtümlich überliefert[192], wurde bereits 449 v. Chr. beschlossen. Er hat sich rechts von den Propyläen auf einem Felssporn befunden. Wann mit den Arbeiten begonnen wurde, in welchen Jahren und in welchem Zustand die Bautätigkeiten unterbrochen wurden, das sind bis heute nicht vollständig geklärte Fragen. Sicher ist, daß während des Nikiasfriedens (421–415), der kurzen Unterbrechung des Peloponnesischen Krieges, an dem Heiligtum gearbeitet wurde, das nicht, wie Pausanias überliefert, der flügellosen Nike, sondern der *Athena Nike*, der siegbringenden Athena, geweiht war. Durch die inzwischen in monumentaler Form errichteten Propyläen sind wahrscheinlich Bauänderungen gegenüber der Anfangsplanung des Niketempels notwendig geworden. Viel Platz steht auf dieser westlichen Bastion der Akropolis sowieso nicht zur Verfügung. Das Tempelchen ist entsprechend bescheiden ausgefallen. Um größeren Menschenmengen bei Festlichkeiten den nötigen Schutz zu bieten, hat man die steil abfallenden Ränder der Bastion mit einer außen reliefierten Balustrade umgeben. Auf einem Relieffries von ca. 30 m Länge waren insgesamt etwa 50 Figuren untergebracht. Es handelt sich nicht um eine fortlaufende Komposition wie beim Parthenonfries; vielmehr sind etliche sich wiederholende Szenen in lockerer Folge aneinandergereiht: Vor der auf einem Felsen sitzenden Athena bringen Niken Stieropfer dar, richten Tropaia auf oder bereiten Räucheropfer vor. Nike ist die Göttin des Sieges. Sie wird traditionell geflügelt dargestellt. Im Jahre 410 konnten die Athener unter Alkibiades letztmals einen Seesieg gegen die Spartaner bei Kyzikos erringen. In diesem Zusammenhang erscheint eine Entstehung der Balustradenreliefs am ehesten denkbar. Eine Datierung nach 404, nach der endgültigen Niederlage Athens, die Spartas Vorherrschaft begründete, kann ausgeschlossen werden.

Die einzelnen Reliefplatten unterscheiden sich stilistisch so deutlich, daß verschiedene Bildhauer am Werk gewesen sein müssen. Ob Agorakritos, der Lieblingsschüler des Phidias, für den Entwurf verantwortlich zeichnet, wie verschiedentlich vermutet wurde[193], ist nicht erwiesen.

Die Statue der Eirene mit dem Plutosknaben *(Abb. 100)*
München, Glyptothek Nr. 219
Aus der Sammlung Albani in Rom
Pentelischer Marmor; Höhe ohne Plinthe 1,99 m

Erhaltungszustand:
1962 wurden zahlreiche nichtantike Ergänzungen Cavaceppis abgenommen. Es fehlen bei der Frauenstatue der rechte Arm und die Finger der linken Hand samt Attribut; bei dem Knaben die Arme, der linke Fuß, die Vorderhälfte des rechten Fußes und der Hals. Der Kinderkopf ist ein Gipsabguß einer anderen Replik aus Athen nach demselben Original. Das Gewand der Frau ist an verschiedenen Stellen ausgebessert.

Beschreibung:
Eine junge Frau steht frontal aufrecht, wobei sie den rechten Fuß ein wenig nach hinten zur Seite gestellt hat. Über der belasteten Hüfte sitzt in der Armbeuge nahezu im Profil ein Knabe im Kleinkindalter, dessen Gesicht und rechter Arm auf das ihre gerichtet sind, während der linke entgegengesetzt orientiert ist. Sein hinteres Knie ist stärker als das vordere gebogen. Die Frau blickt auf das Kind hinab. Ihre linke Hand hielt einen (verlorenen) Gegenstand neben seinem Bein. Ihr rechter Oberarm führte seitlich mit mäßiger Neigung vom Körper weg. Die Frau trägt einen Peplos und ein Mäntelchen, das nur die Rückseite bedeckt und dort bis zu den Waden hinabfällt. Der Peplos ist besonders lang und untergegürtet; deshalb ist von dem Gürtel nichts zu sehen. Auf der linken Seite ist das Gewand offen, denn unter dem rechten Arm hat der Überschlag eine von vorn nach hinten führende Schlaufe ausgebildet. Unter der Achsel kann man sehen, daß die Frau kein Untergewand trägt. Das Mäntelchen ist ein einfaches Tuch, das an den Schulternadeln des Peplos so befestigt wurde, daß es sie verdeckt. Von den Sandalen der Frau sieht man die dicken Sohlen

100 Eirene mit dem Plutosknaben

und an dem etwas mehr entblößten rechten Fuß zwischen den Zehen noch einen verzierten Riemen.

Die Haare sind über der Stirnmitte gescheitelt und um ein nur hier sichtbares Diadem gelegt. Weiter oben werden sie von einem um den Kopf gelegten Band zusammengehalten, wodurch sie auf der Kalotte, wo sie vom Wirbel aus leicht gewellte Strähnen bilden, knapp aufliegen, während sie sich unterhalb des Bandes zu den Seiten volumenreich entfalten. Hinter den Ohren fallen über Nacken und Schultern, auch nach vorne, Korkenzieherlocken herab.

Das Kind ist nackt bis auf ein Tuch, das von der Mitte der Oberschenkel bis zu den Fußwurzeln um seine Beinchen und um sein Gesäß geschlungen ist. Es ist freudig erregt, da die Frau sich ihm ruhig und innig zuwendet.

Forschungsgeschichte, Rekonstruktion, Deutung und politischer Zusammenhang:

Im Jahre 1758 ließ Kardinal Alessandro Albani vor den Toren Roms eine Villa errichten, die seine wachsende Antikensammlung aufnehmen sollte. Damals war Johann Joachim Winckelmann, der Begründer der griechischen Kunstgeschichte und Vater der archäologischen Wissenschaft, als Berater und Vertrauter des Kardinals tätig.[194] Gegen 1760 erwarb dieser die hier zu analysierende Statue, in der Winckelmann sofort wegen der vornehmen Kleidung, des Diadems und der nicht individualisierenden Gesichtszüge eine Göttin erkannte, die er zunächst als *Juno Lucina*, eine römische Geburtsgöttin, dann als *Ino Leukothea*, eine griechische Seegöttin, die den neugeborenen Dionysos, den Gott des Weines, aufzog, deutete.[195]

Später wurde zwar Winckelmanns Deutung der Figur durch den Archäologen E.Q. Visconti abgelehnt, aber die Autorität des deutschen Gelehrten war so groß, daß über 100 Jahre niemand daran zweifelte, er habe mit Recht in der Skulptur ein griechisches Original erkannt.

1798, nach dem Einmarsch der napoleonischen Truppen in Rom, wurde die Statue gemeinsam mit anderen Antiken der Sammlung Albani beschlagnahmt, nach Paris gebracht und im Musée Napoléon aufgestellt. Als 1815 der Kaiser gestürzt war, sollte sein

Museum aufgelöst, die Schätze von ihren rechtmäßigen Besitzern abgeholt werden. Prinz Carl Albani, damaliger Eigentümer, entschied sich wegen der hohen Transportkosten für den Verkauf seiner Antiken in Paris. So erwarb 1816 Kronprinz Ludwig von Bayern die Statue für die von ihm gegründete Glyptothek, mit deren Bau im selben Jahr begonnen wurde.[196]

Nicht mehr eines der edelsten Werke griechischer Kunst aus der Zeit des Phidias, aber immer noch ein »attisches Originalwerk ersten Ranges« meinte C. Friedrichs 1859 vor sich zu haben und datierte die Statue als erster richtig ins 4. Jahrhundert v. Chr. Auf einer attischen Münzprägung aus dem 2. Jahrhundert n. Chr. bemerkte er die Abbildung einer – soweit erkennbar – übereinstimmenden Figurengruppe. Auf der Münze hält die Göttin zum Zeichen ihrer Würde in der rechten Hand ein neben ihrem Spielbeinfuß aufgestelltes Zepter, das ihr bis zum Scheitel reicht. Friedrichs deutete die Gruppe als *Gaia Kourotrophos*, als Mutter Erde, die das göttliche Kind nährt. Mit diesem Kind war bei den Athenern ein mythischer Urkönig gemeint, Erichthonios, der das älteste Bild der Athena auf der Akropolis aufgestellt, die Panathenäen begründet, den Namen des Staates (οἱ 'Αθηναῖοι = »die Athener«) zur Geltung gebracht und die Mysterien von Eleusis eingeführt hatte.[197] Mythischer Vater des Erichthonios war der Schmiedegott Hephaistos. Der hatte nämlich seinen Samen auf die Erde fallen lassen, als die von ihm bedrängte Athena sich gegen ihn zur Wehr setzte. Trotzdem soll Athena schließlich den Knaben großgezogen haben.

Die für die Athener so hochbedeutende Figur des Erichthonios erinnert in vielen an den Knaben Plutos (= Reichtum), mit dem ursprünglich die kommende Ernte gemeint war, die man der Göttin Demeter verdankte, dann die Fülle; und schließlich verkörperte Plutos die Vorstellung von allumfassendem Wohlstand.[198] So wurde auch Plutos ein »göttliches Kind« genannt. Er war der Sohn der Demeter, gezeugt auf dreimal gepflügtem Acker. Auf attischen Vasen des 4. Jahrhunderts wird Plutos sehr häufig dargestellt. Zumeist sieht man die Mutter Erde, in die auch diesmal der Same fiel, wie sie den Jungen der späteren Pflegemutter Demeter übergibt.[199] Ein zeitgenössischer Betrachter mußte vor der Statue sicherlich auch zunächst an Demeter denken, weil diese seit der Mitte des 5. Jahrhunderts in der gleichen Weise Peplos und Mäntelchen trug und meist ebenso ruhig und gewichtig dastand.[200] Zu ihr paßt auch das Zepter, nicht aber das Mädchenhafte der Gesichtszüge und das langgelockte Haar. Friedrichs Fehldeutung ist vor diesem Hintergrund nicht verwunderlich. Die endgültig richtige Deutung stammt von L. Stephani, der die Statue und das Münzbild mit zwei Stellen bei Pausanias kombinierte. Dort heißt es[201], daß auf der Agora von Athen in der Nähe der Statuen der mythischen Heroen und des Demosthenes (s. u. S. 210 ff.), nicht weit von den Tyrannenmördern (s. o. S. 131 ff.) ein Bildwerk der Eirene mit dem Knaben Plutos stehe. Aus dem Aufstellungsort ergibt sich, daß die Friedensgöttin aus einem bestimmten politischen Anlaß von zentraler Bedeutung für das Volk von Athen gewesen sein muß und von diesem zur Selbstidentifikation aufgestellt worden ist. In anderem Zusammenhang schließlich berichtet Pausanias[202], der Bildhauer Kephisodotos habe den Athenern die Statue der Eirene geschaffen, was von ihm eine »kluge Erfindung« gewesen sei. Eirene, eine Tochter von Zeus und Themis, wurde erstmals kultisch verehrt, als die Athener ihr 466 v. Chr., nach dem Sieg über die persische Flotte am Eurymedon an der Südküste Kleinasiens, einen Altar errichteten.[203] Mit dieser Niederlage der Perser hatte seinerzeit die uneingeschränkte Seeherrschaft der Athener und das Ausgreifen an alle Küsten des östlichen Mittelmeeres begonnen, während zugleich der Ausbau ihrer Vormachtstellung im Attisch-Delischen Seebund Athens Großmacht und Wirtschaftsblüte begründete. Darauf basierend wurden 20 Jahre später die Bauten auf der Akropolis errichtet. Aus dieser Zeit stammt auch der immer wieder aufgegriffene Gedanke, daß der Friede den Reichtum ›gebäre‹ (Bakchilides). Eine bildliche Darstellung der Begriffe ›Frieden‹ und ›Reichtum‹ läßt sich jedoch vor der ›Erfindung‹ des Kephisodotos nicht nachweisen. Im Zeitalter des Peloponnesischen Krieges haben sich die Dichter öfter über Eirene geäußert. Euripides nennt sie »sehr reich« und »Glück = Reichtum spendend«. In dem Bühnenstück des Aristophanes mit dem Titel »Frieden« (421 v. Chr.) wird die Göttin aus einer Höhle befreit, in die sie der ›Krieg‹ verbannt hatte. Doch der Krieg der griechischen Staaten untereinander ging auch nach 404 weiter und führte zu einer ständig wachsenden Dominanz des persischen Großkönigs. Als 392 v. Chr. Friedensverhandlungen zwischen Athen und Sparta eingeleitet wurden und scheiterten, gebrauchte der Athener Advokat Andokides in seiner ›Friedensrede‹ erstmals publizistisch die von den Spartanern in die Debatte geworfene Formulierung von einem »allgemeinen Frieden für die Griechen«, welche sofort zu einem Schlagwort ersten Ranges wurde.[204] Man benutzte es bei dem vom Perserkönig diktierten ›Königsfrieden‹ von 386, auf dem Friedenskongreß von 375/4, bei den Friedenskonferenzen von 371, 368 und 367 und vor allem beim Friedensschluß von 362, als nach der Schlacht von Mantineia die kurze Vorherrschaft Thebens zusammenbrach. Da der römische Schriftsteller Plinius[205] zwei Bildhauer mit dem Namen Kephisodotos anführt, wichen die Datierungen der Eirene durch L. Stephani und B. Stark, der 1865 dessen Kombination folgte, um ein Jahrhundert voneinander ab. Erst H. Brunn erklärte 1867 die Statue als römische Kopie und datierte sie, bis heute gültig, in die erste Hälfte des 4. Jahrhunderts. Auf attischen Münzen erkannte Brunn, daß die Göttin in der linken Hand neben dem Kind ein aufgerichtetes Füllhorn trägt, ein geläufiges Attribut von Glück und Reichtum spendenden Gottheiten.[206] Das Füllhorn auf der Münze war für Brunn der Beweis, daß die dort abgebildete Figur die Eirene des Kephisodotos und die Münchner Statue eine Kopie derselben sei. Dies bestätigte sich 1881, als im Piräus eine Replik des Knaben mit dem Rest eines Füllhorns gefunden wurde.[207] Sicher nicht zufällig hat gerade gegen 360 ein attischer Vasenmaler ein Plutoskind gemalt, das zusammen mit einem Füllhorn hier von der Erdmutter hochgehalten wird.[199] Brunn folgerte weiter, daß das Original, da es auf der Agora im Freien gestanden hat, aus Bronze gewesen sein mußte. Zeichnerisch ließ sich die Statue jetzt vervollständigen *(Abb. 101)*. Brunn datierte sie ins Jahr 374, in der Annahme, daß damals ein Friedensaltar auf der Agora errichtet wurde. Wie bedeutend das Original gewesen sein muß, zeigt die wachsende Anzahl von Repliken, die inzwischen gefunden wurden. Keine davon ist jedoch so vollständig wie das Münchner Exemplar. Auch die Darstellungen auf Münzen und Gemmen belegen die Berühmtheit des Originals.

101 Rekonstruktionszeichnung der Eirene, nach D. Ohly

Inzwischen hat man sogar auf zwei panathenäischen Preisamphoren die Darstellung der Figurengruppe als statuarisches Werk entdeckt.[208] Die Gefäße sind aufgrund von Namensinschriften der amtierenden Beamten fest datierbar und stammen aus dem Jahre 360/59. Es ist unwahrscheinlich, daß ein politisch offenbar so wichtiges Bildwerk schon viele Jahre vor seiner Wiedergabe auf den Preisamphoren aufgestellt worden wäre. Auch stilistisch ist die Statue durchaus verständlich neben anderen Werken dieser Jahre.

Das Original der Münchner Eirene ist das einzige bisher greifbare Werk, das dem bedeutenden Bildhauer Kephisodotos dem Älteren zugewiesen werden kann. 18 seiner Werke sind insgesamt literarisch überliefert, wobei einige davon auch von seinem jüngeren Namensvetter stammen könnten.

Während die Verträge von 374 und 371 den Krieg zwischen den damaligen griechischen Hauptmächten Athen, Sparta und Böotien nicht beenden konnten, fand Hellas Ende Juni 362 nach der Niederlage der seit 371 vorherrschenden Thebaner in der Schlacht bei Mantineia für einige Jahre Ruhe.[209] Es würde in unserem Zusammenhang zu weit führen, ausführlich zu begründen, warum es als höchstwahrscheinlich anzusehen ist, daß die Statue der Eirene 362/1 entstanden sein muß und die frühere Datierung in die siebziger Jahre zu verwerfen ist. Als die Athener Volksversammlung die Aufstellung der Eirene beschloß, hatte der Bildhauer gewiß nicht die Freiheit, mit einer »klugen Erfindung«, wie Pausanias ein halbes Jahrtausend später in Unkenntnis der damaligen Verhältnisse annahm, vollendete Tatsachen zu schaffen. Ihr Aussehen dürfte vielmehr von der Volksversammlung so detailliert festgelegt worden sein, daß sie zu einem die Vorstellung aller Fraktionen der Bürgerschaft abdeckenden, integrierenden, harmonisierenden Werk wurde. Mit dieser plastischen Neuschöpfung der Wohlstand bringenden Friedensgöttin, die zugleich an Athena mit dem Erichthoniosknaben und an Demeter mit Plutos erinnerte, konnten sich gewiß alle Bürger identifizieren.

Als ein Ausdruck des Vorherrschaftsanspruches des noch immer demokratisch organisierten Bürgertums einer griechischen Polis steht die Eirene am Ende der in Hellas von den Stadtstaaten entwickelten und bestimmten Geschichtsepoche. Bald danach diktierten ihnen Philipp II. (338) und Alexander der Große (336) den ›allgemeinen Frieden‹. Das Zeitalter der Klassik ist damit endgültig vorbei.

Wie Isokrates und Demosthenes (s. u. S. 210ff.) wurzelte der Bildhauer Kephisodot der Ältere noch in der ›klassischen‹ Welt und erlebte die Wende zu einer neuen Epoche. Es ist immer wieder bemerkt worden, in welch engem Traditionszusammenhang die Eirene mit den Schöpfungen der ›Blüte‹ Athens, zum Beispiel mit den Karyatiden vom Erechtheion, steht. Dennoch, der Reiche Stil ist beendet. Das Neue liegt in der wieder geringeren Durchsichtigkeit des Gewandes und der Verhüllung der Körperstruktur, in der stofflichen Dichte, in der größeren Zartheit der Glieder und in der vermehrten Eindeutigkeit und Bildhaftigkeit der Erscheinung.

Der Hellenismus

Bildwerke aus den bisher behandelten Epochen der griechischen Kunstgeschichte, aus der spätgeometrischen Zeit des 8. Jahrhunderts, aus den beiden folgenden Jahrhunderten der Archaik, aus der Epoche des Strengen Stils zwischen dem Ende der Perserkriege und der Mitte des 5. Jahrhunderts, aus der Zeit der Hochklassik und dem darauf folgenden Reichen Stil besitzen eine optisch unmittelbar erfaßbare Klarheit und Folgerichtigkeit. Obwohl nur relativ wenige fest datierbare Kunstwerke aus diesen Jahrhunderten existieren, erscheint die Stilentwicklung insgesamt so logisch und klar, daß inzwischen eine weitgehend sichere zeitliche Abfolge des erhaltenen Materials erstellt werden konnte. Größere Ungewißheiten in dieser Beziehung sind bei hochrangigen Kunstwerken aus den genannten Epochen eher die Ausnahme. Nach 400 ändert sich jedoch dieser Tatbestand. In der zweiten Hälfte des 5. Jahrhunderts war in einem raschen Zug auf allen Gebieten der Kultur ein inhaltliches wie formales Ideal erreicht worden, das die Bedürfnisse der nachfolgenden Generationen, deren Leben sich nicht grundsätzlich von dem der vorangegangenen Zeit unterschied, so weit befriedigte, daß sich Veränderungen nur in kleineren Schritten vollziehen konnten. Das einmal Erreichte wurde nun als vorbildlich aufgefaßt und floß in jeden neuen Entwurf mit ein; es war mehr als eine irgendwann einmal erklommene Vorstufe. Einerseits haben immer neue Denkansätze eine wachsende Zahl von Möglichkeiten hervorgebracht, andererseits wuchs damit beständig auch der zu reflektierende Stoff. Die Kunstbetrachtung, die zunächst einmal wissen will, wann, wo, für wen und von wem eine Arbeit ausgeführt wurde, wird bei der Plastik des 4. Jahrhunderts mit vielen Problemen konfrontiert. Dies gilt besonders für die großformatigen Rundskulpturen, deren Ablesbarkeit und damit Vergleichbarkeit untereinander innerhalb der Gattungen der bildenden Kunst am geringsten ist. Aus dem 4. Jahrhundert v. Chr. gibt es kein einziges bedeutendes Werk dieser Art, das bislang unangefochten ganz genau datiert werden könnte. Selbst bei der hier mit einer bestimmten Jahreszahl, nämlich 362/1 vorgestellten Skulptur der Eirene *(Abb. 100)* des Bildhauers Kephisodot des Älteren weichen neuere Datierungsvorschläge bis zu 50 Jahre voneinander ab.

Im 3. Jahrhundert kann den Anspruch absoluter Sicherheit bis heute nur das Standbild des Demosthenes *(Abb. 104)* aus der Werkstatt des Bildhauers Polyeuktos erheben: Es ist auf 280/79 zu datieren. Die Nachteile dieses Werkes sind, daß es wie die Eirene auch nur durch Kopien überliefert ist und zudem von einem ansonsten unbekannten Bildhauer stammt, nicht aber von einem den literarischen Quellen zufolge seinerzeit berühmten Meister wie zum Beispiel Kephisodot.

Etwas günstiger ist die Lage im 2. Jahrhundert, vor allem durch den großen Komplex originaler Skulpturen, die bei den deutschen Ausgrabungen im kleinasiatischen Pergamon vor etwas über 100 Jahren zutage kamen: Sie lassen sich zu einem großen Teil in die mittlere bis späte Regierungszeit des dortigen Königs Eumenes II. (197–159) datieren und vermitteln erstmals eine Vorstellung von

102 Der Zeusaltar von Pergamon, Gesamtansicht im aufgebauten Zustand. Berlin (Ost), Pergamonmuseum

der Kunst des Zeitalters, die man Hellenismus zu nennen pflegt. Das in dieser Beziehung wichtigste Monument Pergamons ist der reliefverzierte Zeusaltar *(Abb. 102, 103);* selbst bei ihm existiert ein, wenn auch nur geringes, Datierungsproblem. Meist nimmt man eine Bauzeit zwischen 180 und 159 an; daneben gibt es sowohl etwas höhere Ansätze als auch den hier vertretenen Baubeginn im Jahre 166, wobei außerdem für das Ende der Arbeiten das Jahr 156 vorgeschlagen wird.

Der kaiserzeitliche römische Schriftsteller Plinius der Ältere (23–79 n. Chr.) ließ ›zufällig‹ mit dem zuletzt genannten Jahr die griechische Bildhauerei wiederaufleben. Er scheint sich dabei auf

103 Reliefplatte mit Darstellung des Zeus aus dem Großen Fries des Pergamonaltars. Berlin (Ost), Pergamonmuseum

eine Quelle des 1. Jahrhunderts v. Chr. gestützt zu haben. Gegen die Mitte des 2. Jahrhunderts hatte man sich in Pergamon verstärkt an der Kunst der Hohen Klassik, aber auch des 4. bis frühen 3. Jahrhunderts zu orientieren versucht und erstmals damit begonnen, Kopien älterer Skulpturen anzufertigen. Dies wurde seit dem Ende des 2. Jahrhunderts ein charakteristischer Zug, der bis in die Spätantike einen erheblichen Teil des Kunstschaffens ausmachen sollte. Ein Beispiel von vielen für die Gründe und die Art der Verarbeitung berühmter Bildwerke der Vergangenheit stellt die Aphrodite-Pan-Eros-Gruppe aus Delos dar *(Abb. 139)*, deren Göttin die vom Bildhauer Praxiteles geschaffene Statue der Aphrodite von Knidos *(Abb. 99)* ›kopiert‹. Die vorherrschende Ansicht, die Gruppe sei um oder gegen 100 v. Chr. angefertigt worden, soll ausführlich begründet werden, da auch Datierungsvorschläge publiziert wurden, die bis zu 50 Jahre nach oben abweichen. Sicher ist lediglich, daß diese Skulptur nach 166 und vor 88 v. Chr. in Auftrag gegeben worden ist.

Am 1. März des Jahres 86 v. Chr. erstürmten die Truppen des römischen Generals Sulla die Stadt Athen. Dies bedeutete das Ende der allein von Griechen für Griechen gemachten Politik in der ehemals hellenisch-makedonischen Welt und gleichzeitig den Anfang einer überwiegend von römischen Bedürfnissen diktierten griechischen Kunst. Es ist also berechtigt, die vorrömische griechische Kunstgeschichte schon hier enden zu lassen, obwohl erst seit Beginn der Regierung des Augustus (31 v. Chr.) alle hellenischen Kunstzentren dem Römischen Reich de facto einverleibt waren und die bildende Kunst jetzt in der geistigen Begründung des Kaisertums wesentlich neue Aufgaben erhielt. Mit dem Regierungsantritt des Augustus lassen die meisten Gelehrten den Hellenismus enden, der für sie mit dem Tode Alexanders des Großen (332 v. Chr.) beginnt.

Plinius hingegen kennt seit der Hohen Klassik folgende zwei wesentlichen Einschnitte: das »Weichen der Kunst« nach der Schaffenszeit der Söhne und Schüler des Bildhauers Lysipp und die »Rückkehr der Kunst« um die Mitte des 2. Jahrhunderts. Laut Plinius war Lysipp auch Alexanders Lieblingsbildhauer, dessen »Blüte« er für das Jahr 328 angibt. Für dessen drei Söhne nennt er die Jahre zwischen 296 und 293. Will man nicht einen Irrtum annehmen, so können Lysipps Kinder damals nicht älter als 40 Jahre gewesen sein, das höchste Alter, für das die Griechen den Begriff ›Blüte‹ verwendeten. Kein in der Literatur erwähntes Werk eines der Söhne oder Schüler Lysipps ist wohl vor 300 geschaffen worden. Daher kann mit der Tätigkeit einiger von ihnen bis um 250 gerechnet werden, zumal ein von Plinius mehrfach erwähnter, schon spätestens um 290 tätiger Enkelschüler Lysipps einen Sohn hatte, der noch kurz nach 221 gearbeitet hat.[210] Erst frühestens um die Mitte des 3. Jahrhunderts wird darum Plinius' klassizistische Quelle das Ende der ihr vorbildhaft erscheinenden Kunst ansetzen, nicht schon gegen 295, wie der Wortlaut bei Plinius aussagt.

Als Beispiele von Skulpturen aus der Lebenszeit Alexanders und seiner Nachfolger nennen wir hier die Eirene *(Abb. 100)*, das Porträt Platons *(Abb. 118)*, den Bronzekopf eines Faustkämpfers *(Abb. 119)*, ein Grabrelief *(Abb. 116)* und das Standbild des Sokrates *(Abb. 115)*. Plinius brachte gerade diesen Werken eine sehr hohe Wertschätzung entgegen, und eben darum ist es eigentlich unverständlich, warum Skulpturen, die diese Tradition weiterführten, als antiklassisch gelten konnten, so die Bildnisse des Theophrast *(Abb. 108)*, Demosthenes *(Abb. 104)*, Metrodor *(Abb. 113)*, Epikur *(Abb. 110)*, Zenon *(Abb. 109)* und schließlich Hermarch *(Abb. 112)* (gegen 250). Es gibt Gelehrte, die die Porträts von Metrodor, Epikur und Hermarch sogar wegen ihres ihnen klassizistisch erscheinenden Charakters um die Mitte des 2. Jahrhunderts oder danach datieren. Selbstbewußt raumgreifende und Dissonantes hervorhebende Bildwerke, zum Beispiel die um 220 entstandenen Gallier *(Abb. 121, 130)*, der Bronzekopf von Antikythera *(Abb. 120)*, der schlafende Satyr *(Abb. 144)* und die Gruppe von Satyr und Mänade *(Abb. 142)*, sind dagegen sofort als der Parthenon-Tradition entgegengesetzt zu erkennen. Gleiches gilt für die ›barock‹ bewegten Werke, wie den Gigantenfries am Pergamonaltar *(Abb. 103, 126)*. Dieser Stil klingt über den Telephosfries am selben Bauwerk *(Abb. 138)* zur Polybiosstele *(Abb. 134)* nach der Mitte des 2. Jahrhunderts aus, auch wenn diese ›hoch‹- oder ›mittelhellenistische‹ Kunst von Anspielungen auf ältere Werke reichen Gebrauch macht. Von einer ›hellenistischen‹ Kunstepoche zwischen 323 und 31 v. Chr. kann daher im Sinne eines ›geometrischen‹, ›archaischen‹ oder ›klassischen‹ Stils nicht gesprochen werden. Mit wachsender Entfernung von der Hochklassik konstatiert man u. a. eine allmähliche Verdichtung und zunehmende Bildhaftigkeit der Erscheinungen, ab dem frühen 3. Jahrhundert ein verstärktes Interesse an physiognomischer Typik und an einer naturgetreuen Wiedergabe von Details, um 240/30 dazu noch ein neues Verhältnis zum Raum sowie ein Interesse am Zufälligen und Abnormen. In der Zeit der pergamenischen Gigantomachie tritt die Sichtbarmachung des zeitlichen Kontinuums, des Atmosphärischen einer Gesamtsituation auf; schließlich als Reaktion auf das bisher Angestrebte das Vermeiden von Spannungen sowie ein sich verstärkender Hang, ältere Werke wegen ihrer Vorbildlichkeit zu adaptieren, zu imitieren oder einfach zu reproduzieren.

Was ist mit Hellenismus gemeint? *Hellás* war eine ganz kleine Landschaft in Nordgriechenland, deren Name aus unbekannten Gründen allmählich zur Bezeichnung ganz Griechenlands wurde.[211] Seine Bewohner hießen von nun an *Héllenes*; für ihre Sprache entstand in der Folgezeit der Begriff *Héllenismos*, der bald auch die gesamte Kultur meinen konnte.[212] In den drei letzten Jahrhunderten v. Chr. wurde dank des überkommenen kulturellen Übergewichts der Stadt Athen ihr Dialekt zur verbindlichen Schriftsprache für alle Griechen. Daher haben die Gelehrten an der größten Bibliothek des Altertums, die zu Beginn des 3. Jahrhunderts in Alexandria gegründet wurde, in den beiden Jahrhunderten um die Zeitenwende mit ›Hellenismos‹ (latinisiert Hellenismus) den richtigen Gebrauch der Sprache, die Schriftform des zeitgenössischen Attischen gemeint. Während einige britische Gelehrte daher mit Hellenismus verallgemeinernd das bezeichnen, was wir das antike Griechentum nennen: die griechische Kultur vom Ende der mykenischen Zivilisation im 12. Jahrhundert v. Chr. bis zum Beginn des Mittelalters infolge der Siegeszüge der Araber im 7. Jahrhundert n. Chr., gab der deutsche Historiker J.G. Droysen dem Begriff Hellenismus seit 1833 eine andere Bedeutung.

Aufgrund einer Abhandlung von 1612 war man der Ansicht, an einer Stelle in der Apostelgeschichte des Neuen Testaments seien mit *Hellenistaí* orientalisierte Griechen gemeint[213]; in Wirklichkeit handelte es sich aber um Griechisch sprechende Juden. Droysen glaubte, in den Jahrhunderten nach Alexander sei es zu einer Verschmelzung der griechischen mit den orientalischen Kulturen gekommen, welcher Prozeß seine ersten Ergebnisse etwa zur Zeit des Todes des letzten Generals gezeitigt habe, der dem König gedient und dann ein eigenes Reich begründet hatte. Da in der Abwehr gegen das seit Konstantin d. Gr. geförderte Christentum die heidnische Welt sich mit dem Begriff Hellenismus identifizierte, bezeichnete Droysen die gesamte griechisch-heidnische Entwicklung von der Ermordung Seleukos I. im Jahre 280 v. Chr. bis zur Schließung der Akademie Platons im Jahre 529 n. Chr. mit ›Hellenismus‹.

Obwohl das von Droysen mit ›Hellenismus‹ Gemeinte so gar nicht existierte, der Begriff auf einem Mißverständnis beruht und zudem sprachlich unkorrekt ist (da die Kultur der ›Hellenisten‹ der ›Hellenistizismus‹ wäre[214], hat er sich mit unterschiedlicher inhaltlicher Akzentuierung und zeitlicher Begrenzung außerhalb Großbritanniens zumindest als Kulturbezeichnung durchgesetzt. Einige deutsche Gelehrte haben ihn auf alle vom Griechentum stark beeinflußte Kulturen ausgedehnt und folglich die gesamte römische Kaiserzeit bis zur Spätantike zu einer zweiten großen Phase des Hellenismus gemacht. Unter den Historikern und den Archäologen gibt es dagegen einige, die ihn bereits um 100 v. Chr. oder sogar um die Mitte des 2. Jahrhunderts enden lassen wollen, weil sich im Verlauf desselben die Macht und dann auch der kulturelle Einfluß Roms auf die hellenisch-makedonischen Staaten östlich Italiens und Siziliens ausdehnte, so daß von einer selbstbestimmten griechischen Geschichte nicht mehr die Rede sein kann.[215] Die Mehrzahl der Wissenschaftler bezeichnet mit ›Hellenismus‹ die drei Jahrhunderte von Alexanders Eroberungszug bis zur Begründung des römischen Kaisertums durch Augustus, manchmal auch nur bis zur Ermordung Cäsars im Jahre 44 v. Chr.[216] Die Geschichte von Alexander bis zum Ende des Seleukos (280 v. Chr.) hat Droysen später selbst in den Hellenismus einbezogen. Ganz abweichend davon hat man den Hellenismus auch schon um 400 beginnen lassen wollen.[217] Und seit 1950 vertritt schließlich der Althistoriker H. Bengtson die selten aufgegriffene These, seit der Mitte des

4. Jahrhunderts müsse von einem hellenistischen Griechenland gesprochen werden.[218] Archäologen neigen schließlich manchmal dazu, den Anfang dieser neuen Epoche erst kurz nach 300 zu sehen.[219]

Zäsuren in ein historisches Kontinuum zu legen, ist immer ein von einer begrenzten Zahl von Gesichtspunkten ausgehendes und darum letztlich willkürliches Verfahren. Droysen, der mit dem eigenen Hellenismus-Begriff schwankend umging, sagte einmal, in der Geschichte gebe es so wenig Epochengrenzen wie auf dem Erdkörper die Linien des Äquators und der Meridiane. Dennoch darf darauf hingewiesen werden, daß die hier getroffene Abmessung einer Zeitspanne zwischen der Eirene (362/1) und der Aphrodite-Pan-Eros-Gruppe von Delos (um 100) auch eine tiefgreifende historische Berechtigung hat. Bengtson hat seinen Vorschlag neben Hinweisen auf einige kulturgeschichtliche Phänomene vor allem damit begründet, daß seit Entstehung der Stadtstaaten in den nachmykenischen Jahrhunderten die hellenische Politik von den Städten bestimmt worden ist, in ihnen aber nach 360 eine als ausländisch empfundene Macht, das feudale Königreich Makedonien unter Philipp II., zum bestimmenden Faktor wurde. Die Unterwerfung im Jahre 338 verwies Hellas für immer auf den zweiten Platz. Die Eirene ist somit das letzte Denkmal eines freien, von Athen dominierten Griechenland.

Aus dem an die Stelle Athens getretenen Makedonien Philipps entstand das Riesenreich Alexanders, das gegen 270 endgültig in drei Teilreiche zerbrochen war: das alte Makedonien, das seleukidische Asien und das ptolemäische Ägypten. Gebietseinbußen mußten nur die Seleukiden hinnehmen. Für die griechische Kunstgeschichte wichtig wurde das 262 unabhängig gewordene Gebiet von Pergamon, das sich zu einem westkleinasiatischen Territorialstaat entwickelte. Diese vier Königreiche bemühten sich mit wechselndem Erfolg um Einfluß auf die Staaten in Hellas und die kleinasiatischen Griechenstädte, während seit 262 die römische Republik bereits auf den mächtigsten hellenischen Staat des Westens, den von Syrakus, bestimmend einwirkte. Seit dem Sieg über Makedonien im Jahre 197 hatte Rom die Balkanhalbinsel, seit der Niederlage des Seleukiden Antiochos d. Gr. im Jahre 190 Kleinasien, seit 168, unmittelbar nach der Vernichtung des Königreichs Makedonien, auch Ägypten und den Rest des Seleukidenreiches unter seinem Einfluß. Der letzte von Griechenland geführte Krieg gegen Rom wurde 146 mit der Zerstörung Korinths beendet. Schließlich erbten die Römer 133 das Reich von Pergamon. Der Versuch Mithradates' VI., König des Schwarzmeerstaats Pontos, die griechische Welt Kleinasiens und der Balkanhalbinsel der Macht Roms wieder zu entreißen, schlug fehl, als Sulla im Jahre 86 das mit jenem verbündete Athen eroberte; diese zweite Katastrophe seit der Zerstörung der Stadt durch die Perser (479) darf als Endpunkt einer Epoche der hellenischen Geschichte betrachtet werden (s. o. S. 204). Die danach erfolgten Einverleibungen von Kreta, Kyrenaika, Syrien, Zypern und schließlich Ägypten (31 v. Chr.) in das Reich der Römer waren konsequente Schritte zu einer Zeit, als das System der Nachfolgestaaten des Alexanderreiches und der alten Staaten von Hellas längst außer Kraft gesetzt war. Der Pergamonaltar ist das letzte große Denkmal eines makedonischen Königreichs. Die Polybiosstele *(Abb. 134)* steht am Anfang der totalen Beherrschung Griechenlands durch Rom. Und die Aphrodite-Pan-Eros-Gruppe *(Abb. 139)* ist ein charakteristisches Beispiel für die Zeit, in der auch griechische Künstler des Mutterlandes zunehmend von durch Nichtgriechen erteilten Aufträgen lebten, bevor die Verarmung von Hellas so groß wurde, daß bis zur Kaiserzeit hier nur noch wenige einheimische Auftraggeber in Erscheinung traten.

Erst in den nachklassischen Jahrhunderten nahm die griechische Kultur jene Form an, in der sie über die Grenzen des hellenischen und des Mittelmeerraums hinaus Nordostafrika, ganz Vorder- und Mittelasien, Indien, ja sogar China und in räumlicher und zeitlicher Fernwirkung damit auch Südostasien, schließlich über die Römerzeit hinaus die arabische und vor allem unsere abendländische Weltkultur mehr oder weniger zu beeinflussen imstande war. In einem selbstbewußten naturwissenschaftlichen ›Eroberungszug‹ fanden Griechen Erklärungen der körperlichen und geistigen Natur des Menschen, des Aufbaus der Materie und des Kosmos; machten sie Entdeckungen und Erfindungen, über die man teilweise erst im vergangenen Jahrhundert hinausgelangt ist. In diesem Sinne war das 4. Jahrhundert v. Chr. das wegweisende und fruchtbarste, das 3. Jahrhundert das fundierteste, während das 2. und 1. Jahrhundert vorwiegend weiterverarbeiteten und schließlich mit Festhalten und Weitergeben unter den Bedingungen römischer Dominanz beschäftigt waren. Diese geistesgeschichtlichen Etappen, Reflexe der jeweiligen politischen Situation, spiegeln sich in der nachklassischen griechischen Kunstgeschichte.

Der Redner Demosthenes

Statue des Demosthenes *(Abb. 104)*
Kopenhagen, Ny Carlsberg Glyptotek Nr. 2782 (Nr. 436a)
Angeblich aus Kampanien. Die Statue stand zuerst im Palazzo Columbrano in Neapel, dann von 1770 bis 1929 in Knole Park, Kent, seitdem in Kopenhagen
Pentelischer Marmor; Höhe ohne Plinthe 1,92 m

Erhaltungszustand:
Aus Marmor ergänzt, aber nicht antik, sind die halbe Nase, alle Zehen des linken und zwei des rechten Fußes. Aus Gips bestehen beide Hände und die untere Hälfte des rechten Unterarms.

Beschreibung:
Ein alter Mann steht frontal aufrecht. Er setzt dabei den rechten Fuß ein wenig nach vorn zur Seite. Ähnlich gerichtet hängen die Oberarme neben dem Körper herab. Die Unterarme sind vor den Körper geführt, die Hände locker gefaltet. Der Rücken ist etwas krumm, der Kopf neigt sich leicht abwärts und kaum merklich nach rechts. Die magere Gestalt ist vom Alter gekennzeichnet: fallende Schultern, flacher Thorax, dünne Glieder. Genauso ist der Hals gebildet, in den sich rechts, wegen der Kopfwendung, drei Faltenkerben eingegraben haben. Von vorne betrachtet erscheint das Gesicht spitzoval. Der Mann trägt einen kurzen Vollbart und besitzt schütteres Kraushaaar, das die Stirn frei läßt. Die Brauen

104 Statue des Demosthenes

sind so wenig gebogen, daß ihre Linie wie ein horizontaler Absatz wirkt. Direkt unter ihnen befinden sich die Oberlider der ziemlich schmalen Augen. Entsprechend verläuft die Unterkante des Schnurrbartes ganz waagerecht, wobei die Oberlippe bedeckt bleibt. Wie die Augäpfel liegt die Unterlippe abrupt auf einer tieferen Ebene. Mit faltiger Wurzel ist das senkrechte Bindeglied der Nase ins Gesicht gesetzt. Tiefe Nasolabialfalten bestimmen die Wangenpartie. Ausgeprägte Krähenfüße strahlen von den Augenwinkeln in die Tiefe aus. Über die Stirn sind wie am Hals drei schwingenförmige Falten gezogen, die Bewegung in das Gesicht bringen. Kurze Kerben über den Brauen steigern die Unruhe. Bei genauer Betrachtung der Konturen bemerkt man, daß hier ein Sechseck angestrebt wurde, das vom Kinn, den Stellen stärksten Haarwuchses an den Wangen und an den Schädelseiten sowie vom höchsten Punkt des Kopfes gebildet wird. Diese Form wird im großen aufgegriffen durch die Arme und Schultern.

Dem Gesichtsaufbau entsprechend flach und abrupt ist die Tiefenschichtung der ganzen zerbrechlichen Gestalt. Sie ist in ein Himation, einen griechischen Mantel, gehüllt: ein rechteckiges Wolltuch, das im Gegensatz zum Peplos (vgl. die Statue der Eirene *Abb. 100)* unbefestigt um den Körper geschlungen wurde.[220] Es hielt sich am Körper durch das Gewicht der mit je einem kleinen Stück Blei beschwerten Zipfel, die von der linken Schulter nach vorn und hinten herabhingen. Der linke Arm konnte in den nach vorn geführten Zipfel gewickelt und der rechte vor der Brust abgewinkelt in den Stoff gehängt werden, so daß diese fast ganz bedeckt wurde. In dem hier vorliegenden Fall ist jedoch die Oberkante des Stoffes zu einem dicken Wulst zusammengeschoben, der unter der rechten Achsel um den Körper gelegt ist, so daß auf dieser Seite Arm, Brust und Schulterblatt nackt sind. Der nach hinten gehängte Zipfel ist teilweise unter die linke Achsel geklemmt. Der vordere Zipfel bedeckt zwar die ganze Schulterpartie und fast vollständig die linke Thoraxhälfte, läßt den Arm aber unbekleidet.[221] Die flache Raumschichtung wird auf dieser Seite durch eine hintere und eine vordere Röhrenfalte des hier wie ein Vorhang hängenden Stoffes markiert. Vor dem Körper gestalten in sanften S-Schwüngen von der Spielbeinflanke zur Standbeinhüfte gezogene Falten Bewegung und Aufbau der labilen Figur. Die fein und vorwiegend parallel gezogenen Täler und Stege der Gewandfalten haben den gleichen graphischen Wert wie die Furchen des Gesichtes.

Wie üblich trägt der Mann unter dem Himation, das ihn, da es rasche Bewegungen oder Handarbeiten verbietet, als freien Bürger kennzeichnet, der öffentlichen Geschäften nachgeht, kein Untergewand. Zu der Kleidung gehörten außerdem kunstvoll geschnürte Sandalen, bei denen die Zehen stets unbedeckt blieben. Die Stütze neben dem Standbein ist eine Zutat des römischen Kopisten.

Der Bildhauer hatte sichtbares Interesse sowohl an der Charakterdarstellung als auch an der Konstruktion eines geometrischen Bildaufbaus. Diese naturwissenschaftliche Orientierung entspricht dem Zeitgeist und läßt sich beispielsweise mit den Forschungen des Aristoteles-Nachfolgers Theophrast (371–287) vergleichen, der wenige Jahre bevor das Vorbild der Statue entstand, verstorben war.[222] Theophrast forschte und schrieb u.a. über menschliche Charaktere, über die Physiologie des Menschen (Schweiß, Schwindel, Ermattung und Geruch) und über das Alter.

Rekonstruktion, Deutung und gesellschaftlicher Kontext:
Der ehemals griechisch-orthodoxe Erzbischof Bessarion (1403–1472), seit 1443 in päpstlichen Diensten, hat, nachdem 1453 Konstantinopel und 1461 seine Heimatstadt Trapezunt in die Hände der Osmanen gefallen waren, in Deutschland, Venedig und Frankreich zum Kreuzzug gegen die Türken aufgerufen. Zu diesem Zweck übersetzte er 1470 die 1. Olynthische Rede des Demosthenes ins Lateinische.[223] Bessarion scheiterte zwar politisch genauso wie sein Vorbild, löste aber in Europa eine bis heute nachwirkende Begeisterung für diesen Mann aus, in dem man schon zu Zeiten des römischen Politikers Cicero (106–43 v. Chr.) den bedeutendsten griechischen Redner sah.[224] Mit der ersten jener sprichwörtlichen *Philippika* gegen König Philipp II. von Makedonien und dem ersten Aufruf zur Verteidigung der Stadt Olynth, die damals wegen der allmählich erdrückenden Nachbarschaft des Königreichs Unterstützung in Athen suchte, hatte Demosthenes 349 begonnen, eindringlich vor der wachsenden Macht des Makedonen-

königs zu warnen, der die Freiheit, Autonomie und Demokratie der griechischen Staaten bedrohe, und hatte damit die für sein weiteres Wirken charakteristische Haltung eingenommen. Um zum Widerstand gegen Napoleon anzufeuern, verdeutschte der Historiker Niebuhr die 1. Philippika. Auch der französische Politiker Clémenceau identifizierte sich in seiner Verteidigungs- und Sicherheitspolitik gegenüber dem Deutschen Reich so mit Demosthenes, daß er 1924 ein Buch über ihn veröffentlichte. So wird verständlich, daß man seit Bessarions Zeiten eifrig bemüht war, unter den antiken Skulpturen ein Porträt jenes großen Mannes zu finden.

Immerhin sechsmal ist in der aus dem Altertum erhaltenen Literatur von einem solchen Bildnis die Rede, wobei sich drei Erwähnungen auf einunddasselbe beziehen, jenes, das auf Beschluß der Volksversammlung der Athener auf ihrer Agora aufgestellt worden war, also höchste staatspolitische Bedeutung besessen haben muß.[225] Die Phantasie der Suchenden wurde zusätzlich angeregt durch etliche eindrucksvolle Bemerkungen über das Aussehen des Redners sowie über ein charakteristisches Detail seiner Statue – Bemerkungen, die aus der Biographie des Demosthenes aus der Feder des popularphilosophischen Schriftstellers Plutarch (etwa 45–120 n. Chr.) stammen. Da heißt es, Demosthenes sei, worauf er selbst in einer seiner erhaltenen Reden hinweist, körperlich sehr schwach gewesen; er habe von Kindesbeinen an eine labile Konstitution gehabt, sei mager und kränklich gewesen. Von seinen Kameraden sei er verspottet worden. Zum Redner sei er von der Natur nicht geschaffen gewesen, denn er habe eine schwache Stimme und eine anstoßende Zunge, kurzen Atem, daher eine undeutliche Aussprache und sinnstörende Sprachrhythmik gehabt. Mit härtestem, auch körperlichem Training und Übungen vor einem Spiegel habe er diese Mängel nach anfänglichen Niederlagen erfolgreich bekämpft. *»Auf seinem Gesicht lag immer ein finsterer Ernst, und nicht leicht wichen Tiefsinn und Versonnenheit von seiner Stirn. Daher nannten ihn auch, wie er selbst sagt, seine Feinde einen mürrischen und grämlichen Menschen.«*[226] Über die Statue erfährt man von Plutarch nur, daß sie aus Bronze war und »ineinander verschränkte Finger« hatte.

Demosthenes' Ehrgeiz, ein erfolgreicher Redner zu werden, erklärt sich daraus, daß er mit sieben Jahren seinen Vater verlor, der eine Waffenschmiede mit 32 Sklaven besessen hatte, und daß die zu Vormunden eingesetzten Verwandten sein Vermögen veruntreuten. Reste davon konnte er mit 23 Jahren zurückgewinnen, nachdem er bei dem damals besten Fachanwalt für Erbschaftssachen Unterricht genommen hatte und nun in eigener Sache prozessierte. Anschließend verdiente er sich seinen Lebensunterhalt durch das Erteilen von Unterricht in Rhetorik (Redekunst) und das Verfassen von Gerichtsreden, bis er schließlich auch politisch hervortrat.

Die Rhetorik, »Meisterin der Überredung«[227], beziehungsweise die »Fähigkeit, für jeden Einzelfall das, was glaubhaft gemacht werden kann, darzulegen«[228], entstand während der attischen Demokratie des 5. Jahrhunderts durch die zunehmende Bedeutung des Volksgerichtshofes, vor dem Erfolg zu haben ganz wesentlich von der Fähigkeit zum überzeugenden, wohlklingenden und gestisch unterstützten Vortrag abhing. Der Rhetor mußte wie ein Schauspieler ganz frei sichtbar agieren und übte den Auftritt vor dem Spiegel. So entstanden – wie bei den Philosophen – Redeschulen mit unterschiedlichen Lehrmeinungen. Nachdem die Reden des Demosthenes gegen 270 an der Bibliothek von Alexandria katalogisiert worden waren – über 60 tragen seinen Namen –, setzte das Vorbild Demosthenes sich als Modell für Redner im 1. Jahrhundert v. Chr. überall durch. Aus dieser Zeit stammen die ältesten erhaltenen Kopien seines Bildnisses. Cicero, der mit dem späteren Cäsarmörder Brutus befreundet war, berichtet von einem Bronzeporträt des Demosthenes in der Villa des Brutus.

Als die Rhetorik unter Kaiser Hadrian im 2. Jahrhundert n. Chr. einen neuen Aufschwung nahm, stiftete ein Redner eine Bronzestatue des Demosthenes in ein Heiligtum. Diesen Zusammenhängen, weniger der tatsächlichen einstigen politischen Bedeutung des Demosthenes, verdanken wir die große Anzahl von Nachbildungen des Demosthenes-Porträts.

Als 1753 bei Grabungen in Herculaneum am Vesuv die kleine Bronzebüste eines alten, mageren und grämlich blickenden Mannes zutage kam, war das Rätselraten über das Aussehen des Redners beendet. Denn auf der Brust dieses Bildnisses steht in griechischen Buchstaben der Name Demosthenes. Mehr als 50 Repliken aller Art sind seither bekannt geworden, Abbildungen auf Gemmen, Kameen und Glaspasten nicht gerechnet. Aber nur zwei sicher antike Kopien überliefern die ganze Skulptur: die Statue aus Kopenhagen und eine fast maßgleiche im Vatikan.[229] Die Gegenüberstellung dieser beiden römisch-kaiserzeitlichen Arbeiten zeigt, daß das Kopenhagener Standbild das Original im wesentlichen getreu wiedergibt. Leider sind in beiden Fällen die Hände nicht erhalten. Sie wurden zur Aufstellung in den Sammlungen des 18. Jahrhunderts zusammen mit einer geöffneten Schriftrolle ergänzt.

1903 veröffentlichte P. Hartwig[230] ein im Garten des Palazzo Barberini ausgegrabenes gefaltetes Händepaar aus Marmor, das man seitdem zur Ergänzung der Statue des Demosthenes heranzieht. An dem Exemplar in Kopenhagen befindet sich inzwischen ein Gipsabguß davon.

Vor dem Unterleib gefaltete Hände und gesenkter Kopf sind ein typischer Trauergestus der Griechen, der u. a. auf drei besonders qualitätvollen Marmorwerken aus dem Jahrhundert des Demosthenes dargestellt ist, nämlich am Sarkophag eines Königs von Sidon bei zwei um ihn klagenden Frauen *(Abb. 105)* und auf zwei Grabsteinen von Athen, auf denen jeweils ein Hinterbliebener in dieser Haltung vor dem Toten steht.[231] Die Geste des Demosthenes ist also nicht für seinen Beruf typisch, sondern bringt eine Trauer zum Ausdruck, die angesichts der Funktion des Redners wie des Denkmals nur eine öffentliche, staatliche gewesen sein kann. Es liegt darum nahe, an Demosthenes' Lobrede (*Epitaphios*) auf die gefallenen Athener der verlorenen Entscheidungsschlacht gegen Philipp II. am 2. August 338 bei Chaironeia zu denken. Seine Rede gipfelte in einer bitteren Klage um die verlorene Größe Athens und die hingesunkene Blüte seiner Jugend.

Sicher ist Demosthenes bei der Feier in der dargestellten Weise aufgetreten, ob er nun den Epitaphios teilweise in dieser Haltung gesprochen hat oder nicht. Denn das Publikum pflegte zu wehklagen, während die Särge herangefahren und versenkt wurden; erst danach trat der Redner auf.[232] Dennoch kann das Bildnis auf keinen bestimmten Augenblick, nicht einmal auf dieses Begräbnis insgesamt festgelegt werden. Demosthenes war damals nämlich erst 46 Jahre alt, ist hier aber als Sechziger und Greis im antiken Sinne gekennzeichnet.[233] Als Bürger von Athen hätte ihm vor diesem Alter auch höchstwahrscheinlich nicht die Ehre einer öffentlich beschlossenen Statue zugestanden.[234] Weil er nur das 62. Lebensjahr erreichte, ist er in dem Porträt als an der Schwelle zum Tode

105 Sog. Klagefrauensarkophag aus Sidon. Istanbul, Archäologisches Museum

stehend erfaßt. Da er zu keiner Zeit einen zweiten Epitaphios gehalten hat, sind in dem Bildwerk in typisch griechischer Weise mehrere, nicht auf einen Augenblick festzulegende Momente vereinigt.[235]

Demosthenes' letzte Lebensjahre standen unter keinem günstigen Stern. Man klagte ihn an, von Harpalos, dem Schatzmeister Alexanders d. Gr., Bestechungsgelder angenommen zu haben. Um sich der Gefängnisstrafe zu entziehen, floh er auf die Insel Kalaureia. Nach dem Tode Alexanders wurde er allerdings amnestiert und kehrte im Triumph nach Athen zurück. Doch die Freude war nicht von langer Dauer. Bereits ein Jahr später – Athens Politik hatte sich erneut durch Einflußnahme der Makedonen grundsätzlich geändert – wurde das Todesurteil gegen Demosthenes verhängt. Wiederum floh er nach Kalaureia, konnte sich dort aber nur durch Selbstmord einer Gefangennahme entziehen (November 322). Die Aufstellung einer Statue des Demosthenes ist in den folgenden Jahren nicht denkbar. Erst 280 gestalteten sich die politischen Verhältnisse für kurze Zeit wiederum so, daß Athen hoffen konnte, zu alter Größe und neuer Autonomie zurückzukehren. Zu diesem Zeitpunkt erinnerte man sich an Demosthenes und stellte ihm eine Statue auf. Und in der Tat berichtet eine antike Lebensbeschreibung des Demosthenes – neben Plutarchs Biographie sind allein drei kürzere Lebensbeschreibungen erhalten –, die Athener hätten ihm 42 Jahre nach seinem Ende auf Antrag seines Neffen Demochares nicht weit vom Altar der zwölf Götter auf der Agora durch den Bildhauer Polyeuktos (sonst nicht bekannt) eine Statue errichten und mit folgendem Zweizeiler beschriften lassen:[236]

»Wenn du dem Willen gleiche Kraft gehabt hättest, Demosthenes, hätte nie die Griechen beherrscht der Makedonische Ares.«

A) Doppelherme[237] *(Abb. 106)*
Rom, Kapitolinisches Museum, Stanza dei Filosofi 52, Nr. 576
1743 bei den Ausschachtungsarbeiten der Vorhalle der Kirche S. Maria Maggiore in Rom gefunden
Sogenannter Grechettomarmor; Höhe 60 cm, Kopf 33 cm

Erhaltungszustand:
Ein Stück des linken Augenknochens ist ergänzt. Die Oberfläche wurde modern geglättet.

Beschreibung:
Die Herme ist auf der einen Seite bekrönt mit dem auffallend schmalen Kopf eines alten, vollbärtigen Mannes, dessen Name mit griechischen Buchstaben in den Schaft darunter gemeißelt ist: EPIKUROS. In dem ausdrucksvoll durchgeformten Gesicht sitzt

106 Doppelherme des Epikur

eine äußerst lange, kräftig gekrümmte Nase, die in einer überhängenden Spitze endet und deren Wurzel durch eine Querfalte abgesetzt ist. Über dieser verbindet eine weiter gespannte Falte die Brauenbögen, die tief über den inneren Augenwinkeln ansetzen und entsprechend der Linienführung des Nasenrückens gebogen nach oben verlaufen, um dann auf den sich kraftvoll wölbenden Orbitalwülsten zu den Schläfen umzubiegen. Die Augen sind schmal und mandelförmig und haben leicht gesenkte Oberlider, ausgeprägte Tränensäcke und eingegrabene Krähenfüße. Die Brauenwülste sind von der übrigen Stirn seitlich durch einen Furchenbogen abgetrennt. Zwei doppelt geschwungene Falten ziehen sich waagerecht über die Stirn. Die Wangen sind um ihre sich vordrängenden Knochen eingefallen. Den Brauen entsprechen formal die ziemlich weit voneinander getrennten Schnurrbarthälften, die sich nach außen kaum merklich verbreitern. Zu den Augen passend bilden zierlich geschwungene, leicht geöffnete Lippen einen kleinen Mund. Wie das Gesicht sind die Haare lebhaft im Kontur. Der Kinnbart ist tief unterteilt und betont so die Mittelsenkrechte, die durch eine Lockenspitze läuft, welche akzentuierend in die Stirn zeigt.

B) Statuettentorso[238] *(Abb. 107)*

Florenz, Museo Archeologico Nr. 70990

1878 aus einer toskanischen Villa der Familie Gilli erworben

Marmor; Höhe 88,5 cm

Erhaltungszustand:

An der Statuette ist nichts modern ergänzt. Es fehlen der Kopf, größtenteils der rechte Arm, die linke Hand, die Füße und Beine unterhalb des Mantels, ein Stück über dem rechten Fuß, die Standfläche für die Füße mit den unteren Enden der Thronbeine, der Greifenkopf des linken Thronbeines und die am weitesten vorspringenden Teile der die Rückenlehne seitlich abschließenden Voluten. Die gesamte Oberfläche weist viele kleine Beschädigungen auf.

Beschreibung:
Auf einem korbartig geformten, kompakten Thron mit hoher, rundbogig geschweifter Rückenlehne sitzt frontal ein Mann, der nach griechischer Sitte in ein Himation ohne Untergewand gehüllt ist. Den Abschluß der Lehne bildet ein Rundstab, der von einer sich seitlich einrollenden Leiste begleitet wird. Von den Voluten schwingt der Lehnenrand nach unten einwärts bis zur Höhe der Sitzfläche, wo er nach einer Kehle als Seitenkante nach vorne weiterläuft, da Armlehnen fehlen. Auf der Vorderseite ist das Möbelstück durch je ein plastisch ausgeformtes Bein in Gestalt

107 Statuetten-torso des Epikur

eines verkürzten Löwengreifen verziert. Die Löwenköpfe tragen Hörner, die Flügel sind außen durch verkümmerte und stilisierte Federn angedeutet; die vorgewölbte Brust geht in ein kräftiges Bein über, dessen Tatzen jeweils abgebrochen sind.

Der Mann hat das rechte Bein vor-, das andere zurückgestellt und die rechte Schulter leicht gesenkt. Der linke Arm hängt rechtwinklig im Stoff, wie in einer Schlinge. Das vordere Ende des Tuches breitet sich über dem linken Knie aus, der hintere Zipfel befindet sich neben der Kniekehle. Quer über dem Unterleib ist der Stoff faltenreich zu einem unterschiedlich dichten Wulst zusammengeschoben. Nackt sind mehr als die Hälfte der Brust und der rechte Arm, dessen oberer Teil ähnlich dem anderen Oberarm geführt war. Kräftige Durchmodellierung des Plastischen und ein ausgesprochener Sinn für kurvig schwingende Bewegung kennzeichnen den Stil, mit dem die ganze Figur, der faltenreiche Stoff und das Relief der gealterten Brust und der Bauchfalten behandelt sind.

Der geistesgeschichtliche Hintergrund:
Erst im Zusammenhang mit der Entstehung des modernen Nationalstaates Italien im späteren 19. Jahrhundert und der Einverleibung des Kirchenstaates akzeptierte die Geschichtsschreibung der katholischen Kirche, daß die sogenannte Konstantinische Schenkung eine auf den Namen Konstantins d. Gr. (306–337) formulierte Fälschung ist. Die Urkunde ist gegen Ende des 8. Jahrhunderts verfaßt worden, um die Vorherrschaft der römischen Kirche zu sanktionieren und die Rechtmäßigkeit der kaiserlichen Insignien in den Händen des Papstes zu belegen; sie diente ihm während des Mittelalters gegen Kaiser und weltliche Macht. Den Nachweis der Fälschung hatte bereits 1440 in einer polemisch gehaltenen Abhandlung, welche die Methode der historisch-sprachwissenschaftlichen Quellenkritik begründete, der aus Rom stammende Gelehrte Lorenzo Valla (1407–1457) erbracht.[239] Zu Beginn seiner Tätigkeit als Lehrer der Rhetorik an der Universität Pavia hatte dieser streitbare Humanist 1431 eine Schrift »Über die Lust« verfaßt, in der er im schroffen Gegensatz zu der christlichen Lebensauffassung die des Philosophen Epikur (341–270 v. Chr.)

vertrat.[240] Wie im Falle des Demosthenes erwachte daher bei den Humanisten des 15. Jahrhunderts das Bedürfnis nach einem authentischen Porträt Epikurs. Cicero und Plinius berichten von der zu ihrer Zeit großen Beliebtheit von Bildnissen des Philosophen, die sogar in Schlafräumen, auf Bechern und Fingerringen anzutreffen waren. In Epikurs Heimatstadt Samos standen bronzene Ehrenstatuen.[241] Aber noch lange nach der Zeit des französischen Philosophen und Naturforschers Pierre Gassend (1592–1655), der mit gründlichen Beobachtungen eine mechanistische Physik im Anschluß an die Epikureer betrieb, mußte man auf ein antikes Bildnis des großen Philosophen verzichten.[242] Erst als 1751 der Franzose Denis Diderot (1713–1784) mit der Herausgabe einer »Enzyklopädie« begann, darin den Artikel »Epikureismus« verfaßte und diese Lehre verteidigte[243], war ein beschriftetes antikes Porträt ihres Begründers gefunden worden: die Doppelherme aus Rom. Die auf ihrer anderen Seite dargestellte Person ist als ›Metrodoros‹ (330–277) benannt, ein vor dem Meister Epikur verstorbener Schüler.[244]

Schon 1753 fand man in derselben Villa bei Herculaneum, aus der ein Bronzebüstchen des Demosthenes stammt, ein ebensolches des Epikur mit griechischer Namensaufschrift am Fuß.[245] Wie im Falle des Demosthenes entdeckte man noch ein zweites unbeschriftetes Bildnis des Epikur.[246] Gleiches gilt für dessen Schüler und Nachfolger Hermarchos.[247]

Bemerkungen zum Leben und zur Lehre Epikurs:
Epikur nahm dreißigjährig im Jahre 311/10 seine Lehrtätigkeit auf Lesbos auf. Hinter ihm lag die bittere Erfahrung unmittelbarer Betroffenheit vom Untergang der Demokratie Athens. Epikurs Eltern waren 352 als Militärkolonisten von Athen nach Samos gezogen und hatten 322 von dort ins Exil nach Kolophon an der kleinasiatischen Küste gehen müssen, da die Insel den nach 365 vertriebenen Bewohnern zurückgegeben wurde.[248] Ursache war, daß die Athener unter Hypereides und Demosthenes nach Alexanders Tod eine allgemeine Erhebung in Griechenland gegen Makedonien ausgelöst, diesen Krieg jedoch verloren hatten. Die Seeherrschaft Athens war seitdem für immer zerbrochen. In diesen beweg-

ten Jahren hatte Epikur seinen zweijährigen Militärdienst in Athen abgeleistet (323–321).[249] Statt nach Samos zurückzukehren, mußte er nun zu seinen Eltern nach Kolophon reisen. Die politischen Verhältnisse blieben vorerst instabil, und Athen erlangte seine Freiheit nicht wieder. Das demokratische System der Polis, in der durch Eingriffe der Makedonen jederzeit Umstürze, Exilierungen, Konfiskationen und Hinrichtungen möglich geworden waren, funktionierte nicht mehr so, daß eine politische Karriere gefahrlos durchlaufen werden konnte.

Epikur erfaßte diese gesellschaftspolitische Situation genau. Er versuchte deshalb, die Menschen zu lehren, ihre seelischen Ängste theoretisch und praktisch zu überwinden mit dem Lebensziel, Unerschütterlichkeit zu erreichen. Statt der Vermittlung eines abstrakten philosophischen Lehrgebäudes wandte er sich der Diagnose und Therapie seelischer Leiden zu: *»Wie die Heilkunde unnütz ist, wenn sie nicht die Krankheiten aus dem Körper vertreibt, so nützt auch die Philosophie nichts, wenn sie nicht die Erregung (den Pathos) der Seele vertreibt.«*[250]

Epikur erkannte, daß die Unfähigkeit des vorhistorischen und archaischen Menschen, die Zusammenhänge der Natur zu erklären, den Glauben an furchterregende göttliche Wesen hervorgebracht hatte. Daher bemühte er sich um eine logische Erklärung aller physikalischen Gesetzmäßigkeiten: *»Es nützt nichts, eine nur zwischen Menschen geltende Sicherheit herzustellen, wenn die Vorgänge in der Höhe, unter der Erde und überhaupt im Grenzenlosen weiterhin mit Mißtrauen betrachtet werden.« ... »Es ist nicht möglich, die Angst bezüglich der entscheidenden Gesetzmäßigkeiten zu lösen, wenn man nicht verstanden hat, welches die Gesetzlichkeit des Alls ist, sondern irgend etwas aufgrund von Sagen ängstlich vermutet.«*[251] ... *»Träume haben kein göttliches Wesen und keine vorausdeutende Macht, sondern entstehen durch das Eindringen von gesehenen Bildern.«*[252]

Ausgangspunkt der Naturerklärung Epikurs war die Atomlehre Demokrits (etwa 460–370); wegen gewichtiger Einwände des Aristoteles (384–322) wandelte sie Epikur jedoch ab. Demokrit hatte die Vorstellung erschüttert, die Welt sei so, wie sie unsere Sinne erfassen: *»Herkömmerlicherweise: ›Farbe‹, herkömmlicherweise:*

›süß‹, herkömmlicherweise: ›bitter‹, eigentlich aber Atome und Leeres.«[253] Scharf griff Epikur die Annahme Platons (427–347)[254] einer unkörperlichen, geistigen Substanz hinter den Dingen an und schrieb:

»Nichts entsteht aus dem Nichtseienden. Denn sonst entstünde alles aus allem ... Und wenn das, was entschwindet, ins Nichtseiende zugrunde ginge, wäre bereits die gesamte Gegenstandswelt vernichtet, weil nichts da wäre, wohinein sie sich auflöste ... Das All war immer so beschaffen, wie es jetzt ist, und wird immer so sein ... (es) umfaßt (Körper und Leeres) ... Diese Körper sind unteilbare (Atome) ... Das All ist unbegrenzt ... Es bewegen sich die Atome stetig die Ewigkeit hindurch.«[255]

Epikurs Naturerklärung ist ohne verborgenen Sinn, und in ihr hat der Mensch eine gewisse Freiheit entsprechend der Bewegung der Atome, aus denen er zusammengesetzt ist:

»Denn er bestimmt sich selbst als Verantwortlichen für seine Handlungen, indem er feststellt, daß manches mit Notwendigkeit eintritt, manches durch Zufall und daß manches in unserer Hand liegt; weil nämlich die Notwendigkeit verantwortungsfrei ist und der Mensch sieht, daß der Zufall unbeständig und das, was in unserer Hand liegt, von niemandem sonst beherrscht wird ... Dies und was dazugehört, bedenke Tag und Nacht ... Dann wirst du dich niemals, weder wachend noch schlafend, erschüttern lassen, und du wirst leben wie ein Gott unter den Menschen.«[256]

In Athen wurde 307 durch den späteren König Demetrios die Demokratie scheinbar wieder hergestellt. Daher ließ sich Epikur ein Jahr später dort nieder, erwarb ein Haus mit Garten (griechisch: *kepos*) und gründete darin in Konkurrenz zur Akademie Platons und dem Peripatos (= Umhergehen im Lehrgespräch) des Aristoteles, den damals dessen Nachfolger Theophrast[257] *(Abb. 108)* leitete, eine eigene neue Lehrstätte. Wie Akademie und Peripatos war der Kepos rechtlich ein Kultverein. Am Geburtstag des Gründers feierte man ein Fest und verehrte dabei auch Apollon und die Musen. Im Kepos kam es darauf an, die gewonnenen Erkenntnisse im Zusammensein (»gemeinsam die Weisheit lieben«) sich bewähren zu lassen. Aufgenommen wurden neben bürgerlichen Frauen auch Hetären und Sklaven.

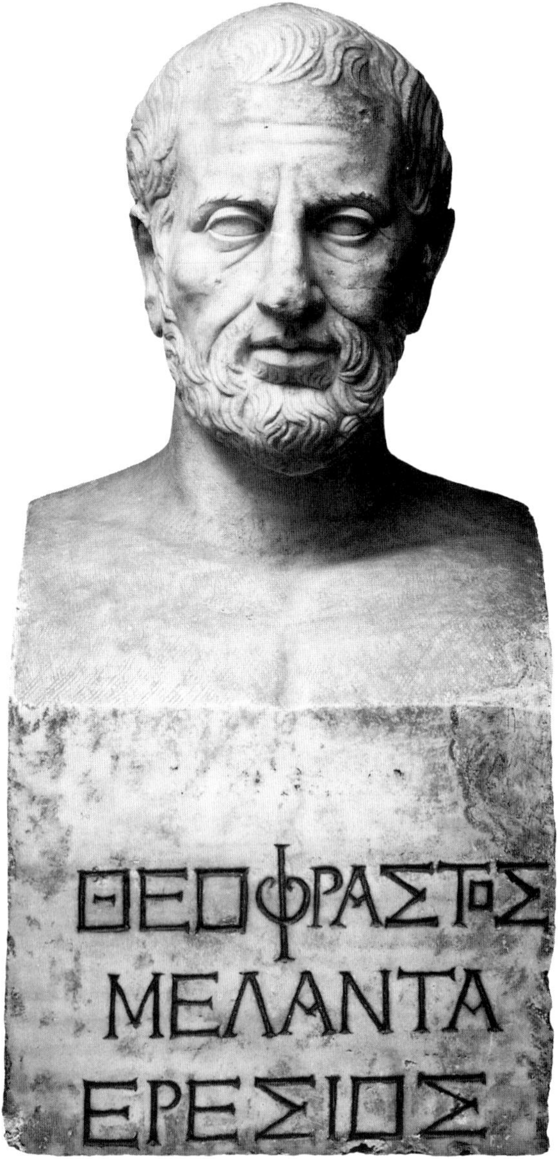

108 Herme des Theophrast. Rom, Villa Albani

Epikur war literarisch ungewöhnlich produktiv. Er soll über 300 Schriftrollen (= Bücher) hinterlassen haben. Jedenfalls sind über 40 Titel in Bibliotheken zugänglich gewesen. Sein Werk »Über die Natur« umfaßt allein 37 Bücher. Hiervon sind nur Fragmente erhalten. Vollständig überliefert sind drei ausführliche Lehrbriefe: ein Abriß über die Physik, einer über Himmelserscheinungen und einer über die Lebensführung.[258] Epikur ist damit nach Theophrast der einzige hellenistische Philosoph, von dessen Schriften wir Nennenswertes kennen.

Da in Athen schon bald erneut undemokratische Verhältnisse eintraten und die wirkliche Demokratie erst 287 wiederhergestellt wurde, mußte der Philosoph unter Umständen arbeiten, die ihm äußerst zuwider waren. Denn Epikur war der einzige bedeutende Philosoph seiner Zeit, der sich an die Demokratie Athens gebunden fühlte. Trotzdem hatte er nie Schwierigkeiten, da er für die Ruhe der Seele konsequent forderte: *»Befreien muß man sich aus dem Gefängnis der Alltagsgeschäfte und der Politik.«*[259]

Die letzten Jahre seines Lebens war Epikur leidend. An seinem Todestag schrieb er an einen Freund und dessen Anhang: *»Den glückseligen Tag feiernd und zugleich als letzten meines Lebens vollendend, schreibe ich euch dies: ihn begleiten Blasen- und Darmkoliken, die keine Steigerung der ihnen innewohnenden Heftigkeit zulassen. Doch all dem widersetzt sich die Freude meines Herzens über die Erinnerung an die von uns abgeschlossenen Erörterungen.«*[260] Im Brief über die Lebensführung steht: *»Gewöhne dich ... daran, zu glauben, der Tod sei nichts, was uns betrifft. Denn alles Gute und Schlimme ist nur in der Empfindung vorhanden; der Tod ist aber die Vernichtung der Empfindung. Daher macht die richtige Erkenntnis – der Tod ist nichts, was uns betrifft – die Sterblichkeit des Lebens erst genußfähig, weil sie nicht eine unendliche Zeit hinzufügt, sondern die Sehnsucht nach der Unsterblichkeit von uns nimmt. Denn es gibt nichts Schreckliches im Leben für den, der im vollen Sinne erfaßt hat, daß nichts Schreckliches im Nicht-Leben liegt ... wenn wir sind, ist der Tod nicht da; wenn der Tod da ist, sind wir nicht. Er betrifft also weder die Lebenden noch die Gestorbenen, da er ja für die einen nicht da ist, die anderen aber nicht mehr für ihn da sind. Doch die Masse flieht bisweilen den Tod* *als das größte Übel, bisweilen ersehnt sie ihn als Erholung von allen Übeln im Leben. Der Weise ... weist weder das Leben zurück, noch fürchtet er das Nicht-Leben; denn weder ist ihm das Leben zuwider, noch vermutet er, das Nicht-Leben sei ein Übel. Wie er als Speise nicht in jedem Falle die größere, sondern die am meisten lustspendende vorzieht, so schöpft er auch nicht eine möglichst lange, sondern eine möglichst lustspendende Zeit aus.«*[261]

Immer wieder also kreisen die Gedanken Epikurs um den rechten Umgang mit Lust, Schmerz und Tod. Es ist offensichtlich, daß zum Auftrag an den Bildhauer des Epikur-Porträts gehörte, die Vorbildlichkeit des Philosophen in der Bewältigung des Leidens darzustellen. Ein Jahrzehnt nach dem Tode Epikurs wurde Athen von Antigonos Gonatas besetzt (261) und verlor abermals Freiheit und Demokratie. Die neue Lage begünstigte die philosophische Schule der *Stoa* des eben verstorbenen Zenon von Kition *(Abb. 109)*. Der Epikureismus blieb auf einen kleinen Kreis beschränkt. Vor allem mit dem Epikureer Zenon von Sidon, den Cicero während seiner philosophischen Studien in Athen im Jahre 79/78 hörte, begann die große Wirkung des Kepos auf die durch den Niedergang ihrer Republik verunsicherte Elite Roms.[262] Die Villa bei Herculaneum, in der je zwei Bronzebüstchen von Demosthenes, Epikur und Hermarch gefunden wurden, barg im konservierenden Lavaschlamm des Vesuv umfangreiche Reste der Privatbibliothek des Philodemon, eines Schülers des Zenon von Sidon.[263] Die Villa gehörte damals Cäsars Schwiegervater, der sich ganz im Sinne Epikurs aus den politischen Streitigkeiten herauszuhalten versuchte. Mit der Entstehung des Kaisertums unter Augustus verlor der Epikureismus zunächst wieder an Bedeutung. Als aber im 2. Jahrhundert n. Chr. Offenbarungsreligionen (Mithras, Christentum), Mystik und Aberglauben an Boden gewannen, kam es zu einer Reaktion der Aufklärung. Plotina, die Frau des Kaisers Trajan (98–117), war Epikureerin und erwirkte von dem von ihr geförderten Adoptivsohn Hadrian (Kaiser von 117 bis 138) günstigere Bestimmungen für die Wahl des Schulhauptes des Kepos. Aus

109 Büste des Zenon von Kition. Neapel, Museo Archeologico Nazionale ▷

ZENONE lo STOICO.
FARNESE

der Zeit Plotinas stammt die eingangs besprochene Doppelherme. Das für den Kepos gewonnene Terrain ging im 3. und 4. Jahrhundert an eine Renaissance der Lehren Platons und an das Christentum wieder verloren. Der letzte bekanntere Vertreter des Epikureismus arbeitete zu Beginn des 5. Jahrhunderts. Die Kirchenväter stempelten diese Lehre zum Inbegriff unmoralischen und gottlosen Lebens. In der Neuzeit reicht die direkte Wirkung Epikurs vom Humanismus Vallas bis zur Philosophie Nietzsches.[264]

Das Bildnis des Epikur:

Der hohen Wertschätzung Epikurs im 2. Jahrhundert n. Chr. verdanken wir wie im Falle des Demosthenes die meisten der antiken Kopien seines verlorenen Originalporträts. Ein zweites reproduziertes Bildnis hat es offenbar nicht gegeben. In der Skulptur und auf Gemmen sind bisher mehr als 30 römerzeitliche Repliken bekanntgeworden. Die in etwa gleich großen unter ihnen zeigen, daß das Vorbild leicht überlebensgroß war. G. Lippold erbrachte 1912 den Nachweis, daß kaiserzeitliche Kopien auch von den Statuen Metrodors und Epikurs vorhanden sind, bis dahin aber nicht erkannt wurden, da allen Exemplaren die originalen Köpfe fehlten.[265] Bei Epikur war der Ausgangspunkt für Lippold die Identifizierung eines aus der Sammlung Ludovisi stammenden Sitzbildes mit dem auf einem 1732 veröffentlichten Stich; das Bild wurde damals im Index zu den Abbildungen ›Philosoph Epikur‹ benannt.[266] Lippold schloß, daß das heute unten vorne restaurierte Sitzbild ebenda früher eine entsprechende Inschrift trug. Er identifizierte schließlich noch drei andere Repliken. Zwei weitere sind seither in Athen gefunden worden. Drei Exemplare haben Statuettenformat. Zu ihnen gehört als beste Replik die oben besprochene. Den Beweis für die Zusammengehörigkeit dieses Statuentypus mit dem der Epikur-Porträts liefert eine Büste des Philosophen, die wie die Herme im Kapitolinischen Museum steht *(Abb. 110)*.[267] Die Betrachtung des Mantelwurfs und seiner Falten läßt eindeutig erkennen, daß die Bildhauer der Büste und der Statuette dasselbe Vorbild kopierten. Das ist sogar an der übereinstimmenden Gestal-

110 Büste des Epikur. Rom, Kapitolinisches Museum

tung der nackten Teile des Oberkörpers zu erkennen. Auch sind der Gestaltungswille und das Formempfinden bei Kopf und Torso kongruent.

Einen zusätzlichen Beweis für die Richtigkeit seiner Zuschreibung gewann Lippold dadurch, daß mit der Florentiner Statuette ein gleichartiges Pendant mit zugehörigem Kopf des Hermarch gefunden worden war *(Abb. 111)*.[268] Hiervon gibt es nur noch eine Replik. Vom Kopf aber existieren mehr als zehn Wiederholungen. Hinsichtlich der Haardarstellungen ist die beste eine Büste in Budapest *(Abb. 112)*.[269] Offenbar fertigte derselbe Bildhauer, der die Epikur-Büste schuf, die im selben Saal des Kapitolinischen Museums ausgestellte Büste Metrodors *(Abb. 113)*, wohl wie im Falle der Florentiner Statuetten als Gegenstück für eine Raumausstattung.[270] Bei der Identifzierung der Statue Metrodors war Lip-

111 Statuette des Hermarch. Florenz, Museo Archeologico

112 Büste des Hermarch. Budapest, Museum der Bildenden Künste

113 Büste des Metrodor. Rom, Kapitolinisches Museum

pold darauf verwiesen, ein Epikur und Hermarch ähnliches Sitzbild zu suchen, dessen Gewandfalten hinreichend genau mit denen an einigen der über 15 Kopien seines Kopfes übereinstimmen. Dies gelang bei einer 1903 in Rom ausgegrabenen Skulptur, die mit ihrer leichten Überlebensgröße die zu fordernden Maße des Originals reproduziert *(Abb. 114)*.[271] Nachdem das Werk 1920 nach Kopenhagen verkauft worden war, setzte man ihm probehalber den Gipsabguß einer Metrodor-Büste des Athener Nationalmuseums auf.

Während alle Epikur-Sitzbilder den Thron mit Löwengreifen überliefern, findet man dieses Möbelstück bei seinen Schülern Hermarch und Metrodor nur bei der jeweils schlechtesten Replik. Daraus ist zu schließen, daß einzelne Kopisten das Motiv zur Vereinheitlichung oder zur Verdeutlichung vom Gründer des Kepos auf seine Schüler übertrugen. Der Thron ist gleichzeitig als Kultmöbel aufzufassen, die Löwengreifen an den Seiten stellen eine Beziehung zu Apollon her, dem Gott, der vom Kepos verehrt wurde. Alle drei Originalstatuen dürften aus Bronze gewesen sein

114 Torso einer Sitzstatue des Metrodor. Kopenhagen, Ny Carlsberg Glyptotek

und standen wahrscheinlich im Garten von Epikurs Haus in Athen. Die drei Philosophen hielten in ihrer rechten Hand eine – bei Hermarch zu ergänzende – Schriftrolle. Diese Geste der Unterweisung wird unterstützt durch den zum ruhigen Sprechen leicht geöffneten Mund. Der Meister und sein Nachfolger haben die Rechte erhoben. Dabei ist der Ellenbogen auf der anderen Hand aufgestützt, die über der Hüfte ruht. Der linke Arm wurde verhüllt. Metrodors rechte Hand liegt dagegen im Schoß, während die Linke emporgehoben ist, wobei der Stoff nur die Schulter bedeckt. Während Epikurs Bildhauer die Freiheit hatte, das durch die frühere Metrodor-Statue vorgegebene Thema neu zu durchdenken und dabei zu einer konzentrierteren Variation kam, war seinem Kollegen, der Hermarch darzustellen hatte, offensichtlich vorgegeben, das Epikur-Porträt als vorbildlich zu betrachten. Diese Überlegung schafft die über stilistische Beobachtungen hinausführende Gewißheit, daß die drei Statuen nicht alle gleichzeitig, sondern jeweils nach dem Tode der Dargestellten angefertigt worden sind.

Im Gegensatz zu seinen Schülern wirkt Epikur wegen der Alterszüge und des gequälten Ausdrucks, nicht zuletzt auch wegen seiner Nase, über die zwei humorvolle Bemerkungen aus der Antike erhalten sind[272], viel persönlicher als seine Schüler. Außerdem belegen bei ihm Gesicht, Locken, Oberkörper und Gewandfalten einen eminenten Sinn seines Bildhauers für wirkungsvolle, plastische Durchformung mit an sich sehr einfachen, gut kalkulierten Mitteln. Bei Metrodor, dessen Schädelform und Gesichtsaufbau Epikur mehr ähneln, als dies bei Hermarch der Fall ist, spielen Masse und Schwere eine noch geringere Rolle als bei seinem Lehrer und erscheinen die Einzelformen selbständiger und loser gefügt. Dies verleiht dem Kopf etwas Durchscheinenderes, Zerbrechlicheres. Entsprechend fehlt der Statue der zusammenfassende Schwung des Epikur. Die feinen, dicht parallel gezogenen Faltengrate von Metrodors Mantel erinnern an die Statue des Demosthenes. Ganz anders als bei Epikur ist der Kopf seines Nachfolgers Hermarch wie eine schwere, in sich ruhende kugelige Masse geformt. Und die besitzt nicht die unruhige Dynamik des Details, die man bei Epikur beobachtet. Statt dessen ist das Interesse an der Bewegung der Gesamtform im Raum größer, die Falten umrunden und verspannen zugleich den Körper mehr. Trotz vielfältiger Unterschiede in der Typisierung und Charakterisierung der Porträtierten und in dem Formempfinden der verschiedenen Künstler, welche die originalen Bildwerke herstellten, kann eine allgemeine stilistische Entwicklung von der Figur des Demosthenes über diejenigen Metrodors und Epikurs zu der des Hermarch wahrgenommen werden.

Der allgemeine kunsthistorische Kontext:
Verfolgt man die Entwicklung solcher Statuen über einen größeren Zeitraum zurück, so gelangt man zu einer Marmorstatuette aus Alexandria[273] *(Abb. 115)*, die ein Standbild des Philosophen Sokrates (469–399) reproduziert. Das Original vom Ende des 4. Jahrhunderts stammt von dem bedeutenden Bildhauer Lysipp, der von Alexander als Bildhauer und Porträtist bevorzugt wurde. Die runden Formen und Bewegungsabläufe der Sokrates-Figur lassen sich am ehesten mit der des Hermarch vergleichen. Doch Her-

116 Grabrelief der ▷ Demetria und Pamphyle. Athen, Kerameikosfriedhof

115 Statuette des Sokrates aus Alexandria. London, British Museum

march existiert in einem Spannungsverhältnis, in dem er nach sichtbarer Anstrengung zu einer selbstbewußten Haltung gelangt ist, während sich Sokrates vergleichsweise unbekümmert, problemlos hinstellen kann. Sein Gewand ist eher ein sackartiger Umhang als das Tuch, das den Körper Hermarchs umspannt. Um die Beobachtungen zu bestätigen, sei ein weiteres Monument dieser Zeit, ein Grabrelief aus der Zeit Alexanders *(Abb. 116)*, hier vorgestellt, das von dem antiken Friedhof Athens stammt.[274] Gegenüber der eine Generation älteren Eirene haben die beiden Frauen der Grabstele zwar beträchtlich an Volumen gewonnen, doch fehlt ihnen wie der Göttin und dem ihnen verwandten, zeitlich nahestehenden Sokrates die spannungsvolle Bewußtheit, Zusammengezogenheit und Dichte des Demosthenes oder der Epikureer.

Ist der Kopf des Sokrates[275] *(Abb. 117)* seiner Statue entsprechend ganz von großzügig-kurvigen und locker fließenden Formen

117 Büste des Sokrates. Rom, Kapitolinisches Museum

bestimmt, so wurde das wahrscheinlich direkt nach dem Tode Platons geschaffene Porträt des Philosophen *(Abb. 118)* von dem Athener Bildhauer Silanion nach Art der Eirene flächig, gut überschaubar und im einzelnen additiv aufgebaut. In den Grundzügen und im Handschriftlichen sehr ähnlich ist ein originaler, aus Olympia stammender Bronzekopf eines Faustkämpfers *(Abb. 119)*.[276] Stilistisch läßt er sich zwischen Platon und Sokrates einordnen. Vielleicht handelt es sich um die Statue des Satyros aus Elis von der Hand des Bildhauers Silanion, der nach Pausanias[277] neunmal im Faustkampf siegte, davon zweimal in Olympia. Die olympischen Siege des Satyros fanden laut einer Inschrift sicher nach 338, möglicherweise erst 332 oder 328 statt.[278] Der Kopf muß entspre-

118 Porträtkopf des Platon, sog. Kopf Boehringer. Privatbesitz

chend datiert werden. Man kann anhand dieser Originalbronze einen Eindruck gewinnen, wie die Vorbilder der hier behandelten Philosophenstatuen ausgesehen haben müssen. Ein Jahrhundert später wurde ein weiteres Bronzeoriginal eines bärtigen Mannes *(Abb. 120)* geschaffen, das in einer antiken Schiffsladung auf dem Meeresgrund gefunden wurde.[279] Reste der überlebensgroßen Statue wurden ebenfalls geborgen. In seiner plastischen Dichte und Wucht, in seiner räumlichen Akzentuierung und seinem gekonnten naturalistischen Detailreichtum führt dieser Kopf eines Unbekannten weit über die bisher gesehenen Porträts hinaus in die Epoche eines gegen 220 gefertigten sterbenden Galliers, der in einer Kopie in Rom steht *(Abb. 121)*.[280]

119 Bronzekopf eines Faustkämpfers aus Olympia. Athen, Nationalmuseum

120 Bronzekopf eines Philosophen aus dem Meer bei Antikythera. Athen, Nationalmuseum

121 Sterbender Gallier. Marmorkopie nach einem Original um 230–220. Rom, Kapitolinisches Museum

Bauplastik aus Pergamon

Herakles findet Telephos *(Abb. 122)*
Berlin (Ost), Pergamonmuseum
Relief vom Zeusaltar auf der Akropolis von Pergamon
Kleinasiatischer Marmor; Höhe 1,08 m, Breite ca. 0,70 m

Erhaltungszustand:
Mehr als das obere Drittel der ursprünglich 1,58 m hohen Platte ist abgebrochen und verloren. Auch links unten fehlt ein Stück; hier ist für die Statik ein glatt belassener Teil modern ergänzt. Das Relief ist stark beschädigt. Der linke Unterschenkel und der linke Fuß des Mannes sowie die am meisten vorspringenden Partien des Schädels und des Körpers des Kindes waren abgeschlagen und sind modern wieder angepaßt.

Beschreibung:

Vor einem felsigen, steil ansteigend gedachten Hintergrund ragt links der knochige Stamm einer Platane auf. Unter dem Baum ruht sich ein stehender, nackter, sehr muskulös gebauter Mann aus, indem er das Griffende einer Keule, die auf einen Felsabsatz gestellt ist, unter die linke Achsel geklemmt und den Unterschenkel des völlig entlasteten linken Beins vor den anderen geführt hat. Der linke Fuß berührte den Boden nur mit den verlorenen Zehen. Der rechte Fuß fehlt. Kopf, Hände mit Teilen der Unterarme, die Geschlechtsteile und das linke Knie mit dem unteren Abschnitt des Oberschenkels sind abgeschlagen. Während der linke Arm leicht nach vorne und zum Rumpf zurückgebeugt herabhängt, ist der rechte vor dem Brustkorb so angewinkelt, daß sich die Hand vor dem Gesicht befand. Der Rest zwischen diesem und der linken Schulter ist als der eines kräftigen Kinnbartes zu deuten. Der Kopf war leicht nach unten geneigt. Über das harte Holz der Keule hat der starknackige Mann das Fell eines Löwen gehängt, so daß von ihr nur das untere Ende sichtbar geblieben ist. Unten rechts verläuft in flacher S-Kurve der Rand einer Höhle, deren Öffnung sich der Körper eines nach rechts liegenden Tieres völlig einpaßt. Sein Kopf befand sich rechts außerhalb der Platte. Kräftige Faltenwülste am Halsansatz charakterisieren die Massigkeit des Leibes und zeigen, daß der Kopf in die Vorderansicht zurückgedreht war. Der rechte Oberschenkel ist abgespreizt, so daß man eine Zitze sieht. Die Anatomie sowie je ein Zottelsaum oberhalb des Gesäuges und auf dem Schenkel lassen erkennen, daß es sich um eine Löwin handelt. Sie ist bereit, ein nacktes Kind zu säugen, von dem auf der Platte der obere Teil des Körpers in Rückansicht, die Arme sowie der Kopf im Profil nach links zu sehen sind. Der Säugling hebt den Oberkörper an, indem er sich mit der linken Hand in Höhe der Zitze am Schenkel der Löwin festhält und sich mit der rechten über seinem Kopf gegen ihre Flanken stützt. Beide Ärmchen sind gebogen, das rechte um den Schädel herum. Dieser ist nur von kurzem Flaumhaar bedeckt. Die trotz des Säuglingsalters kräftigen Körperformen lassen spontan an ein männliches Kind denken. Sein Mund befindet sich nahe bei der Zitze; statt zu saugen, blickt es ein wenig

122 Herakles findet Telephos, aus dem Telephosfries des Zeusaltars in Pergamon. Berlin (Ost), Pergamonmuseum

nach oben gegen die Beine des Mannes. Dieser betrachtet offenbar das Kind. Die Löwin läßt sich durch ihn nicht stören.

Dargestellt ist eine mythische Szene, in der ein athletischer göttlicher Mann, der nur ein Löwenfell und eine Keule besitzt, ein göttliches Kind betrachtet, das in einer Höhle unterhalb einer Platane von einer Löwin gesäugt wird. Der Mann sieht das Wunder, und das Kind bemerkt ihn.

Der Bildhauer war einerseits um Überschaubarkeit und Deutbarkeit, andererseits um malerisch-weiche und abgerundete Formen bemüht. Die starke Relieferhebung ermöglichte es ihm, räumlich sehr zu differenzieren und bei den Leibern freiplastische Wirkungen zu erzielen. Die fließenden Übergänge und der ausgeprägte Naturalismus der Details verschleiern, daß die Perspektive irreal ist: In Wirklichkeit könnte der Mann, der neben der Höhle mit dem vorspringenden Rand steht, gar nicht in diese hineinschauen. Man muß sich den fehlenden Reliefgrund mit weiteren Zweigen und Blättern über den Schultern des Mannes hinzudenken, um den beabsichtigten malerischen Eindruck der Szene richtig nachzuempfinden.

Rekonstruktion und Deutung:

1864 kam der Berliner Architekt Carl Humann im Auftrag des osmanischen Großwesirs als Chefingenieur für die Planung neuer Fernstraßen für Westanatolien in die türkische Kreisstadt Bergama, Nachfolgerin des antiken Pergamon.[281] Weil er von der einstigen Bedeutung der Stadt wußte, erstieg er die Akropolis. Entsetzt war er über die dort arbeitenden Kalkbrenner: »Traurig stand ich da und sah die herrlichen, fast manneshohen korinthischen Capitäle, die reichen Basen und andere Bauglieder, alles um- und überwuchert von Gestrüpp und wilden Feigen; daneben rauchte der Kalkofen, in den jeder Marmorblock, welcher dem schweren Hammer nachgab, zerkleinert wanderte... Das also war übriggeblieben von dem stolzen, uneinnehmbaren Herrschersitz der Attaliden!«[282]

Humann kannte offenbar die verwickelte Geschichte Pergamons gut: Er wußte, daß während der Attalidenherrschaft die Akropolis niemals erobert worden war. Anders im frühen Mittelalter: Auf dem Marsch gegen Konstantinopel nahmen 715 die Araber die Burg.[283] Der Kaiser konnte die Stadt zwei Jahre später zurückgewinnen und ließ in aller Eile ein Kastell und eine gewaltige Schutzmauer auf dem Burgberg aufführen. In dieser Mauer fand Humann, als er 1869 sein Hauptquartier in Bergama aufgeschlagen hatte, zahlreiche Marmorplatten mit Hochreliefs, deren künstlerische Qualität ihn faszinierte. Er ließ einige Platten herausbrechen, legte eine Sammlung von Fundstücken an und versuchte, die Fachwelt für die Skulpturen zu interessieren.[284] Sein Freund Ernst Curtius und andere Berliner Gelehrte besuchten ihn 1871. Er versprach ihnen, an der Mauer systematisch zu graben und Reliefs nach Berlin zu schicken. Dort riefen die Bildwerke beträchtliches Aufsehen hervor. Heinrich Brunn wies 1872 auf folgende Notiz im »Buch der Denkwürdigkeiten« des kaiserzeitlichen Schriftstellers Lucius Ampelius hin: »In Pergamon steht ein großer marmorner Altar, vierzig Fuß hoch, mit gewaltigen Skulpturen. Er enthält einen Gigantenkampf.«[285] Da Curtius zunächst die Ausgrabungen in Olympia, die Lohnenderes versprachen, vorbereitete, konnte Humann erst 1878, nachdem Alexander Conze neuer Direktor der Berliner Antikensammlung geworden war, mit der Grabung beginnen.

Bereits in der ersten Kampagne wurden das 36 × 34 m große Altarfundament sowie 11 Reliefplatten am Ort und 39 weitere in der byzantinischen Befestigung gefunden. Euphorisch schrieb Humann 1880: »Wir haben eine ganze Kunstepoche gefunden, das

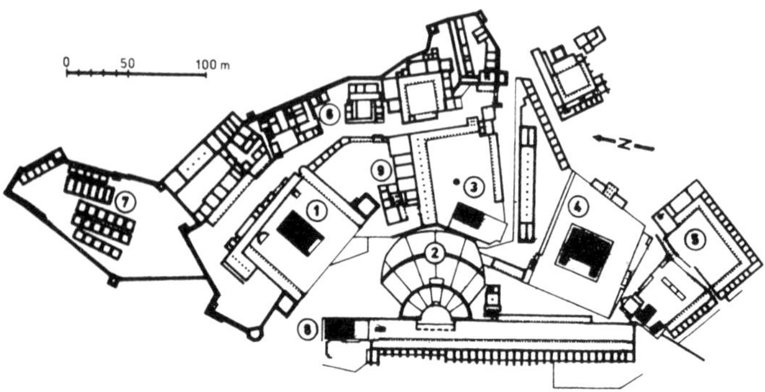

124 Modell der pergamenischen Akropolis, von H. Schleif. Berlin (Ost), Pergamonmuseum

123 Plan der pergamenischen Akropolis: 1 Trajaneum. 2 Theater. 3 Temenos der Athena. 4 Altar. 5 Agora. 6 Palastareal. 7 Magazine. 8 Dionysostempel. 9 Bibliothek.

größte aus dem Alterthum übriggebliebene Werk haben wir unter den Händen.«[286] In der Tat war damit erstmals bewußt ein Kunstabschnitt aus jenem Zeitalter entdeckt worden, dem J.G. Droysen 1877/8 nun auch als Buchtitel den Namen ›Hellenismus‹ gegeben hatte.

Am Pergamonaltar war das größte Reliefwerk der griechisch-römischen Antike angebracht. Auf einer aufgeschütteten Terrasse im Süden der Hochburg, unterhalb des Heiligtums der Stadtgöttin Athena *(Abb. 123/124)*, war der Zeus und ihr geweihte Altarbau errichtet worden. Über eine 20 m breite Treppe mit 28 Stufen gelangte man von Westen in einen Hof, in dessen Mitte der eigentliche Brandopferaltar stand *(Abb. 125)*. Die fünf untersten Stufen verlaufen um das gesamte Gebäude. Über ihnen erhob sich ein Sockel, über dem ein 2,30 m hoher und 120 m langer Fries aus 118 Platten angebracht war. Auf ihnen ist in engverschlungenem Gewoge die Gigantomachie, der siegreiche Kampf der olympischen Götter gegen die Söhne der Erde, die Giganten, dargestellt.

125 Der Telephossaal oberhalb der Altartreppe. Berlin (Ost), Pergamonmuseum

126 Aus dem Gigantenfries des Zeusaltars von Pergamon: Athena-Abschnitt. Berlin (Ost), Pergamonmuseum

Ihr Aufstand war nach einem Orakelspruch nur niederzuschlagen, wenn den Olympiern ein Sterblicher helfen würde. Dies tat der Halbgott Herakles, Sohn des Zeus und der Alkmene, der Tochter des Königs von Mykene. Betrat man den Platz durch einen Eingangsbau im Osten, erblickte man am Altargebäude Zeus *(Abb. 103)* und Athena *(Abb. 126)*. Unter dem Schild der Göttin erscheint die Büste der verzweifelten Gaia mit dem Füllhorn. Darüber fliegt die Siegesgöttin Nike. Zahlreiche Erdgeborene sind als solche mit als Schlangen gebildeten Beinen gekennzeichnet. Zeus zur Rechten kämpfte sein Sohn, von dem nur eine Tatze seines Löwenfells über dem Schild des linken Giganten erhalten ist. Herakles war gezwungen gewesen, zwölf Mühen zu bestehen. Die erste war die Tötung des Löwen von Nemea, den er erwürgte und dessen Fell er seitdem bei sich trug. Es ist eines seiner Erkennungszeichen.

Es ist von der Forschung schon bald gesehen worden, daß die pergamenische Gigantomachie eigentlich Siege über die Keltenvölker meinte: den Kampf des von den Mächten des Lichtes und der hellenischen Zivilisation, insbesondere von Zeus und der siegbringenden Athena unterstützten Königs gegen die Kräfte des Dunkels und des Chaos, die Barbaren. Hierbei fiel Herakles eine Schlüsselrolle zu. Schon die bisher älteste erhaltene Gallierdarstellung der griechischen Kunst, ein Marmorrelief aus Kyzikos *(Abb. 127)*, zeigt den Heros, wie er mit der Keule einen ›Bösewicht‹ erschlägt. Der

127 Herakles-Weihrelief aus Kyzikos. Istanbul, Archäologisches Museum

nackte Athlet hat das Fell an einen Baum gehängt. Der Barbar ist an seinem Schild darunter, an seinen sonstigen Waffen und der Kleidung als Kelte zu erkennen.[287] Laut Aufschrift wurde das Relief von Offizieren dem Herakles geweiht. Es läßt sich ins Jahr 277/6 datieren.

Das makedonische Herrscherhaus führte sich genealogisch auf Herakles zurück. Schon die Vorgänger Philipps II. setzten den Kopf des Heros unter dem Löwenskalp auf ihre Münzen.[288] Das tat auch Alexander d. Gr.[289], für den Herakles eine besondere Rolle spielte[290], weshalb er auch seinem Erstgeborenen diesen Namen gegeben haben soll. Weil dieser Erbe in Pergamon aufwuchs, wurde die Sage von Pergamos erfunden, einem Enkel des Helden Achilleus[291], der wie Alexander zum Kampf gegen die Asiaten (Troja) ausgezogen war und somit für den König Vorbildfunktion hatte.[292] Pergamos war wie Alexanders Mutter das Kind einer Königstochter aus Epiros in Nordwestgriechenland und wurde von einem Sohn des Telephos (und damit Enkel des Herakles) als Lohn für Waffenbrüderschaft mit dem Ort beschenkt, den er Pergamon benannte. Telephos wurde ursprünglich in Teuthrania, 13 km westlich von Pergamon, verehrt. Sein alter Mythos ist an den Wänden des eigentlichen Altarhofes von Pergamon dargestellt worden. Von diesem zweiten Reliefband stammt die hier genauer zu analysierende Platte.

Der Mythos erzählt, König Aleos von Tegea in Arkadien habe vom Orakel in Delphi erfahren, daß der erste Sohn seiner Tochter Auge die Brüder seiner Mutter töten werde.[293] Daher ließ er sie zur Athenapriesterin weihen, wozu sie ein Keuschheitsgelübde ablegen mußte. Herakles aber vergewaltigte sie, und sie gebar Telephos. Der wütende Großvater setzte das Kind im Gebirge aus, wo es von einer Hirschkuh genährt, vom Vater gefunden und von Hirten aufgezogen wurde. In einem Kasten dem Meer preisgegeben, wurde Auge nach Mysien getragen, wo König Teuthras sie als Pflegetochter aufnahm. Telephos erfüllte den Orakelspruch und gehorchte als Sühne einem zweiten, indem er seine Mutter suchte. Dabei kam er auch zu Teuthras, der ihm zum Lohn für Hilfe in einem Krieg die Hand der Auge gab und die Thronfolge versprach. Das Beilager wurde durch eine Schlange gestört, Mutter und Sohn

erkannten sich. Auf dem Zug gegen Troja griffen die Griechen im Glauben, sie hätten die Stadt schon erreicht, Mysien an. Dabei wurde Telephos von Achill unheilbar verwundet. Nach acht Jahren der Qual befolgte er einen Spruch und reiste nach Argos, wo er gegen das Versprechen, den richtigen Weg nach Troja zu zeigen, von Achill geheilt wurde.

Aus diesem Telephos, dem Sohn des Herakles, Enkel des Zeus und Freund des Achill, haben die Attaliden einen Vorfahren gemacht, um wie andere Dynastien göttlichen Ursprung zu beanspruchen und gleich den übrigen hellenistischen Königshäusern zu Verwandten Alexanders zu werden. Nicht zufällig also stammt aus Pergamon und der Zeit des Altars das großartigste erhaltene Bildnis Alexanders *(Abb. 128)*.[294] Wie bei einem Löwen sträuben sich die Haare über der Stirn. Sie kennzeichnen des Königs löwenhafte Natur, auf deren Sichtbarkeit er großen Wert legte.[295]

Alexanders Lieblingsbildhauer Lysipp hat eine berühmte Statue des sich von seinen Mühen ausruhenden Herakles geschaffen. Eine der vielen Nachbildungen, die auf uns gekommen sind, wurde in Pergamon gefunden, stammt aber nicht mehr aus der Attalidenzeit *(Abb. 129)*.[296] Lysipp ließ den Heros mit der rechten Hand über dem Gesäß die drei goldenen Äpfel halten, die er aus dem Obstgarten der Götter von jenseits des Ozeans holen mußte, wo die Hesperiden ihn pflegten. Das Relief vom Telephosfries lehnt sich zwar weniger deutlich an das lysippische Vorbild an, ist aber ohne dieses auch nicht denkbar.

Im Gegensatz zur räumlichen und zeitlichen Einheit der Gigantomachie wird die Geschichte von Telephos in der Art eines Epos erzählt, weshalb man eine solche epische Schilderung als Vorlage vermutet hat.

Beim Großen Fries wurden die Namen der Götter und Giganten sowie die der Bildhauer beigeschrieben; letztere kamen aus der ganzen griechischen Welt. Da der Gigantenfries aus weiter Entfernung gut überschaubar sein sollte, besitzt er ein sehr hohes Relief. Die Platten sind bis zu 50 cm stark und bis zu 60 Zentner schwer.

128 Alexanderkopf aus Pergamon, Istanbul. Archäologisches Museum

129 Bronze-statuette des ausruhenden Herakles (nach Lysipp). Paris, Louvre

Aber nicht nur Licht und Schatten bestimmten die Gesamtwirkung, sondern auch die verlorengegangene bunte Bemalung, außerdem Metallteile und wahrscheinlich auch farbige Steine. Über dem Fries umzog eine Säulenhalle geringer Tiefe die Mauer des eigentlichen Altarhofes einschließlich der Zungenmauern seitlich der Treppe samt der offenen Durchgangsseite an deren Kopf. Auch innen sollten in dieser Weise Säulen vor die Wand gestellt werden. Das paßt sehr gut zu dem vergleichsweise flachen und ruhigen Relief des Telephosfrieses. Die inneren Hallen kamen jedoch nie zur Ausführung, und viele Platten sind nicht fertig skulptiert. Auch die abschließenden Architekturglieder über den Außensäulen sind zum Teil nur in Umrissen behauen.

130 Sog. Galliergruppe Ludovisi. Rom, Thermenmuseum ▷

Die Grabungen haben einwandfrei ergeben, was auch schon die Geschichte Pergamons nahelegt: Der Altarbau wurde von Eumenes II. in Auftrag gegeben. Er bezieht sich auf seine Keltensiege, so wie sein Vater Attalos I. oberhalb auf der Terrasse des Athenatempels *(Abb. 123/124)* gegen 220 v. Chr. Figuren der von ihm besiegten Gallier hatte aufstellen lassen. Von diesen Bronzefiguren sind römische Marmorkopien vor allem eines Sterbenden *(Abb. 121)* und eines Mannes erhalten, der seine Frau und sich tötet, nachdem die Schlacht verloren ist *(Abb. 130)*.[297]

Beim Zentrum des Altarfundaments wurde 1961 eine Sondage durchgeführt[298], bei der Keramikfragmente gefunden wurden, die um 170 zu datieren sind[299]. Anders als bisher von vielen Forschern angenommen, kann daher mit dem Bau weder in den auf den Sieg über Antiochos d. Gr. (190) folgenden Jahren[300] noch direkt nach den Siegen über Prusias I. (183) beziehungsweise Pharnakes (179) begonnen worden sein. Zudem gaben diese Erfolge Eumenes II. Anlaß, die Nord- und Ostseite der Athenaterrasse mit zweigeschossigen Hallen samt einem Torbau zu umgeben, dessen Brüstungsplatten Reliefdarstellungen von Waffen überwundener Gegner, darunter auch von Galliern, tragen *(Abb. 131)*.[301] Es liegt deshalb nahe, den Auftrag für den Altar mit der spektakulären endgültigen Befriedung der Kelten im Jahre 166 in Verbindung zu bringen. Nicht nur, weil die Keltengefahr damit endgültig gebannt war, sondern weil der König zum ersten Male aus eigenen Mitteln, ohne Hilfe der Römer, ja gegen sie, die Galater überwunden hatte, rief dieses Ereignis innenpolitisch wie in der griechischen Welt ein großes Echo hervor. War Eumenes bisher wegen seiner Römerfreundschaft vielerorts angefeindet, erntete er jetzt das Lob, »allgemeiner Wohltäter der Hellenen« zu sein.[302] Die römischen Senatoren hatten 168/7 versucht, Eumenes' Bruder Attalos, der 159 sein Nachfolger wurde, gegen den ihnen nicht mehr genehmen König auszuspielen. Als dieser sich Ende 167 auf die Reise nach Rom begeben hatte, um sich zu rechtfertigen und wieder um Hilfe gegen die Galater zu bitten, wurde vom Senat ein Gesetz erlassen, nach dem kein König Rom betreten durfte. So erhielt Eumenes bei seiner Landung in Brindisi Befehl, Italien umgehend wieder zu verlassen. Über ihn hinweg wurde Galatien für autonom erklärt. Als er einige

Monate später die Landplage beseitigt hatte, wurde er von den griechischen Staaten überschwenglich geehrt und erhielt von den Städten Ioniens einen goldenen Kranz und eine vergoldete Statue. Zahlreiche Gemeinden richteten zu seiner und seiner Familie Ehre

131 Torbau der Athenaterrasse von Pergamon. Berlin (Ost), Pergamonmuseum

Wettkämpfe und Kultfeiern ein. Dies geschah trotz mehrfacher römischer Verhinderungsversuche. Offenbar im selben Jahr 166 hat Eumenes den Münzstandard ändern und auf den neuen Prägungen Kultsymbole des Dionysos und des Herakles abbilden lassen. In diesem oder in einem der folgenden Jahre wurde zum ersten und einzigen Male im Reich der Attaliden das Bildnis nicht des Staatsgründers, sondern des lebenden Herrschers auf einem Geldstück wiedergegeben *(Abb. 132)*.[303] Es ist kein Zufall, daß der Pergamonaltar das letzte große griechische Gesamtkunstwerk vor der Römerherrschaft ist. Er wurde Rom zum Trotz errichtet!

132 Münzporträt Eumenes' II.

Meist wird angenommen, die Arbeiten am Altar seien wegen des Todes des Eumenes (Ende 159) eingestellt worden. Plausibler erscheint, nicht in dem völlig reibungslosen Regierungswechsel, sondern in dem Einfall Prusias II. von Bithynien (156) den Grund zu sehen. Prusias versuchte, Pergamon einzunehmen, und verwüstete die Heiligtümer außerhalb der Befestigungen. Da sich der Krieg drei Jahre lang hinzog, mußten die fast beendeten Arbeiten unterbrochen werden. Später scheint kein Interesse oder keine Möglichkeit mehr bestanden zu haben, die betreffenden Handwerker noch einmal herbeizurufen und unter Vertrag zu nehmen. Man hat sich daher vorzustellen, daß der Telephosfries und damit auch das eingangs analysierte Heraklesrelief unter Eumenes II. im Jahre 166 geplant und entworfen, aber erst um die Zeit seines Todes ausgearbeitet wurden.

Der Historiker Polybios und sein Umfeld

Die Polybiosstele *(Abb. 133/134)*
Relief in Kato Klitoria-Mazeïka, Dimarchion
Aus Kleitor
Marmor von Doliana in Lakonien; bei der Entdeckung Höhe 2,18 m, Breite 1,11 m

Erhaltungszustand:
Bei Auffindung *(Abb. 133 nach Gipsabguß)* Sprung beim linken Rand unten über dem Helm und im rechten Unterschenkel. Vorderteil des Helmes abgeschlagen. Nase, rechter Daumen und zahlreiche kleine Partien beschädigt, die Oberfläche zum Teil verrieben. Heute *(Abb. 134)* fehlen der obere und linke Teil des Reliefs rund um den Rumpf und entlang dem rechten Bein. Beschädigungen und Verreibungen haben zugenommen.

Beschreibung:
Das Relief ist nach oben durch eine reliefierte Leiste abgeschlossen. Seitlich fehlt ein Rahmen. Vor glattem Hintergrund steht überlebensgroß ein schlanker, sehniger, älterer Mann mit kurzem Kraushaar frontal aufrecht auf einer bis zu seinen Fußspitzen vorspringenden Bodenfläche. Kopf und rechtes, entlastetes Bein sind nach rechts fast ins Profil gedreht, der Fuß ist schräg gestellt. Auch der linke ist ein wenig nach dort orientiert, denn der Mann agiert in diese Richtung, indem er seinen rechten Oberarm horizontal abgestreckt und den Unterarm nach oben abgewinkelt hat. Die Handfläche ist offen, die Finger sind entspannt. Der linke Arm hängt so, daß sich die Hand in Hüfthöhe befindet. Sie umfaßt den starken Schaft eines leicht schräg mit der Spitze auf den Boden gestellten, körperlangen Speeres, der gegen die Schulter gelehnt ist und dann vom Hinterkopf fast verdeckt wird. Die andere Hand hält zwischen Daumen und übrigen Fingern das rechte untere Eckstück eines langen, schmalen Mantels, einer Chlamys, die aus einem rechteckigen Tuch besteht und auf der rechten Schulter mit einer Nadel befestigt ist. Der linke, senkrechte Saum ist diagonal über

den Brustkorb und über den linken Unterarm geführt und hängt zunächst im Zickzack vor, ganz unten hinter dem Speerschaft herab. Die untere Ecke mit eingenähtem Bleigewicht ist neben der Speerspitze sichtbar. Das Gewicht an der anderen unteren Ecke ist in Kniehöhe vor dem Stoffteil zu erkennen, der den Schaft verdeckt. Der rechte senkrechte Saum ist, statt hinter dem Rücken herabzufallen, in einen breiten Wulst eingedreht, der von der rechten Hüfte vor dem Unterkörper durchhängend zur linken Hand geführt ist. Hinter den Beinen verläuft der untere Saum von der Kniekehle zur Ecke neben der Speerspitze diagonal herab. Der obere ist, vorne einen kleinen Winkelausschnitt bildend, um den

133 Gipsabguß der Polybiosstele

Hals gelegt. Diese Art Mantel, schmaler als das zivile Himation des Demosthenes *(Abb. 104)*, aber länger als das Mäntelchen des einfachen Soldaten, kennzeichnet den griechischen Offizier.

Unter der Chlamys trägt der Mann ein dünnes, ebenfalls rechteckiges Tuch, das oberhalb der Knie endet und durch einen schmalen Gürtel am Körper gehalten wird. Auf der linken Schulter ist es mit einer Nadel befestigt, so daß der rechte Teil des Thorax unbedeckt bleibt. Dieser von Soldaten getragene Rock hieß *Exomis*.

Der Offizier ist barfuß. Am Gürtel hängt ein Kurzschwert, dessen Griff sich vor der linken Brustwarze befindet. Neben dem

134 Polybiosstele, heutiger Zustand

Spielbein des Soldaten lehnt ein von außen sichtbarer Rundschild. Davor steht ein seitlich mit Voluten verzierter Helm der sogenannten korinthischen Form mit hohem Busch. Dargestellt ist also ein hochrangiger Offizier, etwa ein Stratege, in einer nichtmilitärischen Aktion, bei der er einen Gegenüberstehenden anspricht.

Der Stil des Reliefs ist bestimmt von Naturalismus bei der Darstellung von Muskeln, Sehnen und Adern, bei der Durchformung von Gesicht, Händen und Füßen sowie bei der Wiedergabe von Falten, Saumnähten und Webstreifen; er ist außerdem bestimmt von einem Bemühen um perspektivische Eindeutigkeit und Freude an von Diagonalen und geraden Linien dominierter Komposition im Raum. Das markanteste Beispiel für diese Stilrichtung im 2. Jahrhundert v. Chr. ist eine Marmorstatue des Meeresgottes Poseidon von der Insel Melos *(Abb. 135)*.[304]

135 Poseidon von Melos. Athen, Nationalmuseum

Rekonstruktion und Deutung:
Das Relief wurde 1880 in Karnesi auf dem Gelände der antiken Stadt Kleitor in Arkadien entdeckt.[305] Man brachte es in das Schulhaus des nahegelegenen Ortes Mazeïka (heute Kato Klitoria-Mazeïka). Der erhaltene Teil des Reliefs befindet sich inzwischen im dortigen Gemeindehaus.[306] Auf dem Sturz las A. Milchhöfer, einer der Entdecker des Reliefs, die Zeile:

»wegen wertvoller Leistungen gewidmet«[307]

Diese Zeile erinnerte ihn an ein Epigramm mit völlig übereinstimmender Formulierung, das wenige Jahre zuvor publiziert worden war.[308] Im Heiligtum von Olympia hatte man eine Inschrift gefunden, die sich auf eine Statue bezieht, die dort im 3. Jahrhundert n. Chr. einem Titos Flavios Polybios zu Ehren von der Stadt Messene und dem Rat von Olympia geweiht worden ist; oberhalb dieser Angaben liest man:

»Dieses wunderschöne Schmuckstück hat dem Sohn des Lykortas die Stadt
wegen wertvoller Leistungen gewidmet: dem Poulybios.«[309]

Milchhöfer meinte nun, hinter dem letzten auf unserer Stele erhaltenen Wort wie in dem olympischen Epigramm noch die Buchstaben *PO* sowie nach einem durch Beschädigung fehlenden die Folge LI lesen zu können; danach sei Platz für vier weitere Buchstaben. Der Gelehrte schloß, daß in Kleitor derselbe Wortlaut wie in Olympia zu ergänzen sei und daß das olympische Epigramm Kopie einer 400 Jahre zuvor formulierten Inschrift darstellt. Denn Polybios, Sohn des Lykortas, war ein vielgeehrter Politiker und berühmter Historiker des 2. Jahrhunderts v. Chr.[310] Titos Flavios Polybios legte offenbar Wert darauf, von diesem bedeutenden Mann abzustammen. Angesichts der ganz ungewöhnlichen Darstellung hat Milchhöfer sofort daran gedacht, daß Pausanias Reliefstelen des Polybios in vier arkadischen Städten erwähnt. Er berichtet von einem Tempel in Mantineia und fügt hinzu: *»Hier ist auch ein Mann auf einer Stele dargestellt, Polybios, der Sohn des Lykortas. Ihn werden wir auch später noch erwähnen«.*[311] Megalopolis bietet ihm schließlich die Gelegenheit, ausführlich zu werden: *»In*

Megalopolis steht auf der Agora ... ein Mann in Relief an einer Stele, Polybios, der Sohn des Lykortas. Es sind auch Epigramme auf ihn daraufgeschrieben, die besagen, daß er in jedem Land und Meer herumgekommen, daß er Verbündeter der Römer geworden sei und ihren Zorn gegen die Griechen besänftigt habe. Dieser Polybios schrieb die Geschichte der Römer und auch wie sie mit Karthago in Krieg gerieten, und welches die Ursachen des Krieges waren ... Alles, worin der Römer dem Rat des Polybios folgte, ging ihm erfolgreich aus; wo er aber auf seinen Rat nicht hörte, soll er Mißerfolge gehabt haben. Die Griechenstädte, die zum Achaischen Bund gehörten, erreichten bei den Römern, daß ihnen Polybios Verfassungen einrichtete und Gesetze gab.«[312]

Auch in den Orten Lykosura und Pallantion hat Pausanias Ehrenstatuen für Polybios gesehen, eine Statue in Olympia[313] führt er dagegen nicht an. Milchhöfer schloß, daß in allen Städten, für die Polybios sich eingesetzt hatte, diesem wenn nicht eine Statue, so doch wenigstens – und das offensichtlich überwiegend – eine Reliefstele aus Marmor aufgestellt worden sei und daß Pausanias nur eine Auswahl dieser Skulpturen gesehen oder notiert habe: Die Tafel aus Kleitor müsse also Polybios darstellen, auch wenn Pausanias gerade dort keine vermerkt. Von der Stele wurde sogleich ein Gipsabguß für die Königlichen Museen zu Berlin angefertigt *(Abb. 133)*. In der 1885 herausgegebenen Neufassung der Beschreibung der Abgußsammlung hat P. Wolters[314] Milchhöfer aus drei Gründen entschieden widersprochen:

- Selbst wenn die Lesung des Namens richtig wäre, könne ein anderer Polybios gemeint sein.
- Der Dargestellte sei höchstens 30 Jahre alt, der Historiker müsse jedoch zum Zeitpunkt, als er geehrt wurde, mindestens 65 Jahre gezählt haben.
- Er sei für eine friedliche Tätigkeit geehrt worden, könne also nicht als Krieger, zudem noch als Fußsoldat, der er nie war, abgebildet worden sein.

Seit diesem Einspruch blieben die Geister geschieden. Das Unglück wollte es, daß später Kopf und Inschrift verlorengingen.[315] Die Abformung ist natürlich nicht exakt genug, um bei dem Namen eine sichere Entscheidung zu erlauben. Im letzten Krieg ging sogar der Berliner Abguß zugrunde[316], doch wurde später die Form wiedergefunden, so daß neue Exemplare hergestellt werden konnten.[317]

Das Alter des Dargestellten ist unterschiedlich beurteilt worden. Milchhöfer hielt es für nicht unter Mitte vierzig. Die letzte Besprechung schätzt es auf 50 Jahre, auf keinen Fall aber mehr.[318] Das Urteil in dieser Frage wird vielleicht davon beeinflußt, ob man von lockigen Athletenköpfen der älteren Kunst ausgeht oder von Porträts des in der zweiten Hälfte des 2. Jahrhunderts unter römischem Einfluß aufkommenden veristischen Stils, für den hier zwei Köpfe von der Insel Delos[319] stehen sollen *(Abb. 136, 137)*. Während bei

136 Porträt Delos Nr. A 4187. Delos, Museum

137 Porträt Delos Nr. A 2136. Delos, Museum

dem Demosthenes *(Abb. 104)* auch noch in der Brechung durch den kaiserzeitlichen Kopisten deutlich wird, daß der frühhellenistische Bildhauer von der inneren Wahrheit eines Charaktertypus ausging, von einem Demosthenes also, wie man ihn sich wesensmäßig vorstellte und begreifen sollte, sind die späthellenistischen Porträtisten an der Wiedergabe dessen interessiert, was man sieht, wenn man die betreffende Persönlichkeit beim Agieren beobachtet. An dem Kopf in Kleitor sind zwar keine Falten (mehr) zu erkennen, doch zeigen die tiefen Augenhöhlen, die Senken des Fleisches rund um die Mundpartie, die Unebenheiten der Stirn und die ›Geheimratsecken‹ an dem zügig abgerundeten, schmalen Kopf einen Mann, der die Lebensmitte längst überschritten hat. Und die körperliche Erscheinung ist mit den dünnen Gliedern und dem flachen Brustkorb nicht prinzipiell anders als die des sechzigjährigen Demosthenes.

Stilistisch schließt sich die Darstellung eng solchen des Jahrzehnts 160–150 v. Chr. an[320], u. a. an gut vergleichbare Figuren vom Telephosfries in Pergamon[321] *(Abb. 138).* Wie bei Polybios sind auch hier die körperlichen Verhältnisse nicht klargelegt, sondern überspielt von einem aufdringlichen System geradliniger Formbegrenzungen und Faltenzüge. An der Stele wie bei dem Poseidon *(Abb. 135)* wird der Körper durch die Linien noch straffer verspannt. Vergleiche dieser Art zeigen, daß das Relief aus Kleitor frühestens um 150 und nicht später als 140 v. Chr. entstanden sein kann und daß es keinesfalls als eine provinzielle Leistung betrachtet werden darf, sondern im Gegenteil als ein Werk aus einem der damals ganz auf der Höhe des Zeitgeschmacks arbeitenden Ateliers zu werten ist.

Bemerkungen zum Leben und Werk des Polybios:
Polybios entstammte einer der führenden Familien von Megalopolis. Im letzten Jahrzehnt des 3. Jahrhunderts geboren, hat er sich schon früh für eine politische Karriere interessiert. Im Jahre 169/8 war er Hipparch (Reiterführer) und hatte damit das zweithöchste Staatsamt innerhalb des Bundes der Achaier auf der Peloponnes inne. Nachdem Rom im Jahre 168 durch den Sieg bei Pydna über Perseus von Makedonien seine Macht im Osten gewaltig ausdehnen konnte, begann es auch im Achaischen Bund die politischen Verhältnisse maßgeblich mitzugestalten. Kein Wunder, daß dort

138 Telephosfries, Platte II. Berlin (Ost), Pergamonmuseum ▷

schon bald die Römerfreunde das Ruder fest in der Hand hielten. Im Jahre 167 wurden 1000 der bedeutendsten Vertreter der Gegenpartei unter der Anklage der Makedonenfreundschaft zur Aburteilung nach Italien deportiert. Auch Polybios mußte nach Italien reisen. Aber als einziger wurde er nicht in einer Stadt Etruriens interniert, sondern durfte in der Hauptstadt bleiben, wo er, wohl der Vornehmste der Achaier, unter den ersten Familien verkehrte. Man hatte wohl auch darum besonderes Interesse an ihm, weil er ganz nach dem Geschmack der Römer eine militärwissenschaftliche Abhandlung verfaßt hatte, in der u. a. die Notwendigkeit betont wurde, daß ein Offizier mathematische Kenntnisse besitzen müsse. Polybios wurde Freund und Mentor des etwa 20 Jahre jüngeren Scipio Aemilianus, dessen Vater L. Aemilius Paullus König Perseus besiegt hatte.[322] Aus einer Rom ganz reserviert gegenüberstehenden Tradition stammend, wurde Polybios bald zu einem Bewunderer der römischen Republik, der verstand, worauf deren Überlegenheit über die Staaten der griechisch-makedonischen Welt beruhte.

Vor seiner Deportation war Polybios weit fortgeschritten in einer Arbeit über die Geschichte des Bundes der Achaier. In Rom begriff er, der normalerweise ins höchste Staatsamt berufen worden wäre, daß seine politische Rolle vielleicht für immer ausgespielt war, und machte seine historische Forschung unter neu gewonnenen Gesichtspunkten zur Hauptbeschäftigung. Inhalt wurde jetzt die Schilderung, wie Rom in rund 50 Jahren von der größten Macht Italiens zur Beherrscherin der von hier aus bekannten Welt geworden war.

Im Jahre 150 durften die Achaier endlich in ihre Heimat zurückkehren. Polybios war unter den 300, die noch lebten. Im folgenden Jahr wurde er als militärischer Berater für den bevorstehenden neuen Krieg gegen Karthago nach Sizilien berufen. Er gehörte ab 148 dem Stab seines Freundes Scipio vor Karthago an und unternahm mit einer von diesem gestellten Flotte eine Forschungsreise entlang der Nord- und Westküste Afrikas, erlebte 146 Einnahme und Zerstörung Karthagos und eilte sofort danach in seine Heimat, die sich in einem zum Scheitern verurteilten Krieg gegen Rom und seine Bundesgenossen befand. Die römische Aristokratie pflegte überall in Griechenland die Reichen zu begünstigen, was zu wachsenden sozialen Spannungen führte, die sich zuerst in Achaia und anschließend vor allem in Korinth entluden. So kam es zu einem Aufstand der Verarmten, der die Freilassung der im Lande geborenen Sklaven durchsetzte. Das Ende folgte rasch: Der römische Feldherr L. Mummius nahm 146 Korinth, ließ den größten Teil der Bevölkerung abschlachten, den Rest in die Sklaverei verkaufen und die Stadt zerstören. Die Römerfeinde erhielten höchste Strafen, der Bund wurde aufgelöst und Patrai, heute Patras, durch einen speziellen Vertrag mit Rom verbunden; in den Städten ersetzte man die Demokratie durch die Timokratie.

Dies war die Stunde für Polybios, der wahrscheinlich erst nach der Zerstörung Korinths eintraf. Er wurde als Berater der Kommission beigeordnet, die vom Senat mit der Neuordnung der Verhältnisse angewiesen war, und wurde nach deren Abreise im Frühjahr 145 mit der Durchführung beauftragt. Eine entsprechende Bitte hatten insbesondere die Gemeinden seiner Heimat Arkadien vorgetragen. Nach Beendigung dieser Tätigkeit im Laufe jenes Jahres erreichte er in Rom die Bestätigung seiner Anordnungen.

Nach Abschluß seiner verfassungsgebenden Tätigkeit in Achaia hat Polybios keine selbständigen politischen Funktionen mehr ausgeübt. Er muß daher bis zu seinem Ende im wesentlichen an den »Historien« gearbeitet haben.

Aus den zitierten Textstellen bei Pausanias sowie aus der übrigen Überlieferung wird deutlich, daß Polybios nur einmal in den ihm besonders verbundenen Städten seiner engeren Heimat Arkadien geehrt worden sein kann – nach seiner verfassungsgebenden Tätigkeit, nach Einführung der Timokratie –, und das wie üblich sofort nach erfolgreichem Abschluß, also nach der Bestätigung durch den römischen Senat. Alle Stelen und Statuen sind damit auf das Jahr 146/5 zu datieren – ein Datum, das bestens zum Stil unseres Reliefs paßt.

Überliefert ist, daß Polybios mit 82 Jahren an den Folgen eines Sturzes vom Pferd gestorben ist; sein Geburts- und Todesdatum sind jedoch nicht bekannt. Es gibt Gründe für die Annahme, daß er das Jahr 120 noch erlebt hat. Als man ihm die Ehrenmale errichtete, wird er demnach knapp 60 Jahre alt gewesen sein. Dem widerspricht das Aussehen des Kopfes auf der Stele von Kleitor nicht. Als er 146 in seine noch als Staat bestehende Heimat reiste, war er zweifelsohne schon seit seiner Rückkehr aus Rom im Jahre 150 achaischer Offizier. Nicht als ziviler Beamter, sondern entsprechend der Bundesverfassung als jetzt de facto leitender Staatsmann im Offiziersrang führte er 145 seine Aufgabe durch, für die er geehrt wurde. Die militärische Kleidung und Ausrüstung auf der Stele ist daher nur folgerichtig. Die Geste der erhobenen Rechten erscheint zunächst mehrdeutig, könnte sie doch Gebet, Verehrung oder Ansprache bedeuten.[323] Letzteres ist bei römischen Denkmälern die Regel und sehr häufig bei Personen sowohl in ziviler wie in militärischer Funktion. Da Polybios im Auftrage des römischen Senats handelte, darf es nicht verwundern, wenn die Gebärde römisch ist. Sie entspricht jedenfalls der Tätigkeit, die er auszuüben hatte: Ohne den Akt einer öffentlichen Ansprache mit ausführlicher Begründung und Darlegung war eine neue Verfassung in einer griechischen Polis schwerlich zu etablieren.

Der Stil des Reliefs, sein Fundort und seine Einzigartigkeit, der Rest des Epigramms, Kleidung, Tätigkeit und Alter des Dargestellten und zudem die Überlieferung von den Marmorstelen des Polybios in den Städten seiner Heimat ergeben zusammengenommen Klarheit, daß unsere Skulptur eines dieser Ehrenmäler darstellt. Sie ist ein Zeugnis vom Beginn der Zeit, als Griechenland seine politische Selbständigkeit verlor und römische Provinz wurde.

Die Entwicklung im späten Hellenismus

Aphrodite, Pan und Eros *(Abb. 139)*
Athen, Nationalmuseum Nr. 3335
Aus Delos
Parischer Marmor; Höhe ohne Basis 1,29 m, Basis 0,12 m

Erhaltungszustand:
Verloren sind das Glied des Pan und ein Stück seines Hodens sowie der rechte Unterarm des Eros. An der erhobenen Sandale fehlen die Riemen. Die Spitze von Pans linkem Horn und Daumen, Zeigefinger und kleiner Finger der linken Hand der Aphrodite sowie die Spitze ihres rechten Zeigefingers sind modern ergänzt. Abgebrochen war Pans rechter Unterschenkel, abgefallen waren die Flügel des Eros. Weitere Beschädigungen und moderne Reparaturen sind vor allem an der Rückseite der Gruppe zu sehen.

Beschreibung:
Die Skulpturengruppe wurde überwiegend aus einem einzigen Block gearbeitet. Separat hergestellt sind der rechte Arm der Frau oberhalb des Ellenbogens, die Flügel des Kindes und die Basis, in welche die Plinthe (Standfläche) eingelassen ist. Die größte Figur und Hauptperson ist eine aufrecht stehende junge Frau, deren einzige Bekleidungsstücke ein kleines Kopftuch und eine Sandale an ihrem rechten Fuß sind. Auf diesem lastet das meiste Gewicht des üppig schwellenden Körpers, dessen Hüfte zu dieser Seite stark herausgeschoben ist. Die Oberschenkel sind eng aneinandergelegt. Das linke Knie ist etwas vorgeschoben; dagegen ist der linke Fuß etwas nach hinten und seitlich gestellt; die Ferse ist angehoben. Das runde Becken geht über in eine sehr schmale Taille. Im Gegenschwung zu den Beinen ist die linke Schulter betont angehoben. Die rechte Schulterlinie erscheint kürzer. Die vollen, straffen Brüste mit hervorstehenden Warzen dienen als Blickfang. Zwischen ihnen und den Achseln sind kleine Fettpolster zu sehen. Der linke Arm ist so abgewinkelt, daß die Finger die Scham überdek-

ken; der Ringfinger ist einwärts gebogen, um Klitoris und Schamlippen zu streicheln.

Der rechte Oberarm führt schräg nach unten vom Körper fort; der Unterarm ist im spitzen Winkel erhoben. Die Hand hält die am linken Fuß fehlende Sandale. Ihre Riemen waren sicher aus Bronze gefertigt. Die Frau wendet den Kopf schräg nach links. Vom Mittelscheitel aus sind ihre Haare straff zur Seite gekämmt, so daß die Ohren sichtbar werden. Oberhalb des Haarkranzes ist ein Tuch geknotet, dessen Schlaufen weit herausgezogen sind. Am Hinterkopf ist der Stoff breit gebauscht. Einzelne nasse Locken hängen im Nackenbereich herab. Die nassen Haare, das Tuch, die Sandalen und die Nacktheit könnten ein Hinweis dafür sein, daß die Frau aus dem Bade steigt. Der Wirkung ihres Körpers entsprechend, erscheint das lächelnde Gesicht betont süßlich und unschuldig animierend.

Neben der Frau steht ein nacktes Mischwesen aus Bock und Mann, das der Frau bis zur Schulterlinie reicht. Es ist im Profil dargestellt und leicht an einen Baumstumpf gestützt. Am Stamm lehnt vorne ein rohes, nach unten gekrümmtes Wurfholz, mit dem man in der Antike auf Hasenjagd ging. Die Ziegenbockbeine des Mischwesens gehen über in ein menschliches Gesäß, darüber wächst ein tierisches Stummelschwänzchen. Der Körper vermittelt große Kraft. An Armen und Händen sind Muskeln und Adern hervorgehoben. Über einem vermenschlichten, häßlich wirkenden Bocksgesicht, das von einem zottigen Vollbart umrandet wird, wachsen zwischen kurzen Haaren zwei schmale Hörner. Ungepflegte Haarsträhnen fallen in den Nacken hinab. Der Bocksmann greift mit dem rechten Arm oberhalb der Taille um den Rücken der Frau. Seine ausgestreckte Hand liegt unterhalb ihrer Schulter. Die Geste ist bei frontaler Betrachtung der Gruppe nicht sichtbar. Die linke Hand umklammert energisch den linken Unterarm der Frau. Das Mischwesen blickt ihr ins Gesicht. Diese lächelt aber über das Bockswesen hinweg. Dessen Phallus ist erigiert, angeregt durch ihre stimulierende Aktion. Teils streichelnd, teils überredend, wie der leicht geöffnete Mund zeigt, teils gewaltsam versucht der

◁ 139 Aphrodite-Pan-Eros-Gruppe

Bocksmensch die Frau heranzuziehen. Die droht ihm zwar mit der Sandale, scheint aber in keiner Weise erschreckt oder verängstigt zu sein. Die Szene ist dadurch höchst ambivalent, ja widersprüchlich.

Als dritte Person kommt ein nacktes, zartes, viel zu klein geratenes Kind hinzu, das über die Schulter der Frau nach vorne fliegt und die linke Faust an das rechte Horn des Bocksmannes stemmt. Es handelt sich um einen Jungen mit lockigen Haaren, der sein Köpfchen so nach rechts wendet, daß er dem Mischwesen in die Augen schauen kann. Er lächelt stärker als die Frau und öffnet ebenfalls seinen Mund zum Sprechen. Der rechte Unterarm fehlt, so daß die Geste unbestimmbar bleibt.

Alle Hautoberflächen sind fein geglättet, die der Frau zusätzlich mit Wachs poliert: ein bei antiken Marmorarbeiten übliches Verfahren, um den sinnlichen Reiz zu erhöhen. Diese Tatsache und die Reste von Bemalung zeigen, daß die Gruppe nicht im Freien gestanden haben kann. Die Haare der Frau waren rotbraun, die Sandalen leuchtend rot. Am Baumstumpf waren schwarze Linien aufgemalt, das Fell zeigt einen graublauen Rand. Lediglich die Schamhaare der Frau waren nach antiker Sitte entfernt, um die Geschlechtsteile dem männlichen lüsternen Blick ohne weiteres darzubieten.[324] Kein Zweifel, daß die Darstellung sexuell stimulieren soll, die Geste der Schamhaftigkeit nur Alibifunktion hat.

In die Vorderseite der Basis ist eine dreizeilige griechische Inschrift mit Buchstaben einer im späteren 2. und frühen 1. Jahrhundert v. Chr. üblichen Form eingemeißelt.[325] Die Übersetzung lautet:

»Dionysios, (Sohn des) Zenon, (des Sohnes) des Theodoros,
Berytier, Wohltäter, auf eigene (Kosten)
und (die) der Kinder den heimatlichen Göttern.«[326]

Das Bildwerk ist demnach ein Weihgeschenk. Die Namen der Gottheiten sind als bekannt vorausgesetzt. Sie werden in Berytos, dem heutigen Beirut, verehrt, denn diesen Ort nennt der Hauptstifter als seine Heimat. Trotzdem tragen er, sein Vater und Großvater griechische Namen, obwohl Berytos nur von Phöniziern besiedelt war. Sie waren aber damals, wie der Name ihrer Stadt auch, schon längst gräzisiert.[327] Dionysios nennt sich in der Inschrift »Wohltäter«. Diese Bezeichnung kommt Persönlichkeiten zu, die Außergewöhnliches geleistet haben. Sie kann sich nicht nur auf die Stiftung der Skulptur beziehen, sondern setzt bedeutendere ›Wohltaten‹ voraus. Er muß zum Zeitpunkt der Stiftung des Bildwerks ein älterer Mann gewesen sein, da sich seine Kinder an den Kosten beteiligt haben.

Deutung und Fundzusammenhang:
In der nackten Frau erkannte ein antiker Betrachter sofort die Göttin Aphrodite. Denn das Standbild zitiert genau die seit dem Frühhellenismus berühmteste Statue dieser Göttin: eine Marmorfigur des Bildhauers Praxiteles, die in einem Rundtempel in der griechischen Hafenstadt Knidos an der Südwestspitze Kleinasiens stand *(Abb. 99)*.[328] Dieses ›Knidia‹ genannte Kultbild ist nur durch Kopien überliefert, von denen sich die beste des Körpers in den Vatikanischen Museen[329] und die hervorragendste des Kopfes[330] im Louvre befinden. Die Knidia ist zwar nicht die älteste Darstellung der nackten Liebesgöttin bei den Griechen, aber es war das erstemal, daß eine Kultstatue Aphrodite völlig entkleidet zeigte. Neben der Göttin steht auf einem Sockel ein kostbares Wassergefäß. Über diesem hält sie ihr abgestreiftes Gewand. Scheinheilig wird ihre Nackheit damit begründet, daß sie sich wäscht, salbt, parfümiert und ihren Goldschmuck anlegt, bevor sie verführerisch tätig wird. Aufdringlich oder gar obszön sollte sie sich dabei nicht verhalten, weshalb man sie damals noch mit dem Beinamen ›die Züchtige‹ versehen hat.[331] Auch die Hand vor ihrer Scham ist bei der Knidia wahrscheinlich tatsächlich noch verhüllend gedacht. Obwohl sie zu ihrer Entstehungszeit sicher höchst erotisch gewirkt hat, ist die Entwicklung nicht stehengeblieben. Im Vergleich mit der Aphrodite aus Delos wirkt sie fern und ideal. Aus dem fraulichen Körper der Knidia hat der unbekannte Bildhauer der delischen Figur ein püppchenhaftes, kokettes Modell gemacht, dessen Reize aufdringlich elektrisierend sein sollten. Für die neue Komposition der Gruppe war es nötig, die Geste der rechten Hand der Knidia mit der Linken ausführen zu lassen. Diese spiegelverkehrte Variante mußte der Bildhauer nicht erfinden: Sie stand ihm bei einer eben-

falls nicht mehr im Original erhaltenen Umbildung der praxitelischen Aphrodite bereits vor Augen, deren beste Kopie sich im Kapitolinischen Museum in Rom befindet *(Abb. 140)*.[332] Von der Kapitolinischen Umbildung hat der delische Bildhauer die kugeligen Brüste, die Fettpolster bei den Achseln, das schwellendere Fleisch und den runderen Gesamteindruck übernommen, ja sogar verstärkt. Dies bedeutet, daß das Original der Göttin vom Kapitol entwicklungsgeschichtlich zwischen die Knidia und die Göttin von Delos zu datieren ist. Aber die formalen Änderungen haben auch eine inhaltliche Bedeutung: Die delische Figur hat alle früheren göttlichen Inhalte verloren und ist zu einer Luxusdirne herabgesunken. Sie hat reinen Objektcharakter angenommen und soll sexuell anregend und stimulierend wirken. Die Geste ihres linken Ringfingers läßt keine Zweifel daran aufkommen. Auch die scherzhafte Drohung mit der Sandale hat eher auffordernden als abwehrenden Charakter. Zeitgenössische Komödien des Plautus liefern auf der literarischen Ebene die Parallelen dazu.[333]

Die Insel Delos war zum Zeitpunkt der Entstehung der Statuengruppe der größte Sklavenumschlagplatz der Antike. Die Ware Mensch war damals wegen der expansiven Kriegspolitik Roms spottbillig. Für jeden Zweck, natürlich auch für Liebesdienste, wurden Sklaven und Sklavinnen verkauft. Und trotzdem ist der Zenit von Dekadenz und Langeweile damit noch lange nicht erreicht. Die römische Kaiserzeit sollte noch weit über die Zustände des späten Hellenismus hinausführen.[334]

Auch das Mischwesen neben Aphrodite konnte vom antiken Betrachter mühelos erkannt werden, denn es gab nur eine solche Gestalt: den Gott Pan. Ursprünglich als Sohn des Hirtengottes Hermes im Hirtenland Arkadien beheimatet, war Pan wegen seiner Hilfe für die Athener in der siegreichen Schlacht gegen die Perser bei Marathon (490) in ganz Griechenland, besonders in Attika, heimisch geworden. Der Dichter Pindar nannte ihn den ›Herrn Arkadiens‹. Pan hat sich der Überlieferung nach häufig in der Umgebung von Quellen aufgehalten. Auch die Szene des delischen

140 Die Kapitolinische Aphrodite. Rom, Kapitolinisches Museum

Bildwerks spielt in der freien Natur, wie der Baumstumpf belegt. Bei den Quellen lebten die halbgöttlichen Nymphen, denen der Hirtengott gerne nachstellte. Auch schöne Hirtenknaben hat er nicht verabscheut. Ein Beiname nennt ihn den ›Ziegenbesteiger‹. Er war, und so muß er auch hier verstanden werden, ein nimmersatter Gott der Fruchtbarkeit. Darstellungen zeigen ihn, wie er sich waschende Quellnymphen beobachtet und sexuell bedrängt.[335] Der Krummstock und das Ziegenfell sind Gegenstände, die er ständig mit sich führt und die man ihm darum auch geopfert hat.[336]

Auch für die Art, wie Pan Aphrodite an sich zu ziehen versucht, hatte der Bildhauer Vorbilder: so zum Beispiel Darstellungen des Herakles, der der Auge (s. o. S. 251) Gewalt angetan hat.[337] Für das Thema der Statuengruppe von Delos gibt es allerdings keine einzige antike Parallele, weder in der Kunst noch in der Literatur. Denn Pans Vesuch, sich der Aphrodite zu bemächtigen, ist unbekannt. Ein Bronzespiegel des 4. Jahrhunderts v. Chr. zeigt die halbnackte Aphrodite im Würfelspiel mit Pan.[338] Es ist der kleine geflügelte Knabe dabei, der auch bei der delischen Gruppe nicht fehlt: Eros, der Liebesgott, Sohn der Aphrodite, süß und unschuldig lächelnd.[339] Er erzeugt mit kindlichem Gemüt das Süße und das Bittere der Liebe bis hin zur Raserei. Pan kennt Eros recht gut. Eine etwa gleichzeitig zu datierende Terrakottagruppe zeigt, wie Pan den Eros auf der Pansflöte unterrichtet.[340] Normalerweise liegen die beiden Götter jedoch im Streit miteinander.[341] Ein Epigramm aus Pompeji lautet:

»Mutig ringend widersteht Eros dem Pan, und Kypris (Aphrodite) bangt,
wer zuerst den anderen legen wird. Stark zwar ist Pan und fürchterlich,
aber voll List der geflügelte Eros: dahin ist die bloße Kraft.«[342]

Dem antiken Betrachter dürfte geläufig gewesen sein, daß der größte Erfolg, den Pan in Liebesdingen je hatte, die Überlistung der Mondgöttin war: In weiße Schafspelze gekleidet, lockte er die zuvor unwillige Selene heran und trug sie auf seinem Rücken davon.[343] Aphrodite dagegen in ihrer Eigenschaft als Erregerin sexueller Lust hieß ›die auf dem Bock Reitende‹ und wurde manchmal auch so dargestellt.[344] Doppelbödig ist die Beziehung zwischen der Göttin und Pan, dem Bock!

Aus der Basisinschrift geht hervor, daß die Stifter keine Griechen waren und daß sie die Skulptur nicht hellenischen, sondern phönizischen Gottheiten weihten. Man muß sich daher fragen, ob sie über die griechischen Vorstellungen hinaus auch solche ihrer Heimat mit diesem Bildwerk in Verbindung bringen konnten. Altvertraut war ihnen die Hauptfigur: Aschtart, die babylonisch-assyrische Ischtar, gräzisiert Astarte.[345] Viele der unzähligen im Vorderen Orient gefundenen nackten Frauengestalten, deren Becken und Geschlechtsorgane hervorgehoben sind, meinen diese Gottheit. Weil sie die Göttin der Fruchtbarkeit war, bestand das Kernstück ihres Kultes in dem Zeugungsakt. Dazu standen die ›heiligen Mägde‹ im Tempelbezirk zur Verfügung. Herodot schrieb über den Tempel der ›Aphrodite‹ in der Stadt Askalon in Syrien: *»Es ist das nach den von mir eingezogenen Erkundigungen der allerälteste Tempel dieser Göttin; denn der Tempel auf Zypern ist, wie die Zyprier selbst einräumen, erst von dort gegründet, und den in Kythera haben Phönizier aus Syrien erbaut.«*[346] Von Zypern aus ist der Kult von den Phöniziern nach Korinth gebracht worden. Eine alte These besagt, daß der griechische Name *Aphrodite* von *Aschtart* bzw. der hebräischen Variante *Aschtoret* abzuleiten sei.[347]

Die Statuengruppe wurde zu Beginn unseres Jahrhunderts auf Delos in einem sehr geräumigen Haus gefunden[348] *(Abb. 141);* sein größter von drei Innenhöfen ist auf allen vier Seiten von einem Peristyl umgeben, auf dessen Gebälk außen griechische Stiftungsinschriften eingemeißelt sind.[349] An der inzwischen teilweise wiederaufgebauten Westseite liest man:

> *»Die Vereinigung der Bürger von Berytos, die Poseidoniasten sind: Kauffahrer und Reeder und Eigentümer von Warenlagern. Sie haben den Saal und die Halle und die Einrichtung den heimatlichen Göttern hingestellt.«*[350]

Der Stifter der Statuengruppe, Dionysios, Zenons Sohn, hat auch zwei der drei anderen Hallen geweiht. Das dürfte der Grund dafür

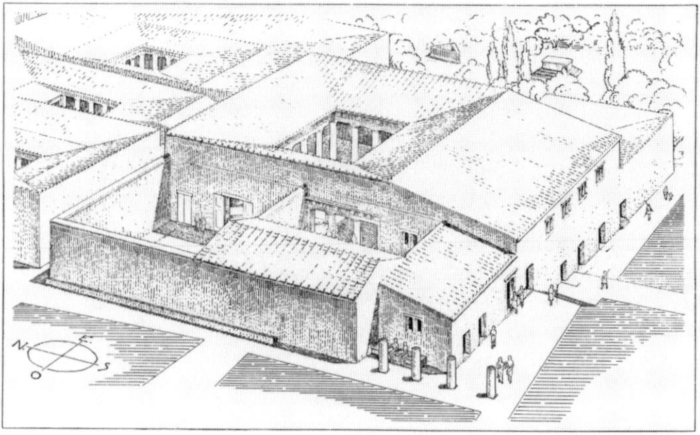

141 Rekonstruktionszeichnung des Poseidoniastenhauses auf Delos, nach Ch. Picard

sein, warum sich Dionysios an der Basis des Bildwerkes »Wohltäter« nennen durfte, nicht für Delos, sondern für die Vereinigung der Poseidoniasten. Seit 130 v. Chr. war die Insel im herkömmlichen Sinne kein griechischer Stadtstaat mehr, sondern eigentlich eine Körperschaft, die sich aus mehreren ausländischen Vereinigungen zusammensetzte, deren Mitglieder Kaufleute, Schiffseigner und Lagerhalter waren.[351] Die älteste und später zweitgrößte Verbindung war die der Poseidoniasten. Ihr folgte die der Italiker (Bewohner des römischen Italien ohne römisches Bürgerrecht), die die größte wurde. Das Haus der Poseidoniasten war Verwaltungsbau, Handelsbörse, Unterkunft und Heiligtum ihrer Götter, alles unter einem Dach. Auf der Westseite des Gebäudes befinden sich vier Räume, die verschiedenen Gottheiten geweiht waren, wie die davor gefundenen Altäre zeigen. Da der Name der Vereinigung besagt, daß sie sich unter den Schutz des Meeresgottes Poseidon gestellt sah, ist man sich einig, daß dieser in der großen Cella angebetet wurde.[352] Einhellig vermutet wird weiter, daß die Phönizier ihre Hauptgöttin, eben Astarte-Aphrodite, hier verehrten, und zwar im Raum V 3. Als Meergeborene hatte auch Aschtart in

Berytos Einfluß auf ihr Element: Auf dem Bug eines Schiffes stehend, hält sie die Verzierung eines Schiffhecks in der Rechten, wie Münzen des 2. Jahrhunderts v. Chr. zeigen.[353] Die erotisierende Gottheit schützte den Seehandel, von dem die Stadt maßgeblich lebte. In dieser Eigenschaft hieß Aphrodite bei den Griechen *Euploia* (›die der guten Fahrt‹) und *Pontia* (›die des Meeres‹) und brachte heiteren Himmel, Sturmstille und sichere Reise.[354] Gerade auch wegen dieser Fähigkeiten wurde Aphrodite an der Südwestspitze Kleinasiens angebetet, der ebenso gefährlichen wie wichtigen Seefahrerstation: Knidos lebte im wesentlichen davon, daß jedes Schiff, das aus der Ägäis in den Osten oder umgekehrt fahren wollte, hier vorbei und bei ungünstigem Wetter ankern mußte.[355]

Die Münzen von Knidos zeigen den Kopf der Aphrodite Euploia und hinter diesem einen Bug.[356] Jeder Poseidoniast wird die vielbesuchte Knidia aus eigener Anschauung gekannt haben. Deshalb muß es zum Auftrag für die delische Gruppe gehört haben, daß die heimatliche nackte Göttin in der Gestalt der Knidia der Kauffahrer gebildet wurde.

Der Verein der Poseidoniasten wurde zwischen 166 und 153 gegründet, das Vereinshaus mit Hilfe eines Römers errichtet.[357] Delos wurde 88 v. Chr. von einer pontischen Flotte geplündert. 20 000 Menschen sollen dabei den Tod gefunden haben. Das Haus der Poseidoniasten wurde in diesem Zusammenhang verwüstet und anschließend nicht mehr aufgebaut.[358] Es würde hier zu weit führen, die politische Entwicklung, die in dieser Katastrophe gipfelte, darzustellen. Wichtig für unseren Zusammenhang ist allerdings die Folgerung, daß die Statuengruppe irgendwann zwischen 166 und 88 v. Chr. entstanden sein muß. Der Stil vor der Mitte des 2. Jahrhunderts, für den vor allen Dingen der Pergamonaltar steht, ist so gut bekannt und so verschieden von dem des delischen Bildwerks, daß bisher niemand einen so frühen Ansatz vorgeschlagen hat. In der Regel datiert man daher dieses Kunstwerk um oder gegen 100 v. Chr.[359]

Unter den für den fortgeschrittenen und späten Hellenismus typischen großplastischen Gruppen erotischen Inhalts ist die delische Gruppe als einzige im Original erhalten.

Eine andere Gruppe ist in zahlreichen Kopien erhalten. Ihr ehemaliger Aufstellungsort kann erschlossen werden. Es handelt sich um einen nackten Satyr, der im Stehen leicht vorgebeugt eine Klapper tritt, mit dem Finger dazu im Takt schnippt und eine Nymphe anlacht *(Abb. 142)*. Die sitzt bereits halbnackt auf einem Felsen und erwidert den aufreizenden Blick des Satyrs. Ihr linkes Bein ist hochgenommen und übergeschlagen, weil sie sich gerade ihre linke Sandale zum Tanz abstreift. Diese Zweifigurengruppe voller Erotik wurde in der Kaiserzeit auf Münzen der Stadt Kyzi-

142 »Aufforderung zum Tanz« (Gipsabguß)

kos abgebildet *(Abb. 143)*.[360] Es muß sich demnach um ein hochrangiges und berühmtes Weihgeschenk gehandelt haben, das in einem bedeutenden Heiligtum zu sehen war. Als Einzelfiguren sind Satyr und Mänade nicht ganz mit der delischen Gruppe vergleichbar. Doch zeigt ein Vergleich mit dem um 220 datierten Gallierpaar von Pergamon, das Selbstmord begeht *(Abb. 130)*, daß trotz Verbindung der Figuren in diesem Fall ihre Autonomie und ihre schräg gerichteten Bezüge zueinander ganz ähnlich sind. Allerdings sind die Bewegungsabläufe bei den Kelten trotz der Drama-

143 Nymphe und Satyr auf einer kaiserzeitlichen Münze von Kyzikos

tik, mit der sich der Mann tötet, starrer, ihre Körper mehr zum Raum verkantet. Nicht nur wegen des Themas ist die Tanzgruppe insgesamt wie im Detail unruhiger und vielgestaltiger. Auch die Gegenüberstellung des Satyrkörpers mit dem sterbenden Gallier im Kapitolinischen Museum *(Abb. 121)* zeigt, daß die beweglichere Tanzgruppe später entstanden sein muß. Sie führt einen kleinen Schritt hin zur lebhaften Gestaltung der Zeit des Pergamonaltars

(Abb. 103, 126). Eine Datierung um 200 dürfte deshalb das Richtige treffen. Das Marmororiginal eines schlafenden Sartyrs in München *(Abb. 144)* greift schwerfällig wie ein dreidimensionales Hakenkreuz in den Raum.[361] Darin ist dieser erschöpfte Dämon den Kelten verwandt und etwas überlegen. Hundert Jahre nach der Gruppe von Kyzikos sind bei der von Delos die in die Umwelt vorstoßenden Impulse aufgegeben worden zugunsten einer bildhaften Harmonie, welche nur oberflächlich mit der auf einen bestimmten Blickpunkt hin konzipierten Komposition eines Demosthenes *(Abb. 104)* oder Epikur *(Abb. 110)* zu tun hat. Im Gegensatz zur Kunst bis nach der Mitte des 2. Jahrhunderts (Beispiel: die Polybiosstele, *Abb. 134)* vermeidet die Richtung, zu der das delische Bildwerk gehört, jegliche formale Anspannung.

144 Sog. Barberinischer Faun. München, Glyptothek

Anmerkungen

1 Minoische Objekte, die man in Delphi, auf den Kykladen, in Kleinasien, auf Zypern, in Phönizien, Ägypten und auf Sizilien gefunden hat, belegen das.

2 Platon, Tim. 24 a, Krit. 113 b.

3 Siehe z. B. die Darstellung der minoischen Festgesandtschaft im Noblengrab des Rechmire in Theben-West, die 1460–50 zu datieren ist. Der Begriff ›Minoer‹ ist modern, da wir nicht wissen, wie dieses Volk sich selbst nannte. In dem Grab in Theben werden sie inschriftlich ›Keftiou‹ genannt.

4 Rhyton ist die Bezeichnung eines bestimmten Gefäßtypus, das, ähnlich einem Trinkhorn, oftmals mit dem Kopf oder der Protome eines Tieres versehen ist und immer zwei Öffnungen besitzt. Die obere Öffnung diente als Einfüllstutzen, das untere Loch, das man meistens mit dem Finger verschließen kann, diente als Ausguß. Die Minoer kannten Rhytoi in Form von Tierköpfen und sogar als ganze Tierfiguren. Einflüsse aus dem Orient sind dabei nachweisbar. Siehe dazu: K. Tuchelt, Tiergefäße in Kopf- und Protomengestalt, 1962; ders., in: EAA VI, 1965, 675 ff.

5 H. 20,6 cm (ohne Hörner); schwarzer Steatit; aus dem Kleinen Palast. Hörner, Ohren, linkes Auge und Teile der linken Kopfseite modern ergänzt. A. Evans, The Palace of Minos at Knossos II, 1928, 527 ff.

6 So zum Beispiel die Sitzfigur des Prinzen Rahotep und seiner Frau Nofret aus der 4. Dynastie, heute im Ägyptischen Museum in Kairo; M. Hirmer/E. Otto, Ägyptische Kunst I, 1971, 96, Abb. 29.

7 Aus dem Palast von Knossos; Elfenbein; Springer 29,9 cm lang, H. Kopf 4,5 cm. A. Evans, The Palace of Minos at Knossos III, 1930, 428 ff.

8 Athen, Nationalmuseum Nr. 4575; H. 16,8 cm; A. Evans, The Palace of Minos at Knossos III, 1930, 519 ff.

9 Siehe die Darstellungen von Frauen in der ägyptischen und in der minoischen Kunst.

10 Siehe unten S. 116 ff. (die Metopen des Zeustempels zu Olympia). Der Kampf mit dem nemeischen Löwen war die erste von 12 Arbeiten des Herakles, die er im Auftrag des Eurysteus, der der Sage nach in

Mykene residierte, auszuführen hatte. 30 Tage währte dieser Kampf, aus dem Herakles als Sieger hervorging. Seitdem trägt er das Löwenfell, das ihn vor jeglicher Verwundung schützen soll.

11 Lippold, Plastik, 9, Anm. 1–11.

12 A. Mallwitz, Olympia und seine Bauten, 1972, Abb. 71, 72.

13 Himmelmann, Bemerkungen, Abb. 13; Mann mit Pferd: Mallwitz a.a.O., Abb. 45.

14 Meddelelser fra Ny Carlsberg Glyptotek, 1962, 10, Fig 4; A. Furtwängler, Bronzen, 35; Hafner, Geschichte der Griechischen Kunst, 76.

15 Mallwitz a.a.O., Abb. 72.

16 Olympia Nr. B 1670: Himmelmann, Bemerkungen, Abb. 39–41; Mallwitz a.a.O., Abb. 41; bei dieser Figur ist die Achse und eine Radnabe des Wagens erhalten geblieben.

17 Olympia Nr. B 1106: Himmelmann, Bemerkungen, Abb. 42, 43.

18 Himmelmann, Bemerkungen, Abb. 44, 45; Lippold, Plastik, 11, Taf. 1, 4.

19 So Himmelmann, Bemerkungen.

20 So Homann-Wedeking, Archaik.

21 Athen, Nationalmuseum: Mallwitz a.a.O., Abb. 40.

22 Daß dies auch anders sein kann, zeigt die wenig spätere Löwenkampfgruppe aus Samos: Himmelmann, Bemerkungen, Abb. 44, 45.

23 Boardman u. a., Gr. Kunst, 79, Abb. 55, bezieht sich bei dieser Interpretation auf eine protokorinthische Lekythos, die eine vergleichbare Darstellung zeigt. Dabei ist die männliche Figur durch das Attribut des Blitzes als Zeus benennbar. Außerdem ist ein Kampf zwischen Zeus und Kronos als Pferd in einem Fragment eines geometrischen Epos überliefert.

24 Fuchs, Skulptur, 323, Abb. 360.

25 D.G. Mitten, S.F. Doeringer, Master Bronzes from the Classical World, Ausstellungskatalog, The Fogg Art Museum u. a., 1967, 37, Nr. 17, 18, 19; M. Weber, AM 89, 1974, 27 ff., Taf. 11, 18.

26 Hesiod, Werke und Tage, 650–659.

27 Homer, Ilias, XXIII, 700–711.

28 Homer, Ilias, XXIII, 263/4.

29 Von den ganz wenigen Erzeugnissen früherer Zeit kann hier abgesehen werden: den hölzernen Xoana, den Kultbildern der ältesten Tempel, und den wenigen minoischen und mykenischen Bildwerken in Lebensgröße.

30 J.I. Hittorf, Restitution du Temple d'Empédocle à Sélinonte, ou l'architecture polychrome chez les Grecs, Paris 1851; G. Semper, Wissenschaft, Industrie und Kunst – Vorschläge zur Anregung nationalen Kunstgefühls, 1852; ders., Der Stil in den technischen und tektonischen Künsten oder praktische Ästhetik, 1866, Bd. I, 244 ff.

31 Hautumm, Hellas, 21.

32 MDAI(A) 21, 1896, 224ff.; AA 47, 1932, 264ff.; ABSA 37, 1940, 21ff.; H. Eberhard-Kipper, Kykladen – Inseln der Ägäis[2], 1980, Abb. auf S. 217; Simon, Götter, Abb. 270.
33 J.B. Ward-Perkins, EAA IV, 1960, 860–870.
34 M. Wegner, Meisterwerke der Griechen, 1969, 27.
35 Z. B. bei Homann-Wedeking, Archaik, 60f.
36 Pausanias, VI, 21, 1.
37 Hesiod, Werke und Tage.
38 Simon, Götter, 123.
39 Pfeiff, Apollon.
40 S. z. B. den Apoll von Piombino, Paris, Louvre (Richter, Kuroi Nr. 181, Abb. 533–540); Kurosstatuette aus Naxos, Berlin, Staatliche Museen Nr. 7383 (Richter, Kouroi Nr. 175, Abb. 515–517); alle Beispiele von der Akropolis bei Raubitschek, Dedications, 535, s. v. δεκάτη.
41 Athen, Akropolismuseum Nr. 701; J. Miliadis, Kurzer Führer durch das Akropolismuseum, Taf. 1; Rekonstruktion dieser Figur bei Boardman u. a., Gr. Kunst, 95, Abb. 143.
42 Homer, Odyssee, III, 278.
43 Herodot, Historien, I, 31; Cicero, Tusc. 1, 131; Pausanias, II, 20, 3.
44 E. Meyer, Pausanias, Beschreibung Griechenlands, II, 20, 3; Kommentar zu dieser Stelle in Band II, 578, s. v. 124, 6.
45 W. Dittenberger, Sylloge inscriptionum Graecarum[3], 1915–24, 5.
46 So z. B. die Gruppe von Zeus und Hera aus Samos: Fuchs, Skulptur, 327, Abb. 363; oder die Elfenbeingöttin in New York: Fuchs, Skulptur 326, Abb. 362.
47 Nach anderen Berechnungen ca. 9 m (Der Kleine Pauly, 1446); Richter, Kouroi, 51, spricht von ca. 4 × lebensgroß.
48 Zeichnung von S. de Vries, 1673: BCH 17, 1893, Taf. V; Ph. Zaphiropoulou, Delos – Denkmäler und Museum, 1983, Abb. S. 17 unten.
49 Plutarch, Nik. 3.
50 BCH 48, 217.
51 Simon, Götter, Abb. 121.
52 Solche Benennungen sind kein Einzelfall: die Venus von Milo, der Reiter Rampin und das Mädchen von Antium sind ebensolche moderne Namen; s. A. Rumpf, Archäologie II, 26ff.
53 Samos, Museum; Boardman u. a., Gr. Kunst, Abb. 69, links.
54 Platon, rep. V, 452.
55 Herodot, Historien, I, 8.
56 Th. Wiegand, Milet I, 7, 1924, 200, Abb. 210.
57 London, British Museum: rotfigurige Darstellung einer Frau, die zu einem Kultbild im Kurosschema flieht; Simon, Götter, Abb. 116.
58 Kuros aus Megara Hyblaea, inschriftlich gekennzeichnet als Grabstatue des Arztes Sombrotidas, des Sohnes des Mandokles. Syrakus, Museo Archeologico; Richter, Kuroi, Nr. 134, Abb. 389–390.

59 Athen, Nationalmuseum Nr. 3476.
60 Kopenhagen, Ny Carlsberg Glyptotek Nr. 1721; Fuchs, Skulptur, 548, Abb. 647.
61 Würzburg, Martin-von-Wagner-Museum Nr. 241; J.D. Beazley, Attic Black-Figure Vase-Painters, 1956, 169, 5.
62 London, British Museum W 39, aus Vulci; Beazley a.a.O., Abb. 296, 4; J. Boardman, Athenian Black Figure Vases, Abb. 136.
63 Solon, fr. 44; E. Diehl, Anth. Lyr. Graeca; (Teubner[3], 1949), fasc. 1; Licht, Sittengeschichte II, 134.
64 Euripides, fr. 652.
65 Platon, Symposium.
66 In Anthologia Palatina XII, 195.
67 Menander, fr. 363.
68 Anakreon, fr. 4; Th. Bergk, Poetae lyrici Graeci II u. III, 4. Aufl. Leipzig 1882.
69 Pindar, fr. 123; Bergk, ebenda.
70 Bronzestatue im Hof der Brera in Mailand; es handelt sich um eine Nachbildung einer Marmorstatue von Canova; s. N. Himmelmann, Utopische Vergangenheit, Abb. S. 122.
71 K. Vierneisel, Die Bildnisse des Augustus – Herrscherbild und Politik im kaiserlichen Rom, 1979, 43.
72 Rotfigurige Schale des Oltos; P.E. Arias-M. Hirmer, Tausend Jahre griechische Vasenkunst, 1960, Abb. 103.
73 Glockenkrater des Berliner Malers im Louvre, G 175; Boardman u. a., Gr. Kunst, Abb. 136/7; Zeus entspricht auf der Darstellung dem Athener Bürger, und Ganymed hält bereits das Liebesgeschenk, den Hahn, in der Hand. Es versteht sich von selbst, daß er nackt auftritt.
74 Die sog. Françoisvase, Florenz, Museo Archeologico Nr. 4209.
75 F. Schiller, Der Ring des Polykrates.
76 Herodot, Historien, I, 94, 1.
77 Pausanias, I, 8, 5.
78 Es gibt etliche Forscher, die an einen politischen Mord denken und die Eifersuchtsgeschichte als eine spätere Klitterung ansehen, z. B. F. Cornelius, Die Tyrannis in Athen, 1929, 85 f.; s. auch Alscher, Plastik II, 1, 202 ff., v. a. Anm. 84/85.
79 Pausanias, I, 8, 5.
80 Das Datum ergibt sich aus dem Marmor Parium: IG XII, 5, 44; FGrHist, 2 B 239 A 54.
81 Pausanias, I, 8, 5.
82 Agoramuseum Nr. I 3872; AJA 40, 190; Hesp. 5, 353.
83 J.N. Svoronos, Les Monnaies d'Athènes, 1923–26, Taf. 74, 9–27.
84 K. Schefold, JDI 52, 33; Bakalakis, ÖJH 33, 25; Haspels, Attic blackfigure Lekythoi, 167 u. a.
85 Es existieren sogar Fragmente antiker Gipsabgüsse: Chr. Landwehr, Deutsches Archäologisches Institut. Die antiken Gipsabgüsse aus

Baiae. Griechische Bronzestatuen in Abgüssen römischer Zeit, 1985.
86 G. Busolt, Griechische Staatskunde[3], 11, 83, 275, 277; Busolt nimmt an, daß die Anzahl der Sklaven so rapide zunahm, daß es in Athen im 5. Jh. bereits mehr Sklaven als Bürger gab. Im 4. Jh. schließlich hat sich ihre Zahl nochmals verdoppelt.
87 Payne, Sculptures, 4ff., Taf. 11 a–c, 3/4.
88 Richter, Handbuch, 88; Homann-Wedeking, Archaik, 105. Auch er hält die Deutung als Peisistratidensöhne für unwahrscheinlich.
89 Athen, Akropolismuseum Nr. 606, 700.
90 Efeu-, Eppich- oder Eichenlaub.
91 Alscher, Plastik II, 1, 23, 223, Anm. 43.
92 E. Curtius, F. Adler, Olympia – Die Ergebnisse der vom Deutschen Reich veranstalteten Ausgrabungen. Tafelband IV, 1890ff., Taf. 12ff.
93 Arias-Hirmer a.a.O., Abb. 23, 17, 10, 5, 3, 61, 63, Taf. IX, II, X, XI.
94 Nach Fuchs, Skulptur, 35.
95 So z. B. der Apoll vom Piräus: Fuchs, Skulptur, Abb. 25/26.
96 Cicero, Brutus, 18, 70.
97 Boardman u. a., Gr. Kunst.
98 W. Ekschmitt, Der Aufstieg Athens – Die Zeit der Perserkriege, 1978.
99 Arias-Hirmer a.a.O., Taf. 90, 92, 117; MuZ 372.
100 A. Furtwängler, Kleine Schriften, I, 247.
101 Pausanias, V, 10, 6–8 (Übersetzung von E. Meyer, 1972).
102 A. Mallwitz-H.-V. Herrmann, Die Funde aus Olympia – Ergebnisse hundertjähriger Ausgrabungstätigkeit, 1980, 169, Abb. 18 (Rekonstruktionszeichnung).
103 Z. B. ein Gemälde im Theseusheiligtum in Athen, von Pausanias, I, 17, 2 erwähnt; Darstellungen auf Vasenbildern: H.-V. Herrmann, Olympia – Heiligtum und Wettkampfstätte, 1972, Anm. 527.
104 E. Simon, AM 82, 1968, 165ff.; Simon, Götter, 22f., 146, Anm. 29, 30; Simon, JDI 90, 1975, 119f., 122ff.
105 Herrmann a.a.O., 249, Anm. 529.
106 Simon, Götter, 142ff.
107 Pausanias, V, 10, 9.
108 Lippold, Plastik, 131.
109 Poseidon erscheint mir vor allem aufgrund der vorhandenen Münzbilder überzeugend: Simon, Götter, Abb. 88; an Zeus denkt R. Wünsche, in: Lullies-Hirmer, Plastik, S. 75 zu Taf. 112, 113.
110 Boardman u. a., Gr. Kunst, 127.
111 Gegen eine solche Zuschreibung: K. Schefold, Klassisches Griechenland, 1965, 102.
112 U. Gehring – A. Greifenhagen – N. Kunisch, Staatliche Museen Preußischer Kulturbesitz Berlin – Führer durch die Antikenabteilung, 1968, 151, Abb. 17.
113 Herodot, 7, 192.
114 J.N. Svoronos, Les Monnaies d'Athènes, Taf. 93, 8–14.

115 Lippold, Plastik, 102, Taf. 32, 2.
116 A. Conze, Beiträge zur Geschichte der griechischen Plastik, 1869, 13ff.
117 V. Poulsen, Acta Arch. 11, 1940, 1ff.
118 Lippold, Plastik, 102.
119 Boardman u. a., Gr. Kunst, 127.
120 Lippold, Plastik, 113, Anm. 3; Alscher, Plastik II, 1, 193f.
121 Lippold, Plastik, 113, Anm. 2.
122 K. Schefold, Klassisches Griechenland, denkt an Onatas als Künstler.
123 Pythagoras von Rhegion, so meint Fuchs, Skulptur, 344.
124 Marmor Parium, IG XII, 5 444.
125 C. Friedrichs, Arch. Zeitung 1859, 65ff.
126 Stackelberg machte dieses Relief bekannt, nachdem er es in der Sammlung der Familie Elgin in Broomhall, Schottland, gesehen hatte.
127 Ein Kopf in Madrid, Prado Nr. 78; ein Kopf in Rom, Museo Nuovo, Helbig II, Nr. 1768; ein Torso in Rom, Konservatorenpalast, Helbig II, Nr. 1646.
128 Stamnos in Würzburg: es handelt sich bei der Darstellung auf diesem Gefäß um eine freie Nachbildung der Gruppe, bei der Hipparch bekleidet und bekränzt als Festordner auftritt; Schwarzfigurige Lekythos in Wien, Österreichisches Museum Nr. 5247.
129 Die Nachbildungen in der Flächenkunst sind zusammengestellt bei S. Brunnsåker, The Tyrannt-Slayers of Kritios and Nesiotes, 99ff.; s. auch Anm. 85.
130 Helbig II, Nr. 1646.
131 Raubitschek, Dedications Nr. 120, 121, 122, 123, 160, 161; Lippold, Plastik, 106, Anm. 13.
132 Boardman u. a., Gr. Kunst, 129, erwägt Kallias, den Sohn des Didymias.
133 Helbig II, Nr. 1197.
134 Helbig II, Nr. 1686, Nr. 2203.
135 Die Benennung stammt von Bernoulli, Griechische Ikonographie I, 115.
136 Lippold, Plastik, 102, Anm. 3.
137 Zuerst W. Amelung, RM 15, 1900, 181ff.; Demeter Europe: ders., JDI 41, 1926, 249, Anm. 2.
138 A. Furtwängler, Meisterwerke, 115f.
139 Boardman u. a., Gr. Kunst, 126.
140 J.N. Svoronos, Les Monnaies d'Athènes, Taf. 93, 15–20.
141 A. Furtwängler, Die antiken Gemmen, Taf. 39, 15.
142 Fuchs, Skulptur, 5.
143 Helbig I–IV, Nr. 1385, 1391, 1771, 1788, 1878, 3551.
144 Pausanias, I, 24, 8.
145 Rom, Museo Nuovo; Helbig II, Nr. 1770.
146 Pausanias, I, 25, 1.

147 Die Problematik der Entstehung des individuellen Bildnisses in der griechischen Kunst wird erst in den letzten Jahren verstärkt erforscht: s. z. B. Voutiras, Studien zu Interpretation und Stil griechischer Porträts des 5. und frühen 4. Jahrhunderts, 1980.
148 Voutiras a.a.O., Anm. 405.
149 Voutiras a.a.O., 88ff.
150 E. Diehl, Anth. Lyr. Graeca I (Teubner^2, 1936), fasc. 4, 160–192.
151 Voutiras a.a.O., 89.
152 Diese Zuschreibung wurde erstmals von A. Furtwängler, Meisterwerke, 92ff., vorgeschlagen.
153 Plutarch, Pericles, 13.
154 Pausanias, I, 24, 7.
155 Hautumm, Hellas, 10ff.; ders., in: PAN – Unsere Herrliche Welt Nr. 4, 1986, Akropolis Adieu.
156 T. Bowie – D. Thimme, The Carrey Drawings of the Parthenon Sculpture, 1971.
157 Brommer, Giebel; Brommer, Fries; Brommer, Metopen.
158 London, Br. Mus. Nr. 319, H. 1,34 m, Marmor.
159 London, Br. Mus. Nr. 316, H. 1,34 m, Marmor.
160 Pausanias, I, 24, 5.
161 Lendle, Hermes, 83, 1955, 284ff.
162 Pausanias, I, 27, 4.
163 Plinius, 34, 48.
164 Boardman u. a., Gr. Kunst, 150f.
165 Ebenda.
166 S. Goethes Abhandlung ›Myrons Kuh‹, in: Goethes Werke 12 (Hamburger Ausgabe, 4. Aufl. 1960); 30ff.
167 Helbig Nr. 503, 1232, 1858.
168 Abbildung im Völkischen Beobachter vom 11. 7. 1938.
169 Er übersetzte die Winckelmannsche Kunstgeschichte des Altertums ins Italienische und berichtet in den Anmerkungen dazu von seiner Identifizierung.
170 Lukian, Philopseudes; Übersetzung nach Boardman u. a., Gr. Kunst, 150.
171 F. Hiller, Marburger Winckelmann-Programm, 1965, 1ff.
172 Platon, Protagoras, 311 c.
173 Thukydides, 4, 133.
174 P. Amandry, in: Charites – Festschrift E. Langlotz 1957, 63ff., 69ff.
175 H. v. Steuben, Der Kanon des Polyklet, Tübingen 1973.
176 Cicero, Brutus, 86.
177 C. Friedrichs, 23. Berliner Winckelmann-Programm, 1863.
178 F. Hauser, Österreichische Jahreshefte 12, 1909, 100ff.
179 Plinius, nat.hist., 34, 18.
180 P. Wolters, Münchner Jahrbuch für Kunstwissenschaften 11, 1934, 3ff.; auch Steuben a.a.O.

181 Plinius, 34, 72.
182 Plinius, 36, 16.
183 D. Willers, JDI 82, 1967, 49ff.; Helbig III, Nr. 2249; Helbig IV, Nr. 3002.
184 Pausanias, I, 24, 3.
185 Stevens u. a., The Erechtheum, 1927; H. Schleif – W. Dörpfeld, Erechtheion, 1944.
186 Pausanias, I, 26, 5ff.
187 Pseudoplutarch, Decem Oratorum Vitae, 843 E.
188 IG[2] 372, I, 86.
189 IG II, Col.I, 83–89.
190 Hautumm, Hellas, 19ff.
191 Helbig IV, Nr. 3194; S. Aurigemma, Villa Adriana, Abb. 95–99, 103–106, 109.
192 Pausanias, I, 22, 4f.
193 K. Schefold, Klassisches Griechenland, 166.
194 Helbig IV, 175f.
195 A. Rumpf, Archäologie II, 1956, 88ff.; vgl. R. Bianchi-Bandinelli, Klassische Archäologie, 1978, 59ff.
196 R. Wünsche, in: Ein griechischer Traum. Leo von Klenze – Der Archäologe. Ausstellung Glyptothek München vom 6. 12. 85 – 9. 2. 86.
197 Der Kleine Pauly II, 1979, 356, s. v. Erichthonios 1. (von Geisau).
198 Ebenda IV, 957, s. v. Plutos (Meyer).
199 K. Schefold, Die Göttersage in der klassischen und hellenistischen Kunst, 1981, 64.
200 Vgl. G. Neumann, Probleme des griechischen Weihreliefs, 1979, Taf. 23, 24a, 32, 33a.
201 Pausanias, I, 8, 2.
202 Pausanias, IX, 16, 2.
203 Der Kleine Pauly II, 1979, 216f., s. v. Eirene 4. (Fauth). Zum Datum der Schlacht am Eurymedon: E. Bayer – J. Heideking, Die Chronologie des Perikleischen Zeitalters, 1975, 419.
204 H. Bengtson, Griechische Geschichte[3], 1965, 249, 250 (Lit.), 260f.
205 Plinius, Naturgeschichte, 34, 50f.
206 R. von Ranke-Graves, Griechische Mythologie II, 1960, Nr. 142d.
207 Vgl. Bulle, Mensch, Taf. 186.
208 N. Eschbach, Mitteilungen des Deutschen Archäologen-Verbandes 12, 1981, 1, 16f.
209 C. Mossé, Der Zerfall der athenischen Demokratie, 1979, 42ff.
210 Lippold, Plastik, 295, 317, 339, zu Teisikrates und Thoinias.
211 Der Kleine Pauly II, 1979, 1006f., s. v. Hellas, Hellenen 1. (Meyer); dtv-Lexikon der Antike. Geschichte II[2], 1978, 106, s. v. Hellenen (Kiechle); H. Bengtson, Griechische Geschichte[3], 1965, 84.
212 Der Kleine Pauly II, 1979, s. v. Hellenismus (Volkmann).

213 Bengtson a.a.O., 289f.; A. Lesky, Geschichte der griechischen Literatur[2], 1963, 690.
214 W. Tarn – G.T. Griffith, Die Kultur der hellenistischen Welt[3], 1966, 1, Anm. 2.
215 M. Carry, A History of the Greek World from 323 to 146 B.C. (Ausg. 1972); K. Schefold, in: dtv-Lexikon der Antike a.a.O., 108, s.v. Hellenismus (5): bis 150; Richter, Handbuch, 186: bis 100.
216 T.B.L. Webster, Hellenismus, 1966, 5.
217 R. Laqueur, Hellenismus, 1925.
218 Bengtson a.a.O., 285ff.; E. Bayer, in: dtv-Lexikon der Antike a.a.O. 106, s.v. Hellenismus (2).
219 So zuletzt H. Lauter, Die Architektur des Hellenismus, 1986, 3f.
220 Der Kleine Pauly II, 1979, 1147, s.v. Himation (Groß).
221 Zur Veranschaulichung s. Alscher, Plastik IV, Taf. 1A.
222 Der Kleine Pauly V, 1979, 720ff., s.v. Theophrastos (Pötscher); dtv-Lexikon d. Antike, Literatur IV[3], 1978, 272f., s.v. Theophrast (Gigon).
223 L. Mohler, Kardinal Bessarion als Theologe, Humanist und Staatsmann I–III, 1923–42; vgl. Der Kleine Pauly I, 1979, 1487, s.v. Demosthenes 2. (Kiechle).
224 Der Kleine Pauly IV, 1979, 1403, s.v. Rhetorik (Hommel); ebenda I, 1484. 1487, s.v. Demosthenes 2. (Kiechle); dtv-Lexikon der Antike, Literatur I[3], 1977, 340, s.v. Demosthenes 1. (Kühn).
225 Richter, Portraits II, 216.
226 Plutarch, Vergleich von Demosthenes und Cicero, 1, 6.
227 Gorgias, spätes 5. Jh. v. Chr.
228 Aristoteles, 384–322 v. Chr.
229 Helbig I, Nr. 431.
230 P. Hartwig, JDI 18, 1903, 26, Abb. 1.
231 R. Fleischer, Der Klagefrauensarkophag aus Sidon, 1983, 36 B 3 (Taf. 26). C1 (Taf. 30); N. Himmelmann-Wildschütz, Studien zum Ilissos-Relief, 1956, 21, Anm. 74 (Abb. 1); Lullies-Hirmer, Plastik, Taf. 192/193; T. Dohrn, JDI 70, 1955, 62ff. Abb. 3.
232 Thukydides, II, 34.
233 dtv-Lexikon der Antike, Kulturgeschichte I, 1971, 71, s.v. Alter (Krenkel). Zum Alter, welches das Demosthenes-Bildnis meint, vgl. K. Morgenthaler, in: Gesichter. Griechische und römische Bildnisse aus Schweizer Besitz. Ausstellung Bern, 1982/3, 41.
234 Ch. Habicht, Untersuchungen zur politischen Geschichte Athens im 3. Jh. v. Chr., 1979, 51, Anm. 28.
235 Vgl. F. Brommer, Die Wahl des Augenblicks in der griechischen Kunst, 1969.
236 Übersetzung von W. Schmoll gen. Eisenwerth, Bonn.
237 Kruse-Berdoldt a.a.O., E 32; Helbig II, Nr. 1342; Richter, Portraits II, 195, Nr. 1, Abb. 1149, 1153.

238 Kruse-Berdoldt a.a.O., E 5; Richter, Portraits II, 198f., Nr. 2, Abb. 1214, 1215.
239 dtv-Lexikon der Antike, Literatur II^3, 1978, 54, s.v. Epikureer (Liebich); Meyers Enzyklopädisches Lexikon XXIV, 1979, 333, s.v. Valla.
240 H.-W. Krautz, in: Epikur, Briefe – Sprüche – Werkfragmente, 1982, 141ff.
241 Richter, Portraits II, 195.
242 dtv-Lexikon a.a.O.; A. Lesky, Geschichte der griechischen Literatur^2, 1963, 731; Meyers Enzyklopädisches Lexikon VIII, 1973, 35, s.v. Epikureismus; IX, 1973, 729, s.v. Gassendi.
243 Ebenda VIII, 1973, 35, s.v. Epikureismus; VI, 1972, 767f., s.v. Diderot; Marxistisch-leninistisches Wörterbuch der Philosophie (Hrsg. G. Klaus – M. Buhr) I, 1972, 308, s.v. Epikureismus.
244 Kruse-Berdoldt a.a.O., M 17; Richter, Portraits II, 201, Nr. 1 Abb. 1230–1232; Der Kleine Pauly III, 1979, 1280, s.v. Metrodoros 6. (Dörrie).
245 Kruse-Berdoldt a.a.O., E 21; Richter, Portraits II, 196, Nr. 8, Abb. 1175–1177.
246 Epikur (nur das Köpfchen ist antik): Richter, Portraits II, 196, Nr. 9, Abb. 1180–1182; Demosthenes, ebenda 218, Nr. 13, Abb. 1441–1443.
247 Ebenda 204, Nr. 10 (mit Inschrift). 12, Abb. 1291–1296.
248 H. Kyrieleis, Führer durch das Heraion von Samos, 1981, 49.
249 Der Kleine Pauly II, 1979, 314, s.v. Epikuros (Dörrie).
250 Krautz a.a.O.
251 Ebenda 85, Nr. 24.
252 Ebenda, 69ff., Nr. XIIf.
253 Ebenda 147.
254 Lullies-Hirmer, Plastik, Taf. 206/7.
255 Krautz a.a.O., 7–10 (Brief an Herodot).
256 Ebenda 50 (Brief an Menoikeus).
257 Richter a.a.O., Abb. 1022.
258 H. Usener (Hrsg.), Epicurea, 1887.
259 Krautz a.a.O., 93, Nr. 58.
260 Ebenda 61ff., Nr. 1, 3, 11.
261 Ebenda 43f.
262 dtv. Lexikon der Antike, Literatur II^3, 1978, 53, s.v. Epikureer (Liebich).
263 Krautz a.a.O., 169; Lesky a.a.O., 732; Der Kleine Pauly II, 1979, 316, s.v. Epikuros (Dörrie).
264 Meyers Enzyklopädisches Lexikon VIII, 1973, 35, s.v. Epikureismus.
265 G. Lippold, Griechische Porträtstatuen, 1912, 78ff., Abb. 17, 20.
266 Richter a.a.O., 198.
267 Kruse-Berdoldt a.a.O., E 33; Helbig II, Nr. 1343 (v. Heintze); Richter a.a.O., 195, Nr. 2, Abb. 1151, 1152.

268 Kruse-Berdoldt a.a.O., H 1; Richter a.a.O., 205, Nr. 1, Abb. 1319–1320.
269 Kruse-Berdoldt a.a.O., H 3; Richter a.a.O., 204, Nr. 16, Abb. 1306–1309.
270 Kruse-Berdoldt a.a.O., M 16; Richter a.a.O., 201, Nr. 2, Abb. 1233–1235; Helbig II, Nr. 1341 (v. Heintze).
271 Kruse-Berdoldt a.a.O., M 1; Richter a.a.O., 202, Nr. 1, Abb. 1258–1260.
272 Richter a.a.O., 195.
273 Ebenda I, 109f., 116a, Abb. 560–562; Boardman u. a., Gr. Kunst 182, Abb. 244.
274 Grabrelief der Demetria und Pamphile: Athen, Kerameikos (beim Dipylon) 6003: Lippold, Plastik, 245, mit Anm. 10, Taf. 87, 3; H. Diepolder, Die attischen Grabreliefs, 1931, 53f., 56, Taf. 51, 1.
275 Richter a.a.O. I, 112, Nr. 5, Abb. 484–486.
276 Lullies-Hirmer a.a.O., Taf. 228/229 (Athen, Nationalmuseum).
277 Pausanias, VI, 4, 5.
278 E. Meyer, in: Pausanias, II, 1972, 625, Anm. 4 zu S. 302; E. Berger, in: dtv-Lexikon der Antike, Kunst II[2], 1978, 259, s. v. Silanion.
279 Lullies-Hirmer a.a.O., Taf. 258/259 (Athen, Nationalmuseum).
280 Helbig II, Nr. 1436.
281 W. Müller, Der Pergamon-Altar, 1964, 11.
282 D. Pinkwart, in: Pergamon-Ausstellung Ingelheim a. Rh. (1972) 23.
283 Müller a.a.O., 7.
284 Pinkwart a.a.O.
285 Lucius Ampelius, Liber Memorialis, Miraculi Mundi, 14.
286 Müller a.a.O., 12.
287 U. Süssenbach, Der Frühhellenismus im griechischen Kampf-Relief, 1971, 47ff., Abb. 1, 2.
288 P.R. Franke-M. Hirmer, Die griechische Münze[2], 1972, Taf. 169, Nr. 560, 561.
289 Ebenda, Taf. 172, Abb. 569; T. Hölscher, Ideal und Wirklichkeit in den Bildnissen Alexanders des Großen, 1971, Taf. 12, 3/4.
290 S. Lauffer, Alexander der Große, 1978, 28; J. Seibert, Alexander der Große, 1972, 206.
291 Pinkwart a.a.O., 17.
292 Hölscher a.a.O., 48ff.; Lauffer a.a.O.; Seibert a.a.O. 81f.
293 Müller a.a.O., 21f.; Pinkwart a.a.O., 17; Der Kleine Pauly V, 1979, 568f., s. v. Telephos 1 (von Geisau); C. Bauchhenns-Thüriedl, Der Mythos von Telephos in der antiken Bildkunst, 1971, 49ff.
294 Lullies-Hirmer, Plastik, Taf. 272/3; Hölscher a.a.O., 10, Taf. 6, 1–2.
295 Hölscher a.a.O., 28.
296 D. Krull, Der Herakles vom Typ Farnese – Kopienkritische Untersuchung einer Schöpfung des Lysipp, 1985, 162ff.
297 Lullies-Hirmer, Plastik, Taf. 267/7.

298 PergForsch II, 1968, 26.
299 P.J. Callaghan, BICS 28, 1981, 115 ff.
300 So zuletzt A. Stewart, Attika, 1979, 23.
301 H. Berve – G. Gruben – M. Hirmer, Griechische Tempel und Heiligtümer, 1961, 269 f., Taf. 174 oben. Abb. 154–155; E. Rohde, Griechische und römische Kunst in den Staatlichen Museen zu Berlin, 1968, 46 f., Abb. 32–34.
302 Callaghan a.a.O., 118.
303 Münzbild des Philetairos: Franke-Hirmer a.a.O., Taf. 203, Abb. 737–739.
304 Marmorstatue des Poseidon von Melos: Athen, NM Nr. 235. Boardman u. a., Gr. Kunst, 216, Taf. 297; H. Froning, Marmor-Schmuckreliefs mit griechischen Mythen im 1. Jahrhundert v. Chr., 1981, 68; A. Linfert, Kunstzentren hellenistischer Zeit, 1976, 117 f.; D. Willers, Gnomon 47, 1975, 498; H. Kyrieleis, Bildnisse der Ptolemäer, 1975, 60; Fuchs, Skulptur, 139, Abb. 133; J. Schäfer, Antike Plastik 8, 1968, 55 ff., Abb. 1 ff., Taf. 38–41; Bieber, Sculpture, 160 f., Abb. 684; Alscher, Plastik IV, 223; Lippold, Plastik, 370, Anm. 7, Taf. 130, 4; Vergleich mit Polybiosstele: T.B.L. Webster, Hellenismus, 1966, 197.
305 A. Milchhöfer, Arch.Ztg. 39, 1881, 154 ff.; C. Gurlitt, AM 6, 1881, 154 ff., Taf. 5.
306 Zum heutigen Namen des Dorfes: E. Kirsten – W. Kraiker, Griechenlandkunde[5], 1967, II, 799.
307 IG V 2, 370 XXXI (Hiller von Gaertringen 1913); F. Hiller von Gaertringen, Historische griechische Epigramme, 1926, Nr. 112; SIG[3] 686.
308 W. Dittenberger, Arch.Ztg. 35, 1877, 193, Nr. 101; vgl. RE XXI 2, 1952, 1462, s. v. Polybios (Ziegler).
309 Übersetzung von W. Schmoll gen. Eisenwerth, Bonn.
310 RE a.a.O. 1440–1578; Der Kleine Pauly IV, 1979, 983–991, s. v. Polybios 3 (Ziegler); Kindlers Literatur Lexikon im dtv VI, 1986, 4524 f., s. v. Historiai (Mannsperger).
311 Pausanias, VIII, 9, 1.
312 Pausanias, VIII, 30, 8.
313 Dittenberger, Sylloge 243; J.J. Bernouille, Griechische Ikonographie II, 1901, 185.
314 C. Friedrichs – P. Wolters, Die Gipsabgüsse antiker Bildwerke. Bausteine zur Geschichte der griechisch-römischen Plastik, 1885, 728 f., Nr. 1854.
315 Richter, Portraits II, 1965, 248, Abb. 1674; P.C. Bol – F. Eckstein, Antike Plastik 15, 1975.
316 Richter a.a.O.
317 So z. B. der 1974 erworbene Gips in Bonn: Verzeichnis der Abguß-Sammlung des Akademischen Kunstmuseums der Universität Bonn, 1981, 150, Inv. Nr. 1988.

318 Bol – Eckstein a.a.O., 90.
319 Köpfe von Delos: Delos A 4187.2136. A. Stewart, Attika, 1979, Kat. Nr. 7.6 Abb. 19b, a; Buschor, Bildnis, Nr. 194.188, Abb. 50.47.
320 Bol – Eckstein a.a.O., 87ff.
321 K.P. Stähler, Das Unklassische im Telephosfries, 1966, Abb. 1a; H. Schrader, JDI 15, 1900, 97ff. Platte 2.
322 Der Kleine Pauly V, 1979, 48ff., s.v. Scipio 12.10 (Deißmann-Merten).
323 M. Rostovtzeff, Gesellschafts- und Wirtschaftsgeschichte der hellenistischen Welt (Nachdr. 1984) I, Taf. VIII.
324 Licht, Sittengeschichte. Neubearbeitung (4), 1965, 351f.
325 M. Bulard, BCH 30, 1906, 612.
326 Übersetzung: W. Schmoll gen. Eisenwerth, Bonn.
327 S. Moscati, Die Phönikier, 1975, 65.
328 H. Lauter, Die Architektur des Hellenismus, 1986, 55, 195. G.E. Bean, Turkey beyond the Maeander, 1971, 144ff., 150f., J. u. H. Wagner – G. Klammet, Die türkische Südküste, 1977/78, 30f. Lullies-Hirmer, Plastik, 22, 109f., Taf. 209/210.
329 Helbig I, Nr. 207.
330 Paris, Louvre Nr. 421, 479, 561.
331 Homerische Hymnen. Hrsg. A. Weiher[2], 1961, 97, Nr. 5, 109, Nr. 6, vgl. 99ff.
332 Lullies-Hirmer, Plastik, Taf. 245/246.
333 Der Kleine Pauly IV, 1979, 1541, s. v. Sandalen (Groß); vgl. ebenda 914, s. v. Plautus (Fuhrmann).
334 So z. B. die geschilderten Verhältnisse bei Petron, Satyricon.
335 Boardman u. a., Gr. Kunst, Abb. 205, Taf. 293.
336 Theokrit, 1, 5. II 3.
337 Vgl. z. B. J. Boardman – E. La Rocca – A. Mulas, Eros in Griechenland, 1976, 162.
338 K. Schefold, Die Göttersage in der klassischen und hellenistischen Kunst, 1981, 301f., Abb. 437.
339 Ebenda 191ff.; Der Kleine Pauly II, 1979, 361ff., s. v. Eros (Fauth).
340 Schefold a.a.O., 180f., Abb. 242.
341 Ebenda 302f.
342 Ebenda 303.
343 Ebenda 302f., Abb. 438; R. v. Ranke-Graves, Griechische Mythologie (4), I, 1965, 89, Nr. 26e.
344 Lippold, Plastik, 249, 253, Taf. 136; Simon, Götter, 252, Abb. 245; J. Charbonneaux – R. Martin – F. Villard, Das klassische Griechenland[2], 1984, Abb. 257; Boardman – La Rocca – Mulas a.a.O., 37.
345 Der Kleine Pauly I, 1979, 425ff., s. v. Aphrodite (Fauth).
346 Herodot, Historien, 1, 15.
347 F. Hommel, Jahrbücher für Philologie und Pädagogik 125, 1882, 176.
348 Ph. Bruneau – J. Ducat, Guide de Délos[3], 1983, 175, Abb. 46; Ch.

Picard, Délos VI, 1921, Taf. 10; danach M. Rostovtzeff, Gesellschafts- und Wirtschaftsgeschichte der hellenistischen Welt. Repr.Nachdr., 1984, II, 625, Abb. 10.

349 Bruneau – Ducat a.a.O., 177f.

350 Ebenda 177f., mit Abb. 48; Übersetzung W. Schmoll gen. Eisenwerth, Bonn.

351 Rostovtzeff a.a.O., 624.

352 Bruneau – Ducat a.a.O., 177.

353 D. Baramki, Die Phönizier, 1965, 108; ders., The coins (Anm. 44) 5, Nr. 16, Taf. 1.

354 Der Kleine Pauly I, 1979, 430f., s. v. Aphrodite (Fauth).

355 Bean a.a.O., 150; Wagner – Klammet a.a.O., 16.

356 P.R. Franke – M. Hirmer, Die griechische Münze², 1972, Taf. 186, Abb. 633; Wagner – Klammet a.a.O., Abb. 3.

357 ID 1520; Bruneau – Ducat a.a.O., 175.

358 Bruneau – Ducat a.a.O., 175.

359 Andere Datierungsvorschläge: J. Marcadé hat 1969 die Gruppe in das dritte Jahrhundertviertel datiert: J. Marcadé, Au Musée de Délos, 1969, 136; Rezension dazu: H. Mielsch, Gnomon 48, 1976, 395. J.-P. Niemeier hat 1985 diesen Vorschlag aufgegriffen und datiert 130/120 (Niemeier a.a.O., 30ff.). Gegen diese beiden abweichenden Datierungsvorschläge gibt es gewichtige Einwände. Eine Darstellung der Sachlage würde aber hier zu weit führen.

360 Rekonstruktion von W. Klein bei W.-H. Schuchhardt, Die Kunst der Griechen, 1940, Abb. 369; vgl. 409f. und Abb. 370; Bieber, Sculpture, 139, Abb. 562–564, 566/7; Lippold, Plastik, 320, Taf. 113, 3; Alscher, Plastik IV, 209, II, 125a; Bulle, Mensch, Taf. 80, Abb. 32; G. de Luca, Antike Plastik XV, 1975, 73ff.

361 Mit den jetzt abgenommenen Ergänzungen von Bernini: Lullies – Hirmer, Plastik, Taf. 254, 255.

Literaturverzeichnis

Abgekürzt zitierte Literatur

AJA = American Journal of Archaeology
Alscher, Plastik = L. Alscher, Griechische Plastik I–IV, Berlin 1954–61
AM = Mitteilungen des Deutschen Archäologischen Instituts, Athenische Abteilung
BCH = Bulletin de Correspondance Hellénique
Bieber, Sculpture = M. Bieber, The Sculpture of the Hellenistique Age, 2. Aufl. 1967
Boardman u. a., Gr. Kunst = J. Boardman, J. Dörig, W. Fuchs, M. Hirmer, Die Griechische Kunst, 1966
BrBr= Brunn-Bruckmann, Denkmäler griechischer und römischer Skulptur, 1888–1947
Brommer, Metopen = F. Brommer, Die Metopen des Parthenon, 1967
Brommer, Giebel = F. Brommer, Die Skulpturen der Parthenongiebel, 1963
Brommer, Fries = F. Brommer, Der Parthenonfries, 1977
Bulle, Mensch = H. Bulle, Der schöne Mensch, 2. Aufl. 1911
Buschor, Jünglinge = E. Buschor, Frühgriechische Jünglinge, 1950
Buschor, Bildnis = E. Buschor, Das hellenistische Bildnis^2, 1971
Fuchs, Skulptur = W. Fuchs, Die Skulptur der Griechen, München 1969
Hautumm, Hellas = W. Hautumm, Hellas – Die Wiederentdeckung des klassischen Griechenland, 1983
Helbig I–IV = W. Helbig, Führer durch die öffentlichen Sammlungen klassischer Altertümer in Rom, 4. völlig neu bearbeitete Auflage von H. Speier, 1963 ff.
Himmelmann, Bemerkungen = N. Himmelmann-Wildschütz, Bemerkungen zur geometrischen Plastik, 1964
Homann-Wedeking, Archaik = E. Homann-Wedeking, Das archaische Griechenland, 1966
Homann-Wedeking, Großplastik = E. Homann-Wedeking, Die Anfänge der griechischen Großplastik, 1950
JDI = Jahrbuch des Deutschen Archäologischen Instituts
Kähler, Pergamon = H. Kähler, Der große Fries von Pergamon, 1948

Karusos, Aristodikos = Chr. Karusos, Aristodikos, 1961
Langlotz, Bildhauerschulen = E. Langlotz, Frühgriechische Bildhauerschulen, 1927
Langlotz, Phidias = E. Langlotz, Phidiasprobleme, 1947
Licht, Sittengeschichte = H. Licht, Sittengeschichte Griechenlands I–III, 1925 ff.
Lippold, Plastik = G. Lippold, Die griechische Plastik, Handbuch der Archäologie III, 1, 1950
Lullies-Hirmer, Plastik = R. Lullies u. M. Hirmer, Griechische Plastik, 4. Aufl. 1979
Pausanias = Pausanias – Beschreibung Griechenlands (Übersetzt und herausgegeben von E. Meyer) I, II (dtv 1972)
Payne, Sculptures = H. Payne, G. Mackworth-Young, Archaic Marble Sculptures from the Acropolis, 2. Aufl. 1950
Pfeiff, Apollon = K. Pfeiff, Apollon 1943
Raubitschek, Dedications = A.E. Raubitschek, Dedications from the Athenian Acropolis, 1949
RM = Mitteilungen des Deutschen Archäologischen Instituts, Römische Abteilung
Richter, Sculpture = G.M.A. Richter, The Sculpture and the Sculptors of the Greeks, 1950
Richter, Handbuch = G.M.A. Richter, Handbuch der griechischen Kunst, 1966
Richter, Kouroi = G.M.A. Richter, Kouroi, 2. Aufl. 1960
Richter, Korai = G.M.A. Richter, Korai, 1968
Richter, Portraits = G.M.A. Richter, The Portraits of the Greeks, I–III, 1965
Schefold, Sagenbilder = K. Schefold, Frühgriechische Sagenbilder, 1962
Schefold, Bildnisse = K. Schefold, Die Bildnisse der antiken Dichter, Redner und Denker, 1943
Simon, Götter = E. Simon, Die Götter der Griechen, 1969

Literatur zu den besprochenen Werken

Elfenbeinstatuette einer nackten Frau (Abb. 9/10)

Boardman u. a., Gr. Kunst, 78f, Abb. 54 links. – Fuchs, Skulptur, Abb. 146/147. – Lippold, Plastik, 10, Taf. 1, 1. – Schefold, Prop. I, Taf. 3. – Richter, Korai, 21, Anm. 4, Abb. 16–19. – Himmelmann, Bemerkungen, Abb. 24–27. – Kunze, AM 55, 141, Taf. V.

Bronzestatuette eines Mannes im Kampf mit einem Kentauren (Abb. 11)

Fuchs, Skulptur, 323, Abb. 360. – Boardman u. a., Gr. Kunst, 79, Abb. 55. – Lippold, Plastik, 11, Anm. 3. – Himmelmann, Bemerkungen, 12, Anm. 18, Abb. 37, 38.

Bronzepferdchen (Abb. 12)

M. Gehrig u. a., Führer durch die Antikenabteilung, Berlin 1968, 32, Taf. 6. – K.A. Neugebauer, Katalog der statuarischen Bronzen im Antiquarium I: Die minoischen und archaischen griechischen Bronzen. Berlin 1931, Nr. 6, Taf. 3. – Lullies-Hirmer, Plastik, Taf. 1. – Hermann, JDI 79, 1964, 30 ff. (korinthisch). – Schefold, Prop. I, 160, Abb. 9. – Lippold, Plastik, 9, Abb. 1, 3.

Bronzestatuette des Apollon, geweiht von Mantiklos aus Theben (Abb. 17)

C. Picard, Manuel de l'archéologie grecque. La Sculpture I, 1935, 137. – W. Lamb, Greek and Roman Bronzes, 1929, 74. – Fuchs, Skulptur, 21 f., Abb. 3/4. – Pfeiff, Apollon, 23 f., Taf. 2. – Homann-Wedeking, Großplastik, 44 ff., Abb. 18. – Alscher, Plastik I, Abb. 42 a–c. – Simon, Götter, Abb. 117/118. – Lippold, Plastik 39, Anm. 11. – Kunze, AM 55, 160. – Karusos, JDI 52, 194.

Der Kuros von New York (Abb. 18–20)

BrBr, Text zu Taf. 751–55 (G. Richter). – Pfeiff, Apollon, Taf. 5/6. – G.M.A. Richter, Metropolitan Museum Studies V, 20 ff. – Richter, Handbuch, 75, Abb. 51. – Boardman u. a., Gr. Kunst, Abb. 79.

Der Kuros vom Dipylon (Abb. 21)

Harrison, Hesperia XXIV, 1955, 209 ff. – Lippold, Plastik, 38, Taf. 8, 2. – Buschor, AM 52, 205; ders., AM 55, 163. – Pfeiff, Apollon, Taf. 3, 4. – Richter, Kouroi, Nr. 6, Abb. 50 ff. – Boardman u. a., Gr. Kunst 95, Abb. 80 links. – Fuchs, Skulptur, Abb. 636/7.

Der Kuros von Sounion (Abb. 23)

Boardman u. a., Gr. Kunst 95, Abb. 80 rechts. – Lippold, Plastik 38, Taf. 10, 1. – Buschor, AM 55, 165. – BrBr, Taf. 751 ff. – Richter, Kouroi, 42, Nr. 2, Abb. 33–39.

Kleobis und Biton (Abb. 24)

Fuchs, Skulptur, 328, Abb. 364. – Boardman u. a., Gr. Kunst, Abb. 83. – Lippold, Plastik, 25, Taf. 5, 1. – Lullies-Hirmer, Plastik, Taf. 14. – Schefold, Prop. I, Taf. 22. – E. Buschor, Bildnisstufen, Abb. 98.

Der Koloß der Naxier auf Delos (Abb. 25)

Homann-Wedeking, Großplastik, 71, Abb. 30–32. – Simon, Götter, 126, Abb. 121, 122. – Lippold, Plastik, 43. – Pfeiff, Apollon, Taf. 7. – Sauer, AM 17, 37ff. – Langlotz, Bildhauerschulen, 126. – Phuhl, AM 48, 165. – Buschor, AM 54, 158. – Homann-Wedeking, JDI 55, 262. – Richter, Kouroi 51, Nr. 15, Abb. 87–90. – Boardman u. a., Gr. Kunst, Abb. 78.

Die Kore von Auxerre (Abb. 27)

Lippold, Plastik 22, Anm. 1. – Fuchs, Skulptur, 153, Abb. 153. – Boardman u. a., Gr. Kunst, 90ff., Abb. 68 rechts. – Richter, Korai, Nr. 18, Abb. 76–79. – Schefold, Prop. I, Taf. 17. – Lullies-Hirmer, Plastik, 6. – Homann-Wedeking, Archaik, Abb. 12. – W. Schiering, Funde auf Kreta, 1976, 206ff.

Der Kuros von Tenea (Abb. 36)

Lippold, Plastik, 27, Taf. 5, 2. – Richter, Kouroi, Nr. 73, Abb. 245–250. – Boardman u. a., Gr. Kunst, 105, Taf. 108. – Bulle, Mensch, 37. – Langlotz, Bildhauerschulen, 69, 74. – Ein griechischer Traum. Leo von Klenze – Der Archäologe. Ausstellung Glyptothek München (1985/86).

Der Kalbträger (Abb. 37)

H. Schrader, Die archaischen Marmorbildwerke auf der Akropolis, 1939, 278ff., Nr. 409, Taf. 153/4. – Lullies-Hirmer, Plastik, Abb. 22/23. – Buschor, AM 44, 1919, 74f., 81. – Richter, Kouroi, 14, 76f., 78, 79. – Homann-Wedeking, Großplastik, 75, 84, Abb. 41. – W. Schiering, Der Kalbträger, 1958. – Alscher, Plastik II, 1, 13ff., Abb. 1 a–e. – Lippold, Plastik, 37, Taf. 10, 3. – Raubitschek, Dedications, 62f., Nr. 59.

Der Reiter Rampin (Abb. 38, 39)

Lippold, Plastik, 79f., Taf. 22, 3. – Lullies-Hirmer, Plastik, Taf. 30. – Fuchs, Skulptur, 332f., Abb. 368, 643. – Homann-Wedeking, Archaik, 103ff., Abb. 31.

Kroisos aus Anavyssos (Abb. 40)

Lullies-Hirmer, Plastik, Taf. 57. – Fuchs, Skulptur, 34f., Abb. 20/21. – Homann-Wedeking, Archaik, 138, Abb. 41. – Lippold, Plastik, 76, Anm. 1. – Richter, Handbuch, 93, Abb. 82. – Boardman u. a., Gr. Kunst, 108, Abb. 117.

Aristodikos aus Anavyssos (Abb. 41)

Karusos, Aristodikos, Taf. 1–12. – Richter, Kouroi, Nr. 165, Abb. 492/493. – Alscher, Plastik II, 1, 78ff., Abb. 23 a, b, Anm. 143. – Fuchs, Skulptur, 35ff., Abb. 22/23.

Der Kuros von Melos (Abb. 42, 43)

Lippold, Plastik, 45, Taf. 5, 3. – Boardman u. a., Gr. Kunst, 105, Abb. 109. – Fuchs, Skulptur, 32, Abb. 14/15. – Richter, Kouroi, Nr. 86, Abb. 273–278. – Lullies-Hirmer, Plastik, 34.

Die Skulpturen des Zeustempels von Olympia (Abb. 44–58)

Aus der Fülle der inzwischen über die Skulpturen des Zeustempels erschienenen Literatur kann hier nur eine Auswahl angegeben werden:
G. Treu, Olympia III, Die Bildwerke, 1897, 44 ff. – G. Becatti, Il maestro d'Olimpia (mit einer Bibliographie bis 1943). – E. Buschor – R. Hamannn, Die Skulpturen des Zeustempels zu Olympia, 1924. – E. Buschor, Die Olympiameister, in: AM 51, 1926, 163 ff. – E. Simon, Zu den Giebeln des Zeustempels von Olympia, in: AM 83, 1968, 147 ff. – B. Ashmole – N. Yalouris, Olympia. The Sculptures of the Temple of Zeus, 1967.

Der Poseidon vom Kap Artemision (Abb. 59, 60)

Karusos, Aristodikos, 82. – Lippold, Plastik, 131, Taf. 37, 3. – Lullies-Hirmer, Plastik, Taf. VI u. 130–132. – Boardman u. a., Gr. Kunst, 127 f., Taf. XXVIII, 158 f.

Der Omphalos-Apoll (Abb. 62)

Richter, Kouroi, Nr. 197, Abb. 589–591. – Zum Typus s. Helbig II, Nr. 1385 (H. v. Steuben). – Boardman u. a., Gr. Kunst, 127, Taf. 160. – Fuchs, Skulptur, 67 f., Abb. 59. – Lippold, Plastik, 102. – Zu den weiteren Repliken s. Helbig II, Nr. 1385, 1776, 1782.

Der Wagenlenker von Delphi (Abb. 64)

F. Chamoux, L'Aurige, in: Fouilles de Delphes IV, 5 (Bibliographie bis ca. 1954). – R. Hampe, Gnomon 1960, 60. – K. Schefold, Orient, Hellas und Rom, 1949, 114 ff., 117. – K. Schefold, Klassisches Griechenland, 25 ff., 63. – BrBr, Taf. 786–790 (mit Text von R. Hampe). – Alscher, Plastik II, 1, 192 ff., Abb. 56/57. – Fuchs, Skulptur, 343 f., Abb. 380. – Boardman u. a., Gr. Kunst, Taf. XXVII, Abb. 156.

Die Tyrannenmörder des Kritios und Nesiotes (Abb. 65, 66)

S. Brunnsåker, The Tyrant-Slayers of Kritios and Nesiotes (mit der vollständigen älteren Literatur). – Fuchs, Skulptur, 337 f., Abb. 374/375. – Boardman u. a., Gr. Kunst, 128 f., Abb. 161. – Alscher, Plastik II, 1, 202 ff., Abb. 60 a–i, 61. – B. Fehr, Die Tyrannentöter, 1984.

Der Kritiosknabe (Abb. 67)

Fuchs, Skulptur, 47 f., Abb. 34, 35. – Lippold, Plastik, 106, Taf. 34, 1. – Richter, Kouroi, Nr. 190, Abb. 564–569. – Lullies-Hirmer, Plastik,

Taf. 89–91. – Alscher, Plastik II, 1, 169ff., Abb. 49a–f. – M. Brouskari, Musée de l'Acropole, Catalogue descriptif, 1974, 124f., Nr. 698, Abb. 238. – Richter, Kouroi[3], Nr. 190, Abb. 564–569. – H. Payne – G.M. Young, Archaic Marble Sculpture from the Acropolis[2], 1951, 44f., Taf. 109–112. – H. Schrader, Die archaischen Marmorbildwerke der Akropolis, 1939, Nr. 299, Abb. 120–123.

Die sog. Aspasia (Abb. 68)

Lippold, Plastik, 102, Abb. 32, 2. – P. Orlandi, Calamide, 90ff. – Langlotz, JDI 61/62, 1946/7, 104, 109ff. – Boardman u. a., Gr. Kunst, 126, Abb. 154.

Der Kasseler Apoll (Abb. 69)

Lippold, Plastik, 142, Taf. 51, 1. – Fuchs, Skulptur, 80, Abb. 72. – Boardman u. a., Gr. Kunst, 141, Abb. 183. – E.-M. Schmidt, in: Antike Plastik V, 1966. – M. Bieber, Die antiken Skulpturen und Bronzen in Cassel, 1ff., Taf. 1–8. – Pfeiff, Apollon, 81ff. – Chr. Karusos, Neue Beiträge zur Altertumswissenschaft, Festschrift B. Schweitzer, 161ff., Taf. 31, 2.

Statue des Anakreon (Abb. 70)

Fuchs, Skulptur, 82, Abb. 74. – Boardman u.a., Gr. Kunst, Abb. 186. – Lippold, Plastik, 144, Anm. 9. – E. Voutiras, Studien zu Interpretation und Stil griechischer Porträts des 5. und frühen 4. Jhs., 1980, 77ff. – A. Furtwängler, Meisterwerke, 92ff. – V. Poulsen, Les portraits grecs, Nr. 1, Taf. 1–3. – Richter, Portraits I, 24f., 67, Abb. 278/279. – Schefold, Bildnisse, 64. – E. Buschor, Phidias der Mensch, 60.

Die Parthenonskulpturen (Abb. 71–88)

F. Brommer, Die Parthenonskulpturen. Metopen, Fries, Giebel, Kultbild. Mainz 1979 – Brommer, Fries. – Brommer, Metopen. – Brommer, Giebel.

Der Diskobol Lancelotti (Abb. 89)

Lippold, Plastik, 136ff., Taf. 48, 1–2. – Bulle, Mensch, 200. – Helbig III, 2269. – Fuchs, Skulptur, 73ff., Abb. 69. – Buschor, AM 68, 1953, 51ff. – Boardman u.a., Gr. Kunst, 150ff., Abb. 202. – J. Döhrig, in: Antike Plastik 6, 1967, 21ff.

Der Doryphoros des Polyklet (Abb. 90)

R. Bianchi-Bandinelli, Policleto, 1938. – Lippold, Plastik, 163ff. – P.E. Arias, Policleto, 1944. – C. Vermeule, Polyklet, 1969. – F. Hiller, Marburger Winckelmann-Programm 1965, 1ff. – H. von Steuben, Der Kanon des Polyklet, 1973. – P. Zanker, in: Antike Kunst 12, 1969, 95ff. – Fuchs,

Skulptur, 86ff., Abb. 79. – Boardman u. a., Gr. Kunst, 152ff., Abb. 210. – Th. Lorenz, Polyklet, 1972.

Die Statue Prokne und Itys des Alkamenes (Abb. 93)

Fuchs, Skulptur, 200, Abb. 214. – Lippold, Plastik, 184ff., Abb. 66, 1. – Boardman u. a., Gr. Kunst, Taf. 213 links. – P. Schrader, Phidias, 103, 184, 263. – Papaspyridi-Karusu, AM 69/70, 1954/55, 67ff. – D. Willers, Zu den Anfängen der archaistischen Plastik in Griechenland, 1966.

Die Koren des Erechtheion (Abb. 95, 96)

Lippold, Plastik, 192, Taf. 70, 2. – H. Lauter, in: Antike Plastik X. – P. Schrader, Phidias, 195. – H. Lauter, Zur Chronologie römischer Kopien, 1966.

Sandalenlösende Nike (Abb. 97)

R. Kekulé, Die Reliefs der Balustrade der Athena Nike, 1881. – R. Carpenter, The Sculpture of the Nike temple parapet, 1929. – Bulle, Mensch, 275. – Fuchs, Skulptur, 443f., Abb. 511–513. – Lippold, Plastik, 193f. – G. Gruben, Die Tempel der Griechen, 1980[3], 188ff. – Boardman u. a., Gr. Kunst, 160, Abb. 221.

Eirene mit dem Plutosknaben (Abb. 100)

Fuchs, Skulptur, 360, Abb. 399. – Lippold, Plastik, 224, Taf. 83, 1. – Boardman u. a., Gr. Kunst, 173, Taf. 231. – H. Brunn, Kleine Schriften II, 328. – P.G. Themelis, in: STELE, Festschrift N. Kontoleon, 1978, 265ff. – B. Vierneisel-Schlörb, Glyptothek, München, 1979, Katalog der Skulpturen II, 255ff., Nr. 25, Abb. 119–127. – Lullies-Hirmer, Plastik, 104, Taf. 195. – Jung, JDI 91, 1976, 97ff. – La Rocca, JDI 89, 1974, 112ff. – Zu den Münzen: J.N. Svoronos, Les Monnaies d'Athènes, 1923–26, Taf. 92, 38–44.

Demosthenes (Abb. 104)

K. Morgenthaler, in: Gesichter. Griechische und römische Bildnisse aus Schweizer Besitz. Ausstellung Bern, 1982/3, 40f., Nr. 12. – Richter, Portraits II, 215ff., Abb. 1397–1513. – Lullies-Hirmer, Plastik, 123f., Taf. 248. – T.B.L. Webster, Hellenismus, 1966, 43f., B.A. 5. – Bieber, Sculpture, 66f. – J. Charbonneaux – R. Martin – F. Villard, Das hellenistische Griechenland, 1971, 247f., Abb. 370. – Boardman u. a., Gr. Kunst, 202, Taf. 260. – Ch. M. Havelock Hellenistische Kunst, 1971, 32f., Abb. 25. – Fuchs, Skulptur, 127f., Abb. 117. – Buschor, Bildnis, 17, Nr. 42, Abb. 15. – Alscher, Plastik IV, 15ff., Abb. 1, Taf. 1 A.

Epikur (Abb. 106, 107, 110)

V. Kruse-Berdoldt, Kopienkritische Untersuchungen zu den Porträts des Epikur, Metrodor und Hermarch, 1977. – Richter, Portraits II, 194ff. – Buschor, Bildnis, 19ff., 24, Abb. 16. – Ch.M. Havelock, Hellenistische Kunst, 1971, 37, Nr. 31. – J. Charbonneaux – R. Martin – F. Villard, Das hellenistische Griechenland, 1971, 246f., Abb. 246. – Bieber, Sculpture, 54ff., Abb. 158ff. – C. Reinsberg, Studien zur hellenistischen Toreutik, 1980, 116f., 121, 126, 138, 154. – A. Stewart, Attika, 1979, 10f., 18, 135, 150, Anm. 14, Taf. 3 c.

Telephos – Pergamon (Abb. 122, 125)

H. Lauter, Die Architektur des Hellenismus, 1986, 205f. Taf. 46 b. – Lullies-Hirmer, Plastik, 133, Taf. 271. – Boardman u. a., Gr. Kunst, 209f. – D. Pinkwart, in: Pergamon-Ausstellung Ingelheim a. Rh., 1972, 21f., Abb. S. 17, Kat. Nr. 15–16. – C. Bauchhenns-Thüriedl, Der Mythos von Telephos in der antiken Bildkunst, 1971, 49ff. – J. Charbonneaux – R. Martin – F. Villard, Das hellenistische Griechenland, 1971, 282ff., Abb. 303–305. – Ch. M. Havelock, Hellenistische Kunst, 1971, 185, Taf. 166–167. – Fuchs, Skulptur, 465f., Abb. 546. – E. Rohde, Griechische und römische Kunst in den Staatlichen Museen zu Berlin, 1968, 46f., Abb. 32–34. – Bieber, Sculpture, 120f., Taf. 477–478. – K.P. Stähler, Das Unklassische im Telephosfries, 1966. – W. Müller, Der Pergamon-Altar, 1964, 21ff., Taf. VI, Abb. 67–75. – Lippold, Plastik, 357, Taf. 129, 2. – H. Kähler, Pergamon, 1949 45, 51ff., Taf. 36–40.

Die Polybiosstele (Abb. 133, 134)

P.C. Bol – F. Eckstein, Antike Plastik 15, 1975, 83–93, Abb. 1–7, Taf. 40–41. – G. Hafner, Antike Plastik 9, 1969, 41, Anm. 118. – G. Despinis, Antike Plastik 7, 1967, 85, Anm. 88. – Bieber, Sculpture, 161f., Abb. 691. – G. Neumann, Gesten und Gebärden, 1965, 46f. – Richter, Portraits II, 247f., Abb. 1673–1674. – Lippold, Plastik, 365, Taf. 131, 1. – Buschor, Bildnis, 36f., 39f., Nr. 140. – Schefold, Bildnisse, 147, 213. – F. Hiller von Gaertringen, Historische griechische Epigramme, 1926, Nr. 112.

Aphrodite-Pan-Eros-Gruppe (Abb. 139)

J.P. Niemeier, Kopien und Nachahmungen im Hellenismus, 1985, 30ff., 34f., 51. – Ph. Bruneau – J. Ducat, Guide de Délos, 1983[3] 72ff., 176f., Nr. 57 G Abb. 47. – Lullies-Hirmer, Plastik, 28, 141, Taf. 290. – K. Schefold, Die Göttersage in der klassischen und hellenistischen Kunst, 1981, 85. – Boardman u. a., Gr. Kunst, 215, Taf. 294. – J. Boardman – E. La Rocca – A. Mulas, Eros in Griechenland, 1976, 27, 29. – P. Zanker, Klassizistische Statuen, 1974, 21 r, Anm. 170. – S. Karusu, in: Antike Kunst 13, 1970, 40. – Fuchs, Skulptur, 377, Abb. 418.

Glossar

Agora (gr.) Marktplatz der griechischen Polis, auf der sich das öffentliche Leben abspielte.

Ägis (gr.) Teil der Rüstung der Göttin Athena: ein mit Quasten oder Schlangenköpfen verzierter Brustpanzer aus Ziegenfell.

Amazone (gr.) Angehörige eines kriegerischen Frauenvolkes der griechischen Sage.

antithetisch (gr.) Gegenüberstehend, entgegenstehend.

Apobat (gr.) Auf- und abspringender Krieger eines Kampfwagens.

apotropäisch (gr.) Unheil bannend, abwehrend.

Atriden (gr.) Griechisches Patronym für »Söhne des Atreus«; bezieht sich auf Agamemnon und Menelaos.

Cella (gr.) Innenraum, Allerheiligstes des griechischen und römischen Tempels.

Chiton (gr.) Hemdartiges Untergewand.

Chlamys (gr.) Mantelartiger Überwurf.

Diadumenos (gr.) Statue des Bildhauers Polyklet: Dargestellt ist ein Jüngling, der sich gerade eine Binde ums Haar legt.

Doryphoros (gr., wörtlich: der Lanzenträger) Berühmteste Statue des Bildhauers Polyklet.

Drakon (gr.) Athenischer Politiker und Gesetzgeber (um 624), auf den die ersten schriftlich fixierten Gesetze zurückgehen. Das Adjektiv ›drakonisch‹ leitet sich davon ab und bedeutet heute: hart, streng, grausam.

Dreifuß (gr. Tripus) Untersatz für Geräte, vor allem Kessel; meist aus Bronze; seit vorgeschichtlicher Zeit bis ins 6. Jh. hinein gebräuchlich; später nur noch als Siegespreis bei musischen Wettkämpfen üblich.

Echinus (gr.) Rundes Element mit elastischem Kontur am dorischen Kapitell oberhalb des Säulenschafts.

Ephebe (gr.) Bezeichnung für einen männlichen Jugendlichen.

Epigramm (gr.) Aufschrift, Inschrift, oftmals in Versform.

Etymologie (gr.) Wissenschaft, die die ursprüngliche Bedeutung der Wörter zu erforschen versucht.

Gemme (lat.) Edelstein, zu kleinen Kunstgegenständen verarbeitet.

Glutäus Gesäß.

Gorgoneion (gr.) Fratze, Maske, die u.a. den bösen Blick abwehren sollte. Gewöhnlich mit breitem Gesicht, gräßlichen Augen, heraushängender Zunge, Schlangen in den Haaren.

Greif Fabeltier, meist mit geflügeltem Löwenkörper und Adlerkopf; gelegentlich auch mit Schlangenkopf, Vogelfüßen und Skorpionschwanz.

Gymnasium (gr.) Übungs- und Ausbildungsstätte der griechischen Jugend. Zu dem Gebäudekomplex gehörten meist eine Rennbahn, eine Palästra, Bibliothek, Therme, ...

Heraldik Wappenkunde, Wappenkunst (Adjektiv: heraldisch).

Herme, Hermenbüste, Doppelherme Pfeiler mit Bildniskopf, -büste oder zwei Bildnisköpfen.

Heros (gr.) Held, Halbgott.

Hetäre (gr. wörtlich: Gefährtin) Gebildete Frau, die gegen Geld Geschlechtsverkehr angeboten hat. Hetären waren meist in Tanz und Flötenspiel geübt, in Literatur, Kunst und Philosophie bewandert.

Himation (gr.) Mantel der griechischen Männer und Frauen: rechteckiges Tuch aus Wolle oder Leinen, bunt oder mit farbigen Streifen.

hippischer Agon (gr.) Wettkampf mit Pferden.

Hippodrom (gr.) Reitbahn, Pferderennbahn.

Hybris (gr.) Überheblichkeit, Frevelmut.

Hydria (gr.) Gefäß zum Wassertransport mit zwei waagerechten und einem senkrechten Henkel.

Ideogramm (gr.) Bildzeichen, Begriffszeichen.

Kapitell Oberster Teil einer Säule.

Karyatide (gr.) Figur, die anstelle einer Säule ein Gebälk trägt.

Kentaur Mischwesen der griechischen Sagenwelt. Kentauren haben einen Pferdeleib mit menschlichem Oberkörper, Armen und Kopf.

Kleruche (gr.) Athener, der außerhalb Attikas in einer Kolonie lebt und das attische Bürgerrecht besitzt.

Kronos Vater des Zeus.

Kykladenidole Marmorstatuetten der Bronzezeit, die auf den ägäischen Kykladeninseln hergestellt worden sind.

Lapithen Angehörige eines griechischen Volksstammes aus Thessalien.

Mänade Rasende, ekstatische Frau aus dem Gefolge des Dionysos.

Megalomanie (gr.) Größenwahn.

Metope (gr.) Schmuckplatte, oftmals reliefiert, im Gebälk des griechischen Tempels.

Musen Töchter des Zeus, Schirmherrinnen der schönen Künste.

Nessos Ein Kentaur, der den Tod des Herakles herbeiführte.

Oligarchie (gr.) Herrschaft einer kleinen Gruppe.

Opisthodom (gr.) Rückwärtiger Raum im Inneren des griechischen Tempels.

Palästra Teil eines Gymnasiums, Ringerschule.

Panathenäische Preisamphoren Gefäße, die, mit Olivenöl gefüllt, als Preise bei den Wettspielen der Panathenäen vergeben wurden.

Paradigma (gr.) Beispiel.
Patina, patinieren (ital.) Rost, Grünspan auf Metall, Kalkablagerungen auf Marmor.
Pegasos (gr.) Geflügeltes Sagenpferd.
Peplos (gr.) Ärmelloses Gewand.
Peristyl (gr.) Säulenstellung um ein Gebäude, einen Hof oder Platz.
Phylenheros Mythischer Anführer eines Volksstammes.
Pithos, Pithoi (pl.) (gr.) Großes, oftmals zylindrisches oder faßartiges Vorratsgefäß.
Plektron (gr.) Plättchen zum Schlagen oder Zupfen eines Musikinstruments.
Plinthe (gr.) Sockel bei Statuen oder Säulen.
Polis (gr.) Selbständige Siedlungsgemeinschaft, Stadtstaat mit Verwaltungsgebäuden, Agora, eigener Götterwelt und selbständigem Gerichtswesen.
Polos (gr.) Zylinderartige Kopfbedeckung.
Polychromie (gr.) Vielfarbigkeit.
Ponderation (lat.) Statik, Gewichtsverteilung einer Figur.
Propyläen (gr.) Säulenhalle, Eingangshalle, Torbau, der zu einem Tempelbezirk führt.
Pubes (lat.) Schambehaarung.
Rhyton, Rhytoi (pl.) (gr.) Kultisches Opfergefäß, das die Form eines Tieres oder Tierkopfes haben kann.
Satyr (gr.) Bockfüßiges Mischwesen, Faun.
Sphinx (gr.) Mischwesen aus Löwe und Mensch, Sinnbild des Rätselhaften.
Spielbein Das im Gegensatz zum Standbein entlastete Bein einer griechischen Statue.
Steatit Gesteinsart.
Stele (gr.) Freistehende Reliefplatte, Grabmal.
Temenos (gr.) Umgrenzter Bezirk eines Heiligtums.
Terminus ante quem (lat.) Zeitpunkt, vor dem etwas geschehen sein muß.
Terminus post quem (lat.) Zeitpunkt, nach dem etwas geschehen sein muß.
Timokratie (gr.) Herrschaft der Wohlhabenden.
Tropaion (gr.) Siegeszeichen, Ehrenmal.
Typhon Ungeheuer aus der griechischen Sagenwelt. Es hatte 100 schlangenartige Köpfe. Mächtigster Gegner des Zeus.
Volute (frz.) Schneckenförmige Verzierung am ionischen Säulenkapitell.
Zyklopen (gr., wörtlich: Kreisaugen) Einäugige Riesen der griechischen Sagenwelt.

Verzeichnis der abgebildeten Skulpturen nach Standorten

Olympia, Museum
Ein Hirsch wird von drei Hunden angefallen Abb. 7
Ostgiebel des Zeustempels Abb. 46, 47, 48, 49, 50
Westgiebel des Zeustempels Abb. 51, 52, 53, 54, 55
Metopen des Zeustempels Abb. 56, 57
Nike des Paionios Abb. 98

Paris, Musée du Louvre
Die Kore von Auxerre Abb. 27
Kopf des Reiters Rampin Abb. 39
Herakles bringt Athena die Stymphalischen Vögel. Metope vom Zeustempel in Olympia Abb. 58
Bronzestatuette des ausruhenden Herakles nach Lysipp Abb. 129

Privatbesitz (Schweiz)
Sog. Kopf Boehringer Abb. 118

Rom, Kapitolinisches Museum
Doppelherme des Epikur Abb. 106
Büste des Epikur Abb. 110
Büste des Metrodor Abb. 113
Büste des Sokrates Abb. 117
Sterbender Gallier Abb. 121
Die kapitolinische Aphrodite Abb. 140

Rom, Thermenmuseum
Der Diskobol Lancelotti des Myron Abb. 89
Sog. Galliergruppe Ludovisi Abb. 130

Rom, Villa Albani
Herme des Theophrast Abb. 108

Vatikanische Museen
Statue des Kaisers Augustus aus der Basilika von Otricoli Abb. 33
Die Aphrodite des Praxiteles aus Knidos Abb. 99

Abbildungsnachweis

Athen, Deutsches Archäologisches Institut 6, 7, 8, 9, 10, 15, 16, 21, 23, 28, 29, 38, 54, 57, 75, 86, 93, 134, 135, 136, 137, 139

Berlin (Ost), Staatliche Museen zu Berlin, Antikensammlung 102, 103, 122, 123, 124, 125, 126, 131, 138

Berlin (West), Staatliche Museen Preußischer Kulturbesitz, Antikenmuseum 12

Bonn, W. Schmoll gen. Eisenwerth 112

Boston, Museum of Fine Arts 17

Freiburg, W. Gut 133

Gauting, Foto Koppermann 100

Istanbul, Deutsches Archäologisches Institut 127

Köln, Archiv DuMont Buchverlag 4, 94

Köln, Robert Berger 110 (Anderson), 116, 117, 140 (Alinari)

Kopenhagen, Ny Carlsberg Glyptotek 30, 70, 104, 114

London, British Museum 32, 115, 132

München, Hirmer Fotoarchiv 1, 2, 3, 5, 13, 14, 24, 25, 27, 31, 34, 35, 36, 37, 39, 40, 41, 42, 43, 46, 47, 48, 49, 50, 51, 52, 53, 55, 56, 58, 59, 60, 61, 62, 63, 65, 66, 67, 68, 69, 71, 72, 73, 76, 77, 78, 79, 80, 81, 82, 83, 85, 87, 89, 90, 91, 95, 96, 97, 98, 99, 102, 105, 119, 120, 121, 128, 130, 144

München, Bayerische Staatsbibliothek 26, 64, 141

New York, The Metropolitan Museum of Art 11, 18, 19, 20

Paris, Bibliothèque Nationale 74, 84, 88, 143

Paris, Documentation photographique de la Réunion des musées nationaux 129

Rom, Deutsches Archäologisches Institut 33, 92, 106, 108, 109, 142

Rom, Paolo Folchitto 113

Winterthur, Prof. Hansjörg Bloesch 118

Aus Buchpublikationen wurden übernommen:

Deutsches Archäologisches Institut: Die Funde aus Olympia, Athen 1980   45

Boardman u. a., Die griechische Kunst, München 1966   22

Lullies/Hirmer, Griechische Plastik, München 1979[4]   44

Glyptothek München, Ein kurzer Führer von D. Ohly, München 1972   101

G.M.A. Richter, The Portraits of the Greeks, 1965   107, 111

DuMont Taschenbücher

Stand Frühjahr '87

Von Wolfgang Hautumm erschien in unserem Verlag:

Hellas

Die Wiederentdeckung des klassischen Griechenland
Reisende und Forscher des 18. und 19. Jahrhunderts erkunden Athen, Delphi, Olympia, Mykene u. a.
Mit Texten von Richard Chandler, Ernst Curtius, Jocob Linckh, Fürst Pückler-Muskau, Heinrich Schliemann, Friedrich Vischer u. a. sowie einer Geschichte der Griechenland-Reisen von Wolfgang Hautumm. 264 Seiten mit 89 einfarbigen historischen Abbildungen (DuMont Reiseberichte)

»Diese Auswahl von Texten bietet einen Einblick in die Welt der Schatzgräber und Abenteurer, Maler und Diplomaten, frühen Forscher und Archäologen, die maßgeblich an der Gestaltung unseres Griechenlandbildes mitgearbeitet haben. Ihre Schilderungen atmen die Frische und Lebendigkeit der ersten Entdeckung und Entdeckerfreude. Eine Geschichte der Griechenlandreisen und reizvolles zeitgenössisches Illustrationsmaterial runden den Band ab.«
Heidenheimer Zeitung

Bitte beachten Sie auch folgende Veröffentlichungen aus unserem Verlag:

Griechische Vasenbilder

Die Themen, Symbole, Zweck und Form
Über den Kult, Verbreitung und Ausstrahlung
Von Ingeborg Tetzlaff. 152 Seiten mit 8 farbigen und 107 einfarbigen Abbildungen, Tabelle der Vasenformen, Bildregister (DuMont Taschenbücher, Band 89)

»Ein Buch, das den Blick für eine sehr spezielle Form der antiken Kunst schärft und ohne Bildungshochmut Verständnis weckt.« *Die Welt*

Tempel und Stätten der Götter Griechenlands

Ein Begleiter zu den antiken Kultzentren der Griechen
Herausgegeben von Evi Melas. 225 Seiten mit 4 farbigen und 86 einfarbigen Abbildungen, 25 Zeichnungen, Karten und Plänen, 8 Seiten praktischen Reisehinweisen, Index (DuMont Kunst-Reiseführer)

»In erster Linie kommen in dem Buch Vertreter der jüngeren Forschergeneration zu Wort. Urlaubsreisenden ist ein guter Führer, ein angenehm lesbares Studienbuch der antiken griechischen Kultur und Mythologie in die Hand gegeben.«
Wiener Zeitung

Die Theorie des Schönen in der Antike

Von Ernesto Grassi. 353 Seiten mit 24 einfarbigen Abbildungen, Chronologie, Bibliographie, Register und einer Auswahl von Texten antiker Philosophen (DuMont Taschenbücher, Band 90)

»Als gründlich überarbeitete Neuausgabe brachte der DuMont Verlag Ernesto Grassis grundlegendes Werk heraus. Der bekannte Philosoph und Publizist stellt in dieser umfassenden wissenschaftlichen Ausarbeitung dem nichtästhetischen Charakter der antiken Auffassung vom Schönen die antiästhetische Einstellung aktueller Kunstrichtungen gegenüber und trägt damit eine Menge zum Verständnis beider Kunstepochen und der Kunstbetrachtung im allgemeinen bei.«
Westfalen-Blatt